刑事人権論

前田 朗

MAEADA Akira.
Human Rights in Crimimal Law

刑事人権論

——

目次

第一章　日本の刑事裁判

一　冤罪史としての刑事裁判史

1　誤判研究の最新成果

「誤判の根絶は刑事司法の究極かつ永遠の理念であり、課題である。そして、誤判の根絶のためには、誤判の原因は何か、具体的事例に即し、事実と経験に基づいて究明することから始めなければならない。」

そのための分析として、日弁連人権擁護委員会編『誤判原因の実証的研究』(1)が刊行された。誤判・再審の救済に向けられた日弁連のエネルギーは周知のことだが、本書は、現行刑事訴訟法施行後の「混乱期」に起きた誤判でなく、その後の一四事件を徹底分析することで、今日の刑事司法が抱える構造的な誤判原因を解明しようとする。というのも、白鳥決定によって救済の途を手にした事件の多くが現行刑事訴訟法施行時期のものであるため、それらが「混乱期」の事件に過ぎないかのような弁解がいまだに一部に通用している。そうではなく誤判は当時から現在にいたるまで共通の構造的原因に根ざすものであることを明らかにしているのである。

本書で取り上げられた一四事件は、もとは『事例研究誤判』として全五集にわたって順次公表されてきたものである。四日市青果商殺人事件、結城殺人事件、常習累犯窃盗事件、鹿児島夫婦殺人事件、豊橋放火殺人事件、北見傷害再審事件、六甲山保母殺人事件、大森勧銀事件、貝塚ビニールハウス殺人事件、下田缶ビール詐欺事件、住居侵入事件、旭川日通事件、富士高校放火事件、東京中野放火事件。著名事件もあれば、無名の事件もある。『続再審』で取り上げたものは除かれている。

本書は、事例研究を収録するだけではなく、一四事件の分析結果として「裁判における誤判原因」と「捜査・検察・弁護と誤判原因」について詳細な論述を含んでいる。

前者では、自白の証拠能力判断（事例毎の検討、別件逮捕との関連、任意性の判断）、信用性判断（信用性の評価と基準、自白の経過、内容の変遷、客観的証拠との符合性、自白内容の合理性、秘密の暴露、アリバイ等）、信憑性判断（目撃供述の危険性、取調べ状況の供述）、証拠物・鑑定に関する判断（犯行現場遺留証拠物、事件に不可欠な物証、ポリグラフ検査、鑑定）、証拠開示等の検討の上、裁判所の基本姿勢がいかに影響するかを論じている。「被告人に対する予断・偏見の存在、裁判所の責務・役割に関する誤った認識、これに基づく立証責任に関する誤った判断がわが国の誤判を生んでいる背景として存在することを改めて確認せざるを得ない」。

後者では、見込み捜査（捜査の長期化、あせり、予断）、逮捕手続きの違法（別件逮捕、違法な任意同行、違法な現行犯逮捕）、自白の強要（長期勾留、暴行、脅迫、代用監獄）、自白偏重（客観的状況の軽視、杜撰な鑑定、アリバイ潰し）、弁護側の問題（被疑者・被告人との信頼関係確立の困難さ、国選弁護と誤判）等が周到に検討されている。弁護側の問題は、今日では刑事弁護の充実、当番弁護士等の活動により相当の改善を見ているが、さらなる充実が求められている。

誤判・再審研究としては、弁護士による個別事例研究が豊富にあり、刑事法学における集団的取り組みも大きな成果を出している。一方では、少ないとはいえ裁判官による重要な成果もあり、さらにジャーナリストの著作もある。そしてこれらを通じて、捜査から判決にいたる誤判原因が繰り返し指摘されてきた。本書の結論も、それらと同様であり、一つひとつを取ってみれば特に目新しいわけではない。

しかし、本書は弁護士による集団的研究として、誤判原因の徹底的で総合的な追求がめざされており、それに成功している。現行刑訴法半世紀の誤判研究の金字塔と言うべきであろう。五百頁を超える大部の分析内容を紹介する余裕は到底ない。関心の向きに一読を勧めたい。

本書は誤判原因の徹底的追求をめざしており、その課題に全力を注いでいる。そのため、誤判防止のための提言という観点では謙抑的である。もちろん、いくつもの提言や示唆に富む叙述がなされているが、それらについては日弁連が公表してきた他の膨大な文書・著作（最近のもので特に重要なのが「刑事司法改革の実現に向けてのアクション・プログラム」である）があり、代用監獄廃止運動に典型的な粘り強い、かつ国際的な取り組みがある。本書はこれらの文書や活動の一環として、ますますその意義を明らかにするであろう。

われわれの関心からすれば、一般刑事事件における誤判原因の分析に加えて、公安事件・弾圧事件における誤判原因の徹底的総合的分析も射程に入れていきたいものである。本書で解明されている誤判原因のほとんどが、公安事件・弾圧事件にも当てはまると考えられる。そのことを前提としつつ、公安事件・弾圧事件における誤判原因の特殊性についても、理論的解明を施していかなければならない。警察・検察段階での証拠の捏造、隠匿、偽証等々のメカニズムが一般刑事事件と質的に異なるのか否かを、これまで以上に実証的に解明する必要がある。

本書では、いずれかの裁判段階で誤判が認定された事件、裁判所でさえも誤判を認めざるを得なかった事件を扱っている。権力が徹底かつ執拗に攻撃を加えてくる公安事件・弾圧事件の場合にも、裁判所でさえも誤判と認めざるを得なかった事件がある。これらの総合的研究を本書の方法に学んで進めていく必要がある。

（「救援」三五六号、一九九八年一二月）

2　事実認定論の展開

日本の刑事裁判史は冤罪史であり、累々たる冤罪被害者を置き去りにしてきた官僚司法による自己満足裁判史である。同時に、松川闘争を初めとする様々の冤罪との闘いも近現代日本史の一面である。

冤罪との闘いは、冤罪被害者たる被疑者・被告人・受刑者・再審請求人の厳しく困難な闘いであり、弁護士たちの激しく精力的な実践でもあり、刑事法研究者の理論研究の闘いでもあり、支援者たちの人権運動・民主主義運動の場であるとともに自己変革の場でもあった。冤罪との闘いや、事実認定をめぐる研究者の蓄積は当然のことながら数多い。

木下信男『裁判官の犯罪［冤罪］』(2) は、そうした冤罪との闘いを踏まえつつも、異色の展開をしている点が注目される。本書は、袴田事件、免田事件、波崎事件を取り上げて死刑冤罪の恐ろしさを明らかにしながら、冤罪との闘いを理論的に実践しようとする。一九八三年七月、初の死刑再審無罪判決を勝ち取って刑事裁判史を書き換えさせることになった免田事件は、無罪まで三四年半の歳月を要した。袴田事件では死刑囚が三四年半、波崎事件では三七年間、獄中で無実を訴え続けている。

著者は、これら三事件を検討しながら、日本刑事法史を通覧し、稀代のパラドックスとしての自由心証主義に光を当てる。治罪法における「犯罪の證明」は理性の永久不変の法則たるべき論理学を前提としていた。旧々刑事訴訟法において「諸般の徴憑は判事の判断に任す」となり、裁判官の心証の名のもとに独断が忍び込み、旧刑事訴訟法で「裁判官の自由な判断」が席倦することになった。現行刑事訴訟法は「犯罪の証明」を掲げているが、理論的な証明ではなく、独断的推認が横行している。

このことを著者は、論理学の欠如、無理解として理解し、「刑事訴訟法と論理学——わが国には論理学の歴史がなかった」において、裁判官が論理学に無知であることを嘆き、論理学の初歩である命題論理学を刑事裁判に導入する必要を唱えている。冤罪被害者や冤罪支援者であれば容易に直ちに頷ける提案であろう。複雑な記号論理学を唱えているのではない、せめて人類が築きあげてきた初歩的な命題論理学を適用してほしいというのが実感である。

つまり、形式的三段論法を出発点に据える必要性の強調である。小学生や中学生に整列で並ぶことを教えるようなものだが、この程度の良識を備えた裁判官が希有の存在だけに、著者の指摘が意味をもつ。

確かに、著者の指摘する通り、日本には論理学を重視する風潮が弱い。事実認定においても、法解釈においても、確立した論理学に基づかずに自由自在、勝手気ままといってよい裁判が現実化してきた。「…と言えないこともない」「あながちありえない話ではない」といった二重否定等の多用による事実認定は、結局のところなんでもありの事実認定にすぎない。反証可能性を排除しているのだ。

著者は、まずは少なくとも命題論理学の研究を呼びかけている。現代法哲学では、法論理学・規範論理学や、ヘルメノイティク、トピーク論などが展開され、日本でも徐々に紹介されている。これらを参考に、事実認定と法解釈を裁判官の内的宇宙たるブラックボックスから明るみに出す必要がある。

豊崎七絵「刑事訴訟における事実観」(3)は、刑事訴訟における事実認定論の理論前提ともなっている事実観そのものの再考を促す。犯罪事実の認定は、当然のことながら刑事訴訟の根幹だが、その事実観をどのように理解するかを問題視しようとする。冤罪との闘いの歴史を踏まえて無辜の不処罰を実現するには、これまでの事実観そのものが桎梏になっているとの認識である。

著者は、価値中立的・絶対的存在としての事実観（二項対立的事実観）に立脚する従来の議論を検証し、イギリスにおけるケース・コンストラクションを紹介した上で、規範的・構成的事実観を提唱する。それはなんらかの価値中立的・絶対的な生の事実がまずあって、この生の事実を認識する手だての制約から相対的な訴訟的事実が認定されるとするのではなく、むしろ、はじめから内在的に原理・原則に規定されながら、正しい訴訟的事実がコントラクションされることを想定している。

詳細な研究論文の内容を紹介する余裕はないので、結論部分に限定せざるを得ないが、著者の言う「規範的」とは、近現代刑事訴訟を規定する原理・原則に従って構築された刑事訴訟制度において、正しい訴訟法的事実が認定されるべきであり、無辜は絶対に処罰しないという意味であり、「構成的」とは、訴訟法的事実は捜査・訴追・公判過程という訴訟のプロセスを通じて、痕跡や原料を素材として構成されるという意味である。従って、規範的・構成的事実とは、刑事訴訟を規定する規範に則ってコンストラクションされた訴訟法的事実こそ訴訟にてその正当性を主張しうる事実であると考える。客観性の基準は、証拠に基づく合理的な事実認定が行われているかであり、経験則・論理則に則って合理的な疑いを容れずに認定しうるかどうかである。訴追側が提示する証拠は、訴追者が職務上被疑者・被告人の権利侵害者であることを免れないこと、証拠が訴追の観点から取捨選択されたものであることを十分理解した判断がなされなければならない。訴追側は積極・消極の両証拠群の有機的連関を解明し明示すべきである。そして、捜査・訴追過程におけるコンストラクションのプロセスをリアルタイムで被疑者・被告人側がチェックし、誤ったコンストラクションを一方的に自己完結的に成立させない手続きを整備する必要がある。

以上の僅かな紹介では理論の骨子も十分明らかにし得ないが、著者は「刑事事実認定の理論と実践との交錯」、「刑事訴訟における事実認定の当事者主義的構成への一試論」、「刑事訴訟の法構造と法現象分析の一視角」など意欲的な論文を相次いで公表している(4)。

司法改革が急速に進行しているが、刑事人権を確立するための提言は少ない。制度改革、理論研究、実践的提言のあらゆるレベルで刑事人権を配備した論議を深める必要がある。

(「救援」三八七号、二〇〇一年七月)

3　有罪答弁制度導入の可否

有罪答弁制度（アレインメント制度）とは、アメリカ合州国等に見られる制度で、被告人が公判廷で起訴事実について有罪であると自ら答弁した場合に、もはや事実認定のための立証活動を省略してただちに量刑手続きに入ることができる制度である。被告人が有罪答弁をすれば有罪の立証が行われたのと同じ効果が認められることになる。

日本でも現行刑事訴訟法の制定の際にこの制度を採用する意見があり、条文も作られたが結局は見送りとなった。その後も、主に検察官、裁判官、一部の研究者がこの制度の採用を提案してきた。これに対して、弁護士や研究者から疑問が提起されてきた。

ところが最近になって、著名な刑事弁護士が有罪答弁制度の採用を提案している。これについて検討を加えたのが、福島至「有罪答弁制度導入論の問題」(5)である。

従来の有罪答弁制度の採用論は、①自白事件を早期に決着させ否認事件等に余力を集中できる（司法合理化の利益論）、②争わない被告人には手続きの負担軽減になる（被告人の利益論）であった。

最近の採用論は例えば次のようなものである。

若松芳也（弁護士）は、ときには意に反して自白させられる被疑者・被告人もいるが、逆に進んですみやかに服役したい被告人もあり、その場合には可視性のある公正な手続きの中で有罪答弁制度を導入することが有益な例がある、刑事公判の約九割は自白事件である、自己決定権を基礎に構成すれば憲法三八条三項にも適合できる、とする。

五十嵐二葉（弁護士）は、被告人には事件の主体として自己の事件を自ら処分する権限がある、証拠としての自白とは別に事件処分の陳述がありうる、有罪答弁制度がないために争いのない事件での安易な公判運営が本当に争いのある事件の審理に持ち込まれて悪影響を与えている、とする。

故田宮裕（元立教大学）も、司法合理化論に立って制度採用を唱え、田口守一（早稲田大学）も、自白事件と否認事件は別個の手続きとし、当事者処分権を認める。

以上はいずれも九六年から九七年にかけて唱えられている。

その特徴は、①著名な信頼の高い刑事弁護士等によって主張されていること、②自己決定権を根拠としていること、③そして実質的な根拠としては、争いのない自白事件が多数であるのに、すべてが争いのある事件の審理方式によっているため、かえって公判が形骸化している現状を改革しようという認識である。その意味で、かつての導入論とは違った説得力を有している。

福島は、有罪答弁制度が憲法三八条三項に適合するか否かについて持ち出される自己決定権論に疑問を投げかけている。自己決定権で刑事手続き全体を説明することができるかどうか。被告人がみずから死刑を熱望したからといって証拠調べを省略して死刑を正当化できないのは明らかである。とすれば自己決定権論自体が内在的限界を持つはずである。自己決定による有罪答弁を考えるにしても、①被疑者・被告人が自己決定しうる基礎が不可欠である（外界と遮断されない、弁護人の援助）、②十分な情報提供（自己の権利、手続きの流れ、証拠の全面的事前開示）、③死刑事件では有罪答弁制度を使わないなどの条件が不可欠となる。

さらに自己処分できない権利について考える必要がある。被告人が権利を放棄したからといってまったく証拠に基づかずに有罪認定できるかどうか。憲法三二条の保障は、刑事事件の場合は「裁判」による科刑を絶対的に保証しているから、本人が望んでいるからといって無実の者に死刑を科すわけにはいかない。したがっていかなる場合にも補強法則が適用され、補強証拠が必要となる。

福島は、刑事司法の現状認識のレベルでも疑問を提起する。現在の日本の刑事司法は人権侵害的な糾問的捜査手続きに依存する公判手続きの形骸化を特徴としており、その中で有罪答弁制度を導入することは逆改革になる。

被疑者・被告人が争う姿勢を見せると「罪証隠滅の可能性がある」として安易に勾留（延長）が認められ、接見禁止処分までなされる。しかも代用監獄に収容される。身柄拘束の圧力で自白が採取される。とすれば被疑者・被告人が有罪答弁を強いられることになる。有罪答弁してしまえば違法な取調べが公になることもない。冤罪事件をまず闇に葬ることになる。また現状では検察官と被疑者・被告人の間に対等な関係がないから純粋な「取引」の成立もありえない。

そもそも自白事件が争いのない事件という理解に疑問がある。日本の無罪率の低下の裏には多数の冤罪がある。糾問的捜査と人質司法こそが問題である。

したがって有罪答弁制度の導入よりも、公判手続きの二分の方が望ましい。罪責認定手続きと量刑手続きとを峻別し、それぞれ別の裁判官が担当することで、被告人・弁護人側の選択により争う場合の異なる手続き進行の工夫ができる。

以上が福島論文の概要である。現状を前提とすれば、有罪答弁制度導入がかえって問題を複雑にするという危惧には十分な理由がある。

（「救援」三六〇号、一九九九年四月）

二　東住吉放火殺人事件

事件の概要

大阪高裁に係属している東住吉放火殺人事件は、かつて「絶望的」と評された日本の刑事裁判の典型例として位置付けることができる。予断と見込み、自白偏重、人質司法、科学性の欠如、疑わしきは被告人の不利益に。一審の大阪地裁判決を読むだけでも疑問が続々とわいてくる(6)。

一九九五年七月二二日、東住吉の被告人らの自宅が火災で全焼し、長女A（一一歳）が焼死した。警察は、実母の被告人（青木恵子さん）と、別公判の被告人である内縁の夫（朴龍皓さん）が、保険金殺人を共謀して事件を引き起こしたものと踏んだ。まず朴さんを逮捕し長時間取調べの末に「自白」させ、ついで被告人も逮捕し、いったんはあいまいな「自白」を引き出した。被告人は捜査段階の途中から否認し、朴さんも公判で否認に転じている。公訴事実は、被告人と朴さんが、マンション購入資金などに窮したことから、長女にかけた保険金を詐取する目的で、放火をして長女を殺害しようと企てて、犯行当日、長女を入浴させたうえ、朴さんが風呂場に隣接する玄関土間兼ガレージのコンクリート床面にガソリンをまき、ライターで火を放ち、付近の柱、天井などに燃え移らせ、住居を全焼させ、長女を焼死させたが、保険金詐欺は未遂に終わったというものである（現住建造物放火、殺人、詐欺未遂）。

一審の審理は三年半にわたり、一九九九年五月一八日、大阪地裁は、被告人に無期懲役を言い渡した。判決が認定した事実は基本的には起訴状記載の公訴事実と同様である。

証拠保全の不備、捜査段階の自白強要、長時間取調べ、黙秘権侵害、切り違え尋問、共犯者の自白、供述と客観的証拠の不一致、動機の不存在などの数々の疑問点があり、弁護人はこれらを積極的に主張・立証している。判決は、弁護人の主張を軽く一蹴したが、その論理にははなはだ疑問がある。何よりも事実誤認の疑いがある。合理的な疑いを超えた証明ができていないことを裁判所自身が自覚しながら、無理矢理に有罪判決を書いたのではないかと疑いたくなるような判決文である。いくつもの疑問があるが、主要なものを順次見ていこう。

三十一文字判決

そもそも、もっとも肝心の放火の実行行為の態様が不明確であり、およそ検証に耐えない。直接証拠がないため、判決は、朴さんの「自白」と状況証拠を並べて「用意したガソリンをまき、所携のライターでこれに点火して火を放ち」とわずか三十一文字で片付けている。被告人の捜査段階の供述調書、朴さんの捜査段階の供述調書、被告人の息子Bの供述調書、実況見聞調書、検証調書、検視調書、捜査報告書、鑑定書を証拠の標目として掲げているが、このうち放火の実行行為に関連するのは朴さんの供述調書しかない。共犯者の供述のみだ。その証拠能力自体も疑わしいのだが、それはともかくとしても、証明力にも疑問がある。というよりも、はたして犯行の供述と言えるのかどうかすら疑問がある。

というのも、供述の流れからすると、「犯行ストーリー」は、犯行直前にポンプで自動車からポリタンクに七リットルほどのガソリンを移しておいて、犯行時にポリタンクからコンクリート床面にガソリンをまき、床面に流れたガソリンにライターで火をつけたというものである。ところが、そのプロセスが供述でも、判決においても、ほとんどまったく明らかにされていない。ポンプは証拠として提出されていない。ライターもない。ガソリンの量についても疑問がある。

仮に七リットル程度であったと認めても、ポリタンクからコンクリート床面にまいた時の様子が不明である。どのような姿勢で火をつけたのか。中腰だったのか。しゃがんでいたのか。膝をついたのか。まったく不明である。床に広がったガソリンに、手に持ったライターで火をつけたとすると、どのような様子であったのか。かがみこんだのか。半身になったのか。燃え移った火から逃げる体勢を取っていたのか。どのように感じたのか。ガソリンの臭い、火が燃え移った瞬間の様子、火からさっと離れる必要があったはずだがその様子、すべて明らかでない。「車の右側に行き、顔を背け、ターボライターの火をガソリンに近付けたところ、ボワッと火がつき、頭の髪の毛の右側付近が熱く感じた」という一般的な供述を引用するだけである。放火の実行行為を行ったのなら当然なされているべき具体的供述はない。

素人判事「迫真」の演技

犯行にいたる経過や、火災発生後の状況については、まだしもそれなりの供述調書があり、判決でも論じられている。他の箇所では関係者の行為について「電話を放り投げて」「じっとしゃがんで」などの具体的な様子を認定しているが、実行行為だけは絶対に明示しない。

判決は状況証拠を並べる。出火場所と出火時期から考えて第三者による放火とは考えにくい。失火でもない。自動車からの自然発火の可能性は、弁護人は立証の努力をしたが、判決は認めない。「本件車両から自然発火の可能性が全くないとまでは断言することはできないが、その可能性はかなり低い」と。これが判決の決め言葉であり、同じ言葉が繰り返される。「犯人でないとは言えない」という日本の裁判所愛用の異様な論理のヴァリエーションである。

判決は、朴さんの捜査段階の供述について「その内容は、自分自身の心理的な描写も含め、具体的かつ詳細で、体験した者でないと語れない迫真性があり、また、格別不自然なところもみられない」と飛躍する。実行行為が不明確で、現実的可能性も疑わしいのに「迫真性」とごまかす。「ボワッと火がつき、頭の髪の毛の右側付近が熱く感じた」などというのは、実際に体験していない者のパターン化した供述にすぎない。どんな下手な大根役者でももっとマシなセリフを考えつくだろう。

保険金詐欺放火殺人事件の事実認定には多くの困難が伴うことはやむを得ない。証拠隠滅が計画的になされる場合がある。しかし、本件では被告人らによる証拠隠滅が行われたことを示す証拠はない。共謀の段階で証拠隠滅の相談もなされていない。にもかかわらず、あるべきはずの証拠がまったくないのはなぜか。最低限考えなくてはならないことを、判決は素通りしてしまった。

動機はあったか

検察官は、被告人がマンション購入費用のメドがたたないために、長女Aに保険をかけていたことから保険金殺人を思い立ち、共謀したとしている。起訴状は、「マンション購入資金に窮したことから、先に被告人が…締結していた被告人の長女Aを被保険者とする保険契約に基く保険金を受領する目的で、被告人らの居宅に火を放ち、入浴中の事故を装って右Aを殺害しようと企て」としている。

一審判決は、朴さんが七月五日頃の夜、自宅で、「Aを殺害することを打ち明けようと思い、『この前の保険金の話やけど、本気やのん』と言って被告人に確かめたところ、被告人が、『当たり前や、お金ないのにこれ以上どうするの』と答えたので、被告人との間で、被告人が風呂の準備をしてAを風呂に入れ、朴が自宅ガレージ内で自動車の下にガソリンをまいて火を付け、自宅を全焼させてAを殺害する旨の共謀が成立するに至った」と認定している。

第一の疑問は、母親が実の娘の殺害の共謀をこのような経過で行ったとすれば余程の事情があるはずだが、そうした事情は示されていない。若くして生んだ長女なのでそれなりの強い愛情を抱いていたのにもかかわらず、そのことは無視されている。しつけのために叱責した際の言葉を誇大に取り上げて、母親としての愛情がなかったかのように描き出している。被告人は、人並み以上にAに愛情を注いでいたし、実の娘のAの命よりも朴さんとの仲を優先させる特段の理由は示されていない。

第二の疑問は、マンション購入資金に窮しての保険金殺人というストーリーそのものである。そもそも不足金額とされたのは将来の契約に必要となるであろう一七〇万である。基本的にはローンで足りていた。朴さんには毎月五〇万円前後の収入があり、被告人も若干の収入があった。親子四人家族の生活に不自由があったわけでもない。手数料を払えないなら、当面は転居をあきらめればいいだけである。自宅を出ていかなければならないような事情があったわけではない。

一審判決も「せいぜい二〇〇万円程度の金額の工面を考えて、そのために本件犯行を企てるというのは、いかにも不自然さが否めないし、他からの借り入れ等をも考えれば経済的な逼迫度はそれほどでもないといえるのであって、朴のこの点に関する供述にも、説得力に欠けるものがあるといえなくもない」と言わざるを得なかった。にもかかわらず一転して「より楽な暮らしがしたいがために、手っ取り早く大金が手に入ることを考えるということも、あながちありえない話ではない」としてしまう。

「ありえたこと」を証明しなければならないのに、「あながちありえない話ではない」で片付けてしまう。有罪の推定に立っていない限り、このような文章を書くことはできない。

共謀はあったか

判決は、七月五日頃の夜、自宅で被告人と朴さんの間に共謀が成立したとしているが、共謀成立の経過を次のように認定している。

六月二二日前後、マンションの手数料の話の際にAの生命保険が話題になった。その後も毎日のように被告人から催促されたので殺害方法を考えた。七月五日頃、放火殺人の計画として「Aが風呂に入ったらシャワー長いこと使うやろ。そのとき車に火を付けたらええちがうんか。

車やったらすぐ燃えるし煙がすごいから絶対逃げられへんわ」と言い、雨の日にやることに決めた。七月二二日、電話で「今日雨降ってるから」と伝えた。以上である。

第一の疑問は、マンション手数料の話から娘の保険金への飛躍の過程が不明である。被告人から生命保険の話があり、朴さんもさすがに驚いたことになっているが、その前に手数料工面方法についてのあれこれの相談がなされて、どう当たっても駄目だったという経過があってしかるべきであるのに。

第二の疑問は、仮に被告人が娘に愛情を持っていなくて生命保険の話を持ちかけたとしても、被告人との間の共謀がこれほどあっけなく成立するのも不自然である。人一人殺すことを共謀したというのに、心の準備がどのように行われたのかもおよそ明らかでない。

第三の疑問は、調書において、共謀の際の態度に関する供述に不自然な変遷がある。「一ヶ月ぐらい前」が「六月二二日」に、「半月ぐらい前から」が「七月五日」に特定された経過や理由が不明である。検面調書では、七月中旬にも相談したことになっているが、自供書では、七月五日の相談が最後で「あとは、七月二二日まで、そのことについて二人で話をしていません」となっている。事実の記憶を喚起しての「自白」か否か疑問である。判決は、「確かに、朴の自供書どうし、あるいは、自供書と検面調書をみると、弁護人指摘のように、共謀の時期、共謀の際の被告人の態度や発言内容等で供述記載に相違があり、また、被告人が一時自供した内容との間にも一致しない部分があることはそのとおりである。しかし、その多くのものは、単なる表現の違いであったりするものにすぎず、これをとらえて不自然な変遷とか供述の不一致とかと評価することは相当でなく…」と済ませている。

第四の疑問は、被告人が相当程度、主導的な役割を果たしたことにされているのに、被告人から共謀を持ちかけた話が出てこない。朴さんの側からの話ばかりである。

第五に、共謀の内容があまりにも大雑把である。自宅に放火し入浴中の娘を殺害し、自分たちと息子は安全に逃げるという犯行である。どのように準備するのか。いつ決行するのか。ガソリン購入方法は。ポンプはどこで購入するのか。何で火を付けるか。その時、被告人はどこにいてどのように行動するべきか。車が爆発する危険性はないのか。火災発生後の行動はどうするのか。保険金の請求をどうするのか。こうしたことをまったく相談していない。このような共謀で犯行を行えば、むしろ被告人や息子の生命にもきわめて危険な事態となることが当然予想されるのに。共謀があったとすれば、このような内容の共謀ですむはずがない。

共犯者供述の任意性

本件は、朴さんが被告人と共謀のうえ放火殺人を行ったとされているが、共謀の事実を推認させる証拠は捜査段階における朴さんの供述のみである。その供述はすでに検証したように、内容自体が信用できないが、それ以前にその任意性に疑問がある。

朴さんは九月一〇日に逮捕されたが、逮捕に先立つ「任意出頭」における取調べは実に強圧的であった。早朝、出頭を求められ警察車両で平野署に連行されている。午前七時半にはじまった取調べで、八尾刑事は、首を絞めて壁に押し付けている。恐怖のあまり抗議すらできなかった。座らされた状態で足を組むと、その足を払ったり、捜査書類の綴りで頭部を殴ったりの暴行を繰り返している。公判段階になって八尾による暴行を詳しく述べているが、逮捕後に接見したO弁護士にも刑事による暴行の事実を訴えていた。八尾は暴行の事実を否定しているが、膝をつかみながら話をした事実を認め「受け取り方がいろいろあると思う」、「大声を出されて恐かったんですというようなことは言っていた」などと供述している。朴さんが、八尾に恐怖感を抱いていたことは容易に推測しうる。このような取調べのもとに作成されたのが九月一〇日の自筆書である。

切り違い尋問の問題もある。朴さんが否認していた午後一時頃、八尾は東住吉署で取調中の被告人・青木さんが全部自白したと告げている。火災で家屋全部と娘の死亡という悲劇に見舞われて悲観に暮れた朴さんにとって、被告人が全部自白したと告げられることは、信頼できる人間を失うことであり、絶望感に襲われる事態である。一方、被告人も同様に、朴さんが全部自白したと告げられている。まさに切り違い尋問である。八尾は切り違い尋問を行ったことを否定しているが、九月一〇日に接見したO弁護士の証言およびメモから切り違い尋問の事実が明らかである。

虚偽の事実を告げた尋問も行われた。八尾は、出火原因につき科学者が調べた結果、ガソリンをまいて火をつけたしかないとの鑑定結果が出ていると告げている。そのような鑑定は存在しない。「お前が火を付けているのを息子Bに見られているんだぞ」とも告げている。しかし、Bはそのような供述はしていない。

取調べ開始が午前七時半であり、逮捕が午後八時二〇分である。この間、帰宅はもちろん取調室から出ることも許されず、事実上身柄拘束されていた。取調べ開始直後には「おまえを犯人として取調べる」、「当分帰られへん」と告げたり、取引先に連絡したいとの申し出を拒絶して外部連絡をさせなかった。その後の取調べでも、九月一二日には、否定したらマスコミが騒いで親父の病状が悪化するぞと脅したり、否定したままなら死刑になるなど、脅したり利益誘導を繰り返している。

こうした取調べのため、朴さんは、八尾に対する恐怖や、被告人を死刑にしたくないという思いから「このまま罪を認めて、情状でいく」と決意した。捜査官の脅迫により正しい判断力を失って「情状でいく」と決めて、誘導にのった供述調書の作成に応じたものである。捜査段階での供述には任意性がない。

共犯者供述の信用性

供述内容の信用性も疑わしい。共謀の時期について、六月の共謀の日時の特定には疑問があり、七月の共謀についての供述も変遷している。共謀した際の状況に関する供述も不自然である。

最初の共謀の日時に関する朴さんの供述と被告人・青木さんの供述とでは食い違いがある。本件を雨の日に実行することを共謀したとされているが、雨の日を選ばなければならない必然性はなく、いったいなぜ雨の日なのか疑問である。被告人が主犯とされているのに、被告人から積極的な謀議の働きかけがない。自動車に放火して火事で事故死したように見せるという方法を考えたとされるが、この犯行方法をどのようにして思いついたのかも不自然である。給油ポンプが存在しないこと、供述通りならばそもそも給油ポンプを買う時間的余裕がなかったこと、自動車からポリタンクに移したガソリンの量、ポリタンクを置いた位置など犯行にいたるプロセスについての供述にも大きな疑問がある。火災発生後の状況や行動に関する供述も同様である。

被告人の取調べ

被告人は、九月一〇日午前七時に警察から出頭を求められ、警察車両で東住吉署に連行された。車内で「朴に手錠せえへんかっただけでも有り難いと思え」などと言われている。取調べでは最初から犯人と決めつけられている。被告人が身に覚えがないと否認すると「正直に言え。お前がやったんやろう」と怒鳴られた。小柄な女性である被告人は、取調べ室で二人の刑事に怒鳴られて恐怖感を味わっている。

被告人は当時、火災で娘を失ったショックで食事が咽を通らない状態で、健康がすぐれなかった。九月一〇日は、朝食も昼食も食べられず、お茶も飲んでいない状態で取調べが続けられた。飲まず食わずで長時間、刑事に怒鳴られ続けたのである。刑事はこれが任意捜査であることも告げず、黙秘することや退去することができることも告げていない。昼頃には「朴は吐いているぞ」、「全部認めているぞ」と虚偽を告げたり、「認めろ」と大声で怒鳴ったり、机を叩いたりの取調べである。こうした極限状態で、被告人は「もう死んでやろう、自分が犯人やったら犯人のままでいい、そのまま死のう」などと自暴自棄になっていた。

こうした状況で書かれたのが自供書である。自供書を作成した後、午後八時頃に被告人は逮捕されたが、被告人にはその当時の記憶がないほどである。接見したO弁護士は、被告人が一人では歩けず女性刑事に支えられてきた様子を見ている。被告人はこうしていったんは自供書を作成したが、後に思い直して、事実を述べるようになり、一貫して犯行を否認している。

客観的状況、状況証拠、物証、共犯者供述、取調べの問題点を見れば、本件一審判決にはきわめて大きな疑問がある。控訴審は二〇〇〇年一〇月から大阪高裁で進んでいる。

（「救援」三七九・三八〇・三八一号、二〇〇〇年一一月〜二〇〇一年一月）

三　武蔵野同僚殺人事件

一九九七年二月一九日、東京地裁八王子支部（原田国男裁判長）は、武蔵野同僚殺人事件につき無罪を言い渡した(7)。

事件は、一九九五年二月、東京都武蔵野市で、飲食店従業員がひもで絞殺されたものだが、飲食店の寮だったマンションで眠っている同僚の首を靴ひもで締めて殺したとして、Aさんが殺人罪に問われていた。

判決は、逮捕前後の供述が食い違うこと、殺害の動機がないことを指摘し、さらに犯行の物的証拠がないとした。すなわち、①凶器とされた靴ひもがAさんのものと特定されない、②靴ひもを二つに折って首に巻きつけたという自白の方法は実行できない、③自白の方法では被害者の首の傷が残らない。結局、自白には信用性がなく、凶器も特定されないので無罪とした。

Aさんは事件のあった日に午後八時から武蔵野署で任意の事情聴取を受けた。取調べは市内のホテルで早朝から深夜に及び、眠れず、精神的な苦痛の中で「自白」してしまったという。これは被疑者の取調べではなく、参考人の取調べによる「自白」である。しかも、ホテルに事実上の監禁状態で取調べが行われている。ここに本件の問題点がある。

刑訴法一九八条二項は被疑者に対する黙秘権の告知を規定している。そのため実務では重要参考人の段階では黙秘権を告知することなく、被疑者になった段階の取調べではじめて黙秘権を告知する。従って参考人と被疑者の区別が重要である。ところが法律には画然とした区別もなく学説においても十分な区別が浸透していない。

捜査官は、黙秘権を告知して被疑者の取調べをするよりも、黙秘権を告知せずに参考人の取調べをした方が、容易に自白や重要な事実を聞き出すことができる。黙秘権を告知すべきであるにもかかわらず、参考人であるとのたてまえで、告知なしに取調べて自白させた方が効率的である。

それが常識的な範囲で行われていればまだしも問題はない。ところが、高輪グリーンマンション事件や平塚事件で見られるように、警察は露骨に脱法的な参考人取調べを強行する。参考人であるにもかかわらず、ホテルに宿泊させて、捜査官数人で事実上完全に監禁して取調べる。それを最高裁が追認してきた。代用監獄すら使わない自白強要である。

これでは法の適正手続きは保障できない。法ではなく現場の捜査官のやりたい放題がまかり通ることになる。警視総監狙撃事件の「重要参考人」の事実上の身柄拘束はその極端なケースである。

参考人と被疑者の区別は単純にはできない。捜査の進行の中で事態は変化する。被害者と被疑者の区別すらつかないこともある。

しかし、現在の実務は、被疑者には認められる権利を制約するために脱法的に参考人取調べを長びかせている。明確な区別の基準が必要だ。

山名京子「『被疑者』概念について」(8)は、黙秘権の明確な告知を保障するために、参考人と被疑者の概念の再整理を試みる。山名は、刑訴法の被疑者の概念と犯罪捜査規範の重要参考人（さらにマスコミ用語の参考人）の区別の意味を刑訴法一九八条二項の黙秘権告知と関わらせて検討する。従来の学説では、参考人がいつ被疑者になるのか明らかでない。そこで、参考人はともかく、重要参考人については実質的な嫌疑があるから黙秘権告知が必要とする見解も踏まえて、ドイツの議論を紹介する。ドイツでも被疑者概念が明確に規定されていない。歴史的に形成された被疑者概念が前提とされている。

①客観説は、被疑者の地位の開始は捜査状況によって決まるとする。嫌疑が個別化されれば黙秘権の告知が必要である。

②主観説は、捜査機関の意志活動に基準を求める。捜査機関がある者を被害者として扱ったときからその者は被疑者になる。

③混合説は、訴追活動と個別化された嫌疑の内的連関で判断する。これが今日のドイツの判例・通説である。

その上で、質問内容に即して検討することになる。単なる「情報収集のための質問」と「被疑者尋問」とは区別されるからである。しかし、その区別は実際には容易ではない。情報収集のための質問が実は被疑者尋問になるかもしれない。

山名は、ドイツの混合説を採用すべきとし、少なくとも日本の重要参考人はすでに被疑者であり、告知なしになされた供述の証拠能力は否定されるべきとする。明快な主張であり、大いに参照されるべきである。そして、この議論は黙秘権の告知だけではなく、弁護士（会）の努力で実現している当番弁護士の実践にも直接に影響する。

（「救援」三三六号、一九九七年四月）

四　静かすぎる裁判所の行方

1　裁判を受ける権利を考える

ロッキード事件と裁判所

一九九二年二月二日に最高裁大法廷判決の出たロッキード事件は、公訴提起以来、一九年にわたる長期裁判であり、二審判決後でも八年近い歳月を「要した」。

「ロッキード事件と裁判所」という観点で振り返った時、当初の主な論点は、①内閣総理大臣の職務権限を裁判所がいかに判断するか（権力犯罪をいかに裁くか）、②嘱託証人尋問調書の証拠能力をいかに判断するか、の二点が特に重要であった。その論点自体は最後まで主要な争点であったことは間違いない。

しかし、結果的には、長期裁判の果てに事件の主役たちが去ってしまった舞台で、端役や裏方や観客が呆然としながら「後夜祭」の興業を続けたようなものとなった。被告人の田中角栄（元首相）、大久保利春（元丸紅専務）、橋本登美三郎（元運輸相）、小佐野賢治（元国際興業社主）らが死去した後の判決は、大方の興趣をそいだだけではない。最高裁は法律上の争点についての判断は固まっていたのに判決を下すことをせずに八年の歳月を待ったのではないかとの一部の推測が、それなりの根拠を有すると受け止められたことも記憶にとどめておくに値する。つまり最高裁は元首相の収監を意味する有罪判決を言渡すことを政治的な判断で回避したのではないかとの観測である。こうした観測に立つとすれば、ロッキード事件裁判の長期化は、特殊な政治的現象ということになる。

一方で、重大事件の長期化・遅延は繰り返し指摘されてきた。一般刑事事件では「迅速すぎる有罪判決」「実質的な証拠調べぬきの調書裁判」が問題とされているが、一部の重大事件の長期化も、単に重大または複雑という理由によらない場合もあり、「長期化」の内実が問われている。司法の容量が問い直されるとともに、司法資源の配分見直しの必要性も指摘されている。

司法がいかに権力犯罪を裁くのかについても、注目が集まった。最高裁は、内閣総理大臣が運輸大臣に対し、全日空に航空機の機種選定購入を勧奨するように働きかける行為は、内閣総理大臣の職務権限に属すると判断した。

判決の論理と結論に関する限りでは、最高裁は首相の権力犯罪を正面から裁いたとも言えそうだ。これが被告人の存命中であれば、判決の結論や論理への賛否とは別に、司法の見識を示すものとして評価されたかもしれない。現実政治との関係で見れば、最高裁は自ら腰砕けの途を選択したと評価せざるを得ない。ロッキード事件以外の多くの権力犯罪に関して、国民はしばしば裁判所の腰砕け現象を見せ付けられてきた。

権力犯罪を裁くという観点に立つとすれば、裁判所のあり方についてさまざまの改革提案が唱えられることになる。特権的官僚司法の解体と民衆司法の確立、法曹一元制度、陪審制の導入などがその代表である。そして、この論点は同時に長期裁判問題や「迅速すぎる有罪判決」問題と幾重にも交差する。

以下、迅速な裁判に関する問題、官僚司法とは何か、司法の民主的コントロールにポイントを絞ってみていこう。

迅速な裁判の要請

ロッキード事件は一九年にわたる長期裁判であった。重大事案や複雑事案で厳しい対立のある事件で最高裁の判断を求めて上告審まで争った場合には、長期化は避けられない。まして刑事再審の場合には、三〇年、四〇年といった例もあり、死刑から一転して無罪となった免田・財田川・松山・島田事件も三〇年という歳月を費やしている。

一方、かつて何らかの理由で審理が中断して長期化した例もある。中断の責が裁判所側にある場合に「迅速な裁判」の要請との関係が問われる。憲法三七条一項は「すべて刑事事件においては、被告人は、公平な裁判所の迅速な公開裁判を受ける権利を有する」と規定する。被告人には迅速な裁判を受ける権利が保障されている。それは、市民を不当に長期間にわたって刑事被告人の立場に置くことを避けるためである。

一九七二年一二月二〇日の高田事件最高裁大法廷判決は、憲法三七条一項は「審理の著しい遅延の結果、迅速な裁判を受ける被告人の権利が害せられたと認められる異常な事態が生じた場合には、……その審理を打ち切るという非常救済措置がとられるべきことをも認めている」とした。

非常救済措置が適用されるのはごく稀なケースであり、通常は一〇年裁判、二〇年裁判でも「異常な事態」とは考えられていない。なぜこんなに長い時間がかかるのか。重大かつ複雑な事案で、証拠が膨大で立証に時間を要するということもあるが、それにしても異常に長い。やはり開廷が二ヵ月や三ヵ月に一回といった審理方式に原因がある。裁判の仕方自体に問題がある。長すぎる裁判は、裁判の拒否に等しい。多いに改善の余地がある。

迅速すぎる裁判

最近では、むしろ「迅速すぎる裁判」が「拙速裁判」ではないかとの疑問も指摘されている。「わが国の刑事被告人は裁判官による裁判を本当に受けているか」（石松竹雄・法学セミナー四二三号、後に石松『刑事裁判の空洞化』勁草書房）という真摯な反省が現職裁判官からも発せられている。

日本の刑事裁判はしばしば「精密司法」と呼ばれる。強大な権限を有する警察による「充実」した捜査、検察官の訴追裁量により起訴された者の九九％が有罪となる。極端に高い有罪率は、代用監獄を利用した被疑者取調べによる自白追及を前提としている。代用監獄とは、本来の監獄（刑務所や拘置所）とは別に、警察署に設置された留置場を監獄に代用している制度で、被疑者を密室に閉じ込めて、捜査官が厳しい長時間取調べを行うため、拷問の温床として悪名が高く、自由権規約委員会の審査でも厳しく批判されている。しかし、改善は進まず、人権侵害や見込み捜査に基づく強引な捜査が刑事手続きの中核となっている。捜査官が予断や偏見でつくりあげた犯行ストーリーに沿って、都合のよい証拠だけを収集し、都合の悪い証拠は無視し、時には隠蔽して、被疑者に供述を迫る。代用監獄に収容されて、外界との連絡を断たれた被疑者は、捜査官のストーリーに従ってやっていないことでも「自白」してしまう（浜田寿美男『自白の心理学』岩波書店、二〇〇一年）。公正な裁判所であれば、このような人権侵害に基づいて作られた調書には慎重になるはずだが、実際にはそうではなく裁判所が警察・検察によって加工された事実をノーチェックで認めている。逮捕状請求却下率も無罪率も極端に低い。これでは裁判所は捜査機関の追認機能しか持たない。「精密司法」ではなく、異様に些末な事実にこだわる「些末司法」であり、捜査官には泣くほどおいしい「餡蜜司法」である。

こうした現状が調書裁判と呼ばれる。捜査機関が作成した調書を読めば判決が書ける。被告人側の請求証拠は僅かしかないのに、それも取調べには手間がかかるので必要性を感じない。だから公判は調書の受け渡し場所と化し、自室で調書を読むことが裁判官の仕事になる。法廷で証拠を直接吟味して心証形成する直接主義や、両当事者の弁論に基礎を置く口頭主義は形骸化する。形骸化した法廷には「考えない裁判官」「居眠りする裁判官」が登場する。「刑事裁判の空洞化」「わが国の刑事裁判はかなり絶望的である」といった識者の指摘が延々と繰り返されることになる。そこでは「有罪の推定」が事実上の原則となっている。

迅速な裁判と迅速すぎる有罪判決の間で刑事裁判は宙吊りになっている。

官僚司法とは何か

憲法七六条一項は、司法権が最高裁判所および下級裁判所に属するとし、同三項は裁判官の独立を定めている。さらに、憲法七七条は裁判所の規則制定権を確認し、同七八条は裁判官の身分保障を定めている。こうして司法の独立が憲法原則と考えられてきた。

司法の独立とは、司法が行政機関や立法機関から介入されないことを主眼としているとすれば、この意味での司法の独立はかなりよく守られているということができる。

ところが、司法の変質によって内部から司法の独立が掘り崩されてきたのではないかと指摘されてきた。司法の官僚制化の問題である。

裁判所の人事、予算、規則制定など司法行政の権限は、最高裁判所裁判官全員で構成する裁判官会議にある。しかし、実際には長官と事務総長が司法行政を掌握しており、裁判官会議は形骸化している。司法行政に関する情報は事務総局に集中し、権限も事実上は事務総局に握られている。その結果、長官と事務総長を頂点として、高等裁判所長官、地方裁判所所長、部総括裁判官、一般裁判官というヒエラルキーが形成されている。

事務総局を構成する裁判官たちは、裁判を行わず、司法行政に携わるが、任官後の早い時期から「出世コース」を辿る。課付き判事補として抜擢され、司法行政に習熟していく。裁判の現場や法務・検察の経験も積んだりもしながら、司法行政の専門家として自己形成していく。裁判の人事と予算を握った一部の特権的司法官僚層が形成され、彼らが司法行政を通じて裁判所のあり方全体を左右していく。司法の行政からの形式的な独立は維持されているような外観を呈しているが、裁判官の独立は保障されていない。

国民から独立した司法

特権的司法官僚制は、一九六四年の臨時司法制度調査会意見書に始まり、一九七〇年頃の「司法の反動化」の時期に顕著になった。とりわけ、自衛隊の憲法適合性が問われた長沼訴訟をめぐって、一九六九年に、地裁所長が担当裁判長に宛てた書簡で裁判内容に干渉した平賀書簡事件。これを契機として、青年法律家協会に所属する裁判官への思想攻撃、脱会強要、人事差別が強行された。この流れの中で一九七一年の宮本判事補の再任が拒否される事件が起きた。特権的司法官僚層の意向に迎合した裁判官は、出世、俸給、任地も優遇されるが、そうではない裁判官は差別される。

また、各種の裁判官協議会や会同を通じて裁判指導が行われる。一般論の形式はとるが、実際には具体的な事件を取り上げて司法官僚層が「正解」を示唆し、裁判官に従わせる。さまざまの方法で司法統制が強化されてきた。司法における「行政通達」である。

差別と選別を武器とする司法統制は、司法に不思議な沈黙をもたらした。個々の裁判官は「上」（つまり最高裁と事務総局）を気にしながら判決を書く「ヒラメ判事」となった。身分保障が不安定になり、裁判官の独立が損なわれた。司法や裁判に関する研究も上を気にしながら行う。裁判官の自主的な研鑽も阻害される。裁判所から覇気や情熱が失われ、物言わぬ静かな裁判官が静かな法廷で調書を受け取り、静かに調書を読み、粛々と判決を書く。判決や論文だけではなく、日頃の言動も注意しなければならない。近所の焼鳥屋で一杯呑むといった市民的自由の行使も自粛することになる。国民の目からは、司法がブラックホールになりつつある。

裁判官自身による官僚司法は、行政・立法からの干渉を排除する点では効果的に見える。しかし、特権的官僚層は、司法のエリートとして「国家的」ないし政治的判断で行動する。法務・検察との人事交流（判検交流）を通じて意識的に同質性が追及される。訟務検事として国側の代理人になっていた者が、裁判官として判決を下す。相手方が、ある日突然、審判役になっていたりする。刑事裁判で圧倒的な有罪判決が生まれ、行政裁判で国側勝訴判決が生まれる秘密の一つがここにある。行政は司法に介入する必要がない。司法の側から極めて熱心に擦り寄ってくるからである。

行政と密通した司法は、権力犯罪をいかに裁くことができるだろうか。ロッキード事件では、最高裁は判決を言渡さないという方法で政治的に振る舞った。

始まった司法改革

「憲法の番人」から「権力の番犬」に変質した官僚司法は、国民の人権擁護をおざなりにし、司法内部に差別を持ち込み、司法の信頼を自ら損なう。裁判批判を「雑音」と称して国民を敵視する。公正な裁判を受ける権利を保障し、正義を担う司法の任務を十全に果たしてこそ、司法は信頼される。しかし、現実の司法は権威的に信頼を調達しようとして失敗を重ねるしかない。そのことがまた司法の信頼を損ない、国民の司法への関心は無残なまでに低下してしまった。国民は行政権の長である首相の名前は知っているが、司法権の長である最高裁長官の名前は知らないし、そもそも関心がないから知ろうとも思わない。国民を敵視し、国民に無関心にさせる「司法」――残骸の一歩手前の司法を蘇生させることが第一の課題である。司法を蘇生させ国民のための司法を実現するには、根本的な改革が必要になる。九〇年代に入って司法改革の必要性が多方面から唱えられている。

政財界からは効率的な司法の要請が出され、最高裁自身もそのために司法研修所の移転、司法試験改革などを進めたが、国民の裁判を受ける権利の充実にはあまり関心がないように見える。むしろ財界主導型の司法改革が進行した(9)。

裁判を受ける権利を充実させるためには、司法の理念のレベルから再考する必要がある。そのスローガンを「官僚司法から民衆司法へ」「権力の番犬から憲法の番人へ」と表現するとすれば、司法の民主的コントロールの方策が実施されなければならない。

司法の民主的コントロールの制度として、現在は最高裁裁判官の国民審査（憲法七九条二項）があるが、ほとんど機能していない。機能しないように努力しているのが最高裁自身である。最高裁判所国民審査法の改正が必要である。最高裁裁判官の任命も密室人事であり、政治的に行われているとの批判も出されてきた。国会での公聴会を行うべきだとの提案も見られる。調査官裁判もいまや当然のごとく行われているが、最高裁裁判官による裁判という観点から見ると疑問は残る。しかも調査官に選ばれるのは特権的司法官僚層である。調査官制度が有用かつ必要であるのならば、正面から議論をして立法により正規の調査官制度を創設するべきである。

下級審裁判官については、特権的司法官僚層による統制を緩和していく必要がある。思想信条の自由をはじめとする市民的自由を自ら行使できない裁判官は必要ない。

また、司法の容量増大も重要な課題である。忙しすぎる裁判官が調書裁判に安住している現状は、裁判の否定とすら言える。審理を充実させて国民のニーズに応えるためには、司法の容量増大は不可避である（それは裁判所だけではなく、弁護士数についても言える）。最近は弁護士任官が実施されているが十分な成果を上げるには至っていない。

司法への市民の関心を呼び起こすことも必要である。誰も関心を持たず見向きもしない司法では改革の推進力に限界がある。市民の関心を高めるには、司法サービスを充実させるのが本筋である。当面それが期待できないとすれば、わかりやすい裁判の実施が求められる。裁判ウオッチング活動が各地で盛んに展開されているが、一様に裁判のわかりにくさが指摘されている。法廷が単なる書証の受渡し場所と化しているからである。傍聴人にもわかる「おもしろい裁判」の実現が必要である。充実した審理は「おもしろい裁判」につながる。事件への関心だけでなく、裁判への関心、人権への関心を呼び覚ます訴訟指揮が期待される。

長期的課題

この点は、より長期的なスパンでの司法改革の課題になるが、本来の意味での法曹一元制の実現が求められる。法曹一元制とは、法曹三者と呼ばれる弁護士・検察官・裁判官の給源を同一の弁護士層に求めようという考えである。現在は司法研修所における統一修習を経た者が弁護士・検察官・裁判官になっていくという意味では一元化されているが、弁護士経験を持たずに、研修所からいきなり検察官や裁判官に任官していく。むしろ弁護士として実務経験を積んだ者の中から検察官や裁判官が選任される法曹一元制とすることで、官僚司法の弊害を克服していける。

陪審制も復活するべきである。アメリカ映画でおなじみのように、陪審裁判では、市民から選ばれた陪審員が法廷で直接証拠を見て聞いて、評議を経て事実認定をする。日本でも一九二三年に制定された陪審法により一九二八年から一九四三年まで刑事裁判には陪審制が実現したが、戦時に施行が停止されてしまった。戦後改革では陪審の復活が課題となったが実現せず、今日に至っている。国民主権と民主主義の日本国憲法の下で陪審制が実現していないのは疑問である。日本ほど市民の司法参加の回路が制約されている国は珍しいのではないか。司法参加の主要な形態として陪審制は重要である。しかも陪審裁判は「おもしろい」。裁判とは何か、人間社会はどうなっているのか、人権を守るということはどういうことか、陪審裁判は民主主義の最高の学校である(10)。

国家による支配の道具としての司法から、民衆の自治と自己実現の道具としての司法へ向けてたゆまない司法改革が必要である。

（「法学セミナー」五〇八号、一九九七年）

2 寺西判事補事件——どちらが「不良裁判官」か

盗聴法案反対集会に出席して令状実務の実状について話そうとした寺西判事補は、集会出席を取り止めるようにとの地裁所長の横やりがあったため、集会には出席したものの意見を述べることを差し控えた上で発言できない旨の断りの説明をした。

仙台地裁所長はこれをとらえて裁判官分限法に基づく懲戒申立てをし、仙台高裁は法律が規定する本人の弁明の機会すら与えず一方的に処分決定を行い、最高裁もこれを支持した。学者・弁護士出身の五人の裁判官が反対意見を述べたことで最高裁の面目が少しは保たれた形になったが、検察・裁判官出身の十人の多数意見は裁判官の市民的自由を軽視し、国際常識に挑戦するだけではなく、弁明機会のないままの懲戒処分も追認してしまった。

これで寺西判事補はメデタク「不良裁判官」の烙印を押されてしまったわけだが、寺西判事補の問題提起は今後も続くだろう。盗聴法案反対の「積極的な政治活動」というが、寺西問題提起は、盗聴法案が裁判官による令状審査を隠れ蓑としていることを令状実務の現状を通じて明らかにしようとしたにすぎない。憲法の基本精神を生かすための発言が禁止される理由はない。

寺西事件は「積極的な政治活動」問題ではなく、捜査機関に唯々諾々と従ってまともな審査を怠っている令状実務への内部批判が、本物の「不良裁判官」たちによって反発を買ったことにある。

多くの裁判官にまともな人権意識が欠落していることは弾圧事件や冤罪の度に指摘されてきたが、裁判官の日常的業務や議論の立て方を通しても確認できる。

第一に、日常業務の勾留実務である。逮捕令状の発布自体が捜査機関のほとんど言いなりという点は寺西判事補が確認したが、勾留も同様である。そして勾留場所の問題である。ごくごく一部を除いて、圧倒的多数が被逮捕者を代用監獄に身柄拘束している。

代用監獄は異常な長時間取調べ、自白の強要、誤判の温床であり、事実上の「短期自由刑」として弾圧や懲罰目的で活用されており、それ自体が国際人権法違反であり、人権侵害である。このことは国際人権連盟、アムネスティ・インターナショナル、各国のロー・ソサエティ、カリフォルニア弁護士会、国際法曹協会等から何度も指摘されてきた。にもかかわらず、裁判官たちは何の反省もせずに相変わらず代用監獄への身柄拘束を続けている。人権意識欠落の証拠である。

第二に「中立らしさ論」という議論の仕方である。裁判官が政治的発言を行うと、判決実務も特定のイデオロギーに立っていると誤解される恐れがあるので、裁判官には中立らしさが求められるという。これは愚民思想の表れである。次の二点のみ確認しておこう。
①国民は裁判官の政治問題発言と裁判・判決実務の区別もつかない愚民であるとみなしている。

② 政治的に中立などということはないのに、中立らしさを装って国民をだませばよいという理屈である。

表現方法は多様であるが、「中立らしさ論」は国民を愚民とみなし、操作対象とし、裁判官の特権意識に満悦する思想である。

一九九八年一一月五日、自由権規約に基づく日本政府報告書の審査を行った規約人権委員会は、日本の人権状況に関する最終見解を採択した。在日朝鮮人差別、女性差別、死刑、代用監獄、刑務所における人権侵害が主な内容である。その勧告三二は次の通り。

「委員会は、裁判官、検察官及び行政官に対し、規約上の人権についての教育がなんら用意されていないことに懸念を有する。委員会は、かかる教育が得られるようにすることを強く勧告する。裁判官に関しては、彼らを規約の規定に習熟させるための司法上の研究会及びセミナーが開催されるべきである。委員会の一般的な性格を有する意見及び選択議定書に基づく通報に関する委員会の見解は、裁判官に提供されるべきである」

つまり日本の裁判官は国際人権規約の人権について教育すら受けていないため、その是正勧告を受けているのである。日本の法学部では国際人権法の講義は一部でしか行われていない。司法試験でも国際人権法は対象外であり、司法研修所教育にも含まれていない。国際人権法を学ばない裁判官が、国際人権規約の裁判での適用を否定してきたのが実状である。適用例はごくわずかしかない。

実はいささか類似のことがかつて代用監獄との関係で指摘されている。一九九六年四月の国連人権委員会に提出されたダットパラム・クマラスワミ「裁判官と弁護士の独立」特別報告者の報告書は、代用監獄で得られた自白を裁判官がすぐに受け入れることは、司法が検察の延長に過ぎないことになり、裁判官は「司法の独立の概念の真の意味で」教育されるべきである、としていた。

「日本の裁判官には司法の独立の教育が必要だ」と国際社会から指摘されている。しかし、日本の裁判官には反省能力もないから、司法の独立を踏みにじり、人権侵害を平気で続けている(11)。

（「救援」三五七号、一九九九年一月）

註

（1）日本弁護士連合会人権擁護委員会編『誤判原因の実証的研究』（現代人文社、一九九八年）。研究者によるものとして、光藤編『事実誤認と救済』（成文堂、一九九七年）、井戸田・庭山・光藤・小田中・大出『誤判の防止と救済』（現代人文社、一九九八年）も重要である。

（2）木下信男『裁判官の犯罪「冤罪」』（樹花舎、二〇〇一年）。

（3）豊崎七絵「刑事訴訟における事実観」法学（東北大学）六四巻五・六号（二〇〇一年）。

（4）豊崎七絵「刑事事実認定の理論と実践との交錯」法の科学二七号、「刑事訴訟における事実認定の当事者主義的構成への一試論」法学（東北大学）六一巻二号（一九九七年）、「刑事訴訟の法構造と法現象分析の一視角」東北法学一九号（二〇〇一年）。なお、日本の刑事判決はまともな理由を示さないことが少なくない。事実認定であれ法解釈であれ激しい争いのある場合にもかかわらず、何ら理由を示すことなく「～であることは明らかである」「論旨は採用できない」と述べるにすぎない。判決理由をめぐっては、冨田真「刑事判決理由の研究」法学（東北大学）六一巻三号、五号（一九九七年）、六二巻一号（一九九八年）、「刑事訴訟における事実認定理由の説示」法学（東北大学）六二巻六号（一九九九年）。

（5）福島至「有罪答弁制度導入論の問題」法学（東北大学）六二巻六号（一九九九年）。

（6）小川和恵「保険金殺人被告事件（東住吉えん罪事件）」季刊刑事弁護二七号（二〇〇一年）。東住吉冤罪事件を支援する会のウエッブ・サイトは、http://www.f6.dion.ne.jp/~equity/enzai.htm。

（7）朝日新聞一九九七年二月二〇日付。

（8）山名京子「『被疑者』概念について」『佐伯千仭先生卆寿祝賀論文集』（一九九七年）。

（9）九〇年代末に本格化した司法改革は、司法制度改革審議会答申を経て、二一世紀初頭に具体化しはじめた。その動向については『月刊司法改革』（現代人文社）参照。司法改革に関連して、大出・水野・村編『裁判を変えよう――市民がつくる司法改革』（日本評論社、一九九九年）、日本弁護士連合会ほか『裁判が変わる日本が変わる』（現代人文社、二〇〇〇年）、後藤富士子『官僚司法を変える――法曹一元裁判官』（現代人文社、一九九九年）。

（10）司法制度改革審議会答申は「裁判員」という名称の参審員制の導入を提唱し、その準備が始まっている。「裁判員」制度の具体的な中身が明らかにならなければ、評価を加えることはできないが、一般論として、陪審制導入を回避するための苦肉の策として登場した印象が強い。ただ、現状からの変化を求める声に応じて、市民の司法参加の途を開く点では意義を認めることができる。現状から裁判員制へ、そしてその先の陪審制へという文脈で理解したい。陪審制については本書第六章参照。

(11) 寺西事件については小田中・木佐・川崎・高見沢編『自由のない日本の裁判官』(日本評論社)、ビデオ『裁判官に市民的自由を――寺西裁判官分限事件』(制作青銅プロダクション) 参照。なお、阿倍晴彦『犬になれなかった裁判官――司法官僚統制に抗して三六年』(NHK出版、二〇〇一年)。

第二章　権力犯罪と刑事法

一　拷問等の禁止

1　人権委員会拷問報告書

（一）一九九五年報告書

一九九五年二月一六日、ジュネーヴの国連欧州本部で開催中の国連人権委員会第五一会期において、ナイジェル・ロドリー「拷問問題」特別報告者が一九九五年一月一三日に公表した特別報告書の内容を紹介した(1)。ロドリー特別報告者は長年アムネスティ・インターナショナルの法律顧問をつとめ、一九九四年から人権委員会の委託で「拷問問題」特別報告者となっている。

「拷問問題」特別報告書は、一九八五年の人権委員会決定に基づいて一九八六年以降、年次報告として公表されてきた。一九八六年の第一回報告書では「日本では拷問が法律によって禁止されており、刑訴法三一九条がそれを担保している」ことだけが報告され、第二回から第九回の報告書は日本について言及していなかった。ところが、今回の第一〇回報告書でロドリー特別報告者は、はじめて「日本」の項目を設定して三頁にわたって日本の状況を報告した。

国連人権委員会は、経済社会理事会に属する委員会で例年一～二月から三～四月にかけてジュネーヴで開催されている人権問題のフォーラムだ。その下に人権小委員会（かつては差別防止少数者保護小委員会、現在は人権促進保護小委員会）があり、さらにその下に三つの作業部会（奴隷制、先住民、拘禁・拷問）があり、現代の人権問題について討議を重ねている。近年、日本軍「慰安婦」問題をめぐってホットな議論を展開している委員会である。これまで代用監獄や死刑を取り上げてきた自由権規約委員会とは別の委員会だ。また、日本の拘禁について多数の国際人権ＮＧＯが報告を出してきたが、人権委員会というレベルで言及されたのは今回がはじめてで画期的なことである。

ロドリー報告書は、まず代用監獄に言及している。被疑者が代用監獄に収容され、捜査当局のもとに二三日間拘束されるため、拷問や虐待の原因となりがちである。一日一〇時間以上の取調べにより自白を強要されるが、自白調書の作成過程は記録されず、弁護人がアクセスできない。被疑者の取調べに弁護人が立会うこともできない。代用監獄では満足に医者にかかることもできない。

ロドリー報告者の照会に対して、日本政府は、①留置担当官と捜査官は分離した、②準抗告制度がある、③裁判所は自白の任意性をチェックしている、④国家賠償制度がある、⑤被疑者には調書の読み聞けのうえで署名をさせている、⑥弁護人は被疑者面会を通じて取調状況を把握できている、⑦月に二回は医者が訪問して診察している等の回答をした（一九九四年一一月一八日）ことが報告されている。

ロドリー報告者は、一九九三年六月八日に新宿歌舞伎町で逮捕された中国人ファン・ユウェイの事件に言及している。外国人登録証を自宅に置いてきたため警察官に逮捕された彼は、二人の警察官にひどく殴られて釈放後、再度逮捕されて手足を縛られ、歩けなくなるほどひどく殴られた。

これに対して日本政府は、彼が逃走しようとして暴れて「自傷他害のおそれ」があったので警察署に連行したが暴行はなかったと回答した、と報告されている。

ロドリー報告者は、監獄における医療の例として、死刑を言い渡された被収容者に対する医療拒否、ないし、不十分な医療について言及している。一九八二年の死刑判決が一九九三年の最高裁判決で確定した永田洋子は、一九八四年に脳腫瘍の手術を受けたが、頭痛が続き卒倒し、歩行も困難となった。継続的な医療と病院収容が必要であるにもかかわらず、拒否されている。

これに対して日本政府は、彼女は手術後の容態に変化はなく嘔吐したといっても胃の内容物まで吐いているわけではないと回答した、と報告されている。

最後にロドリー報告者は、隔離拘禁（厳正独居）に言及している。磯江洋一は一九八二年九月以来一三年間、旭川刑務所で隔離拘禁されている。隔離拘禁とは、昼も夜も独居で二四時間誰とも会わず、会話もできない拘禁である。この隔離拘禁は違反行為を理由とするものではなく、彼がそれ以前に収容されていた拘置所を相手に起こした訴訟に対する報復として実行されている。彼は一年に三、四回弁護人と面会できるだけであり、その面会には看守が立ち会って会話を聴取している。厳しい隔離拘禁のため彼は弁護人との面会の時に会話が困難になることがある。

これに対して日本政府は、被収容者の名誉とプライヴァシーを保護するために、事実の公表を控える、一般論として隔離拘禁は被収容者や職員を保護するために実行されていると回答した、と報告されている。

以上がロドリー報告書のあらましである。その意義は何といっても、日本の監獄における拘禁と人権の問題を国連人権委員会という最高水準の場で取り上げたことにある。これによって世界の人権活動家たちは、いっそう日本の監獄に注目している。ロドリー報告書の公表と同じ二月一六日、NGO発言でもヒューマン・ライツ・ウォッチのジョアンナ・ウェシュラーが、中国、ペルー、アメリカ合州国、ジャマイカとともに、日本の監獄の被収容者の人権の日常的な侵害について言及した。ウェシュラーは「日本監獄事情」という大部の報告書(2)を携えて、三月に日本を訪れることとなっており、その一部を人権委員会で紹介したのだ。

日本人自身も、ロドリー報告書をはじめとする人権の国際水準に学び励まされながら、日本の監獄の人権状況を改善するために、ますます努力を傾けなければなるまい(3)。

(二) 二〇〇〇年報告書

二〇〇〇年の人権委員会五六会期（三月二〇日～四月二八日）における暫定議題一一「市民的政治的自由」のために提出された報告書のうち、ナイジェル・ロドリー「拷問問題」特別報告者の報告書が日本の状況に関する情報を掲載している(4)。

一九九九年一一月二九日にロドリー特別報告者が日本政府に送った手紙の内容と、二〇〇〇年二月一五日に日本政府がロドリー特別報告者に送った回答の内容が紹介されている。今回取り上げられたのは四つの事例である。

内山和夫は、一九九三年八月に府中刑務所に収容され、八月三〇日に取調室で規律の訓示を受けた。看守が彼の手の指二本をまっすぐに伸ばそうとしたが、糖尿病のため指を伸ばすことができず、バランスを崩して二人が倒れた。そこで一〇人もの看守たちが内山を蹴ったり殴ったりし、腕を後ろ手にねじりあげた。それから「保護房」に収容され、服を脱がされ「股割れズボン」を着用させられた。「股割れズボン」とは、両手錠をかけられた状態でも用便ができるように、ズボンの股の部分に切れ目が入っているものである。内山も革手錠をかけられ、何度も蹴られた。革手錠とは胴体部分を締め付けるとともに、両手にも手錠をかけ非常な苦痛を与える事実上の身体刑である。彼は千葉刑務所での処遇に不満があって訴訟を提起していた。裁判所は内山のケースでは「保護房」収容は許されないと判断していたという。

これに対して日本政府は次のような回答をしている。内山は規律違反で懲戒を言い渡されているときに怒鳴って所長に殴りかかった。そのため革手錠と「保護房」となった。「保護房」には開けることはできないが窓があり、家具はないが、水道蛇口、トイレ、換気扇がある。内山はもがき叫び続けたので、うつぶせにして革手錠をかけた。本人のために股割れズボンにした。看守は自衛および他の収容者の共同生活維持のための必要最低限の実力しか行使していない。内山は一九九三年一一月に千葉地裁に損害賠償訴訟をしたが、後に取消した。一九九六年三月に再び提訴している。現在係属中である。

樋浦義高は一九九一年に横浜刑務所に収容され、一年後に軽微な違反を理由に独房に移され、一九九四年二月まで独房に収容されていた。処遇に不服申立てをしようとしたところ、看守に暴力を振るわれ「保護房」に収容され、うつ伏せで革手錠をかけられ、看守が背中に乗ったので舌をかんで口の中を切った。看守は革手錠を締め上げ、四日間「保護房」に放置した。樋浦は東京地裁に提訴しているという(5)。

これに対して日本政府は次のように回答している。樋浦は横浜刑務所収容中に懲戒として一〇日とか四〇日の厳正独居を数回受けている。懲戒処分は軽微な規律違反によるものではなく、集団処遇に合わなかったためである。当局は厳正独居の必要性について慎重に検討している。

本人が暴力を振るったり自傷行為をする恐れがある場合に、法と規則に従って行われている。樋浦は東京地裁に提訴したが、一九九九年二月に却下され、控訴して係属中である。

中国人女性の周碧珠は妊娠していたが、一九九七年三月三日に逮捕され、四月二日に東京拘置所に収容された。三日後に腹部の激痛を看守に訴え、身体の半分が麻痺しているようだと言った。看守は「日曜日だから医者がいない。明日まで待て」と言った。四月二二日まで医者の診察を受けることができず、胎児が死んでしまったという。

これに対して日本政府は次のように回答している。周は出入国管理法違反で起訴された。収容時に医者の診察を受け、医療に関する告知も受けている。収容者は希望すれば週二回診察を受けられる。周は妊娠により痛みはあったが、腹痛は訴えていなかった。医者は点滴の栄養補給を指示し、四月三日に点滴を受けたが、四日には点滴の必要なく通常食に戻った。六日に腹痛と下痢を訴えたので、医者は診察継続を助言した。菊屋橋病院で彼女は医者から胎児の心音が聞こえないと聞かされた。四月二五日の診察で胎児の死が確認された。同日、執行猶予判決が出て拘置所から釈放された。彼女は菊屋橋署と東京拘置所での医療の不備等を理由に損害賠償訴訟を提訴し、係属中である。

エジプト人男性のイハヤ・ラドワン・アラムは、虫や糞尿のある不潔な房に収容されたので、一九九三年一一月に東京拘置所で皮膚病にかかった。一九九四年三月にも収容されたが、一五人の看守に殴られたため重症を負い、右耳が聞こえなくなった。彼は訴訟を提起しているという。

これに対して日本政府は次のように回答している。アラムは一九九三年九月に全身のかゆみを訴え、疥癬と診断され、治療を受け、一九九四年一月には治療した。問題の房には一九九三年一〇月に隣の房の収容者と交談したので隔離拘禁（厳正独居）の取調べのためにこの房に移された。不潔な房ではなく、監獄法に従って清掃された房であり、殺菌もしている。アラムは規律違反の取調べの時に看守を威嚇したので、拘束し「保護房」に収容した。その際の実力行使により左腕をすりむいたが、他に傷はなかった。膿が出たとか右耳が聞こえなくなったと訴えたのは一二月一〇日である。彼の提訴は東京地裁に係属中である。

恣意的拘禁に関する作業部会報告書には、作業部会が一九九九年に申立てのあった恣意的拘禁一件に関する通知を日本政府に送ったことが記録されているが、内容は示されていない(6)。一九九九年に日本に関する情報を取り上げていたアスマ・ジャハンギル恣意的処刑特別報告者の報告書は、今回は日本に関する情報を掲載していない。

（「救援」三一〇号、一九九五年二月、同三七三号、二〇〇〇年五月）

2　拷問等禁止条約は基本条約

「人権尊重の促進は国連の重要目的の一つである。国連憲章が述べているように『人種、性、言語または宗教による差別なくすべての者のために人権および基本的自由を尊重するよう助長奨励すること』への責任が、国際人権分野で基準を設定し実現する努力をもたらしてきた」。

国連が自らの名で戦争を行ったり、世界各地の民族紛争における虐殺に効果的に対処しえなかった経験を知る者にとって、国連の活動全体についてこのような評価をただちに受け入れることは困難であるが、少なくとも国連人権センター、人権委員会等の人権部門が果たしてきた役割を否定することはできない。国際政治のメカニズムの中で多くの困難に出会いながら人権尊重のための努力は今日も続けられている。

冒頭の引用は人権高等弁務官事務所がＩＬＯ研修センター等との協力のもとに公刊した『人権報告に関するマニュアル』の前書きのはじめの部分である(7)。

『マニュアル』は、人権条約を担当する公務員が条約に基づく政府報告書を作成・提出する際に利用するために作成されたもので、一九九二年に出版されたことがあるが、今回はさらにグレードアップして送り出された。Ａ四版五三七頁の分量である。

『マニュアル』の副題は「六つの主な国際人権文書のもとで」である。ここでいう六つの主な条約とは、①社会権規約（経済的、社会的及び文化的権利に関する国際規約）、②自由権規約（市民的及び政治的権利に関する国際規約）、③人種差別撤廃条約、④女性差別撤廃条約、⑤拷問等禁止条約、⑥子どもの権利条約である。

序章は、テオ・ファン・ボーベン「人権の国際システム・概観」である。著者は日本では「慰安婦」問題に関する「ファン・ボーベン報告書」で名高いが、オランダの元リンバーク大学教授で、元国連人権センター所長、人権小委員会委員、人種差別撤廃委員会委員を歴任した。

ここでは国連憲章、世界人権宣言、国際人権規約その他の人権文書を概説して、人権保障の国際システムの重要性を説いている。人権の国際システムは国内制度の代理にはなりえず、人権保障の責任はまず何よりも各国政府にあるが、それを補うものとしての国際システムの意義が確認される。

第一部では、社会権委員会委員のフィリップ・アルストン、元自由権委員会委員のファウスト・ポカールらが、政府報告書の目的、報告書草案の準備・作成などについて解説している。NGOの協力や国際対話の意義が強調されている。

第二部では、六つの条約それぞれの規定に従った報告書作成方法を解説している。『マニュアル』は政府報告書を作成する担当公務員のためのものであるが、当然のことながらオルタナティブ・レポートを作成するNGOにとっても役に立つはずである。政府がどのような観点で報告するべきなのかがわかれば、NGOの対応策もおのずと明らかだからである。

六つの条約のうち、日本政府は一九九九年段階でようやくすべてを批准した（本『マニュアル』公表時には拷問等禁止条約を批准していなかった）。したがって、それぞれの条約に基づく日本政府報告書に対して、NGOオルタナティブ・レポート活動が行われていた。一九九八年にも子どもの権利委員会や自由権委員会での審議が行なわれ、一九九六年に批准した人種差別撤廃委員会への第一回報告書の作成も進められている（二〇〇一年三月に審査が行われた。本書五章参照）。

当時日本政府が批准していなかったのが拷問等禁止条約である。批准を求める市民運動が展開されてきたが、代用監獄はもとより、拘置所、刑務所、外国人収容センター等の現実を考慮してか、日本政府はなかなか批准しようとしなかった。そのくせ国連人権委員会での拷問等禁止条約選択議定書作成作業には参加して、様々な注文をつけたりしていた（次節参照）。当時は日本政府に拷問等禁止条約を批准させることが課題であった。

『マニュアル』の拷問等禁止条約の部分は、元拷問禁止委員会委員のヨセフ・ボヤーメとピーター・ブルンスが執筆している。締約国は条約一九条に従って報告書を提出しなければならない。委員会はすでにガイドラインを採択している。

第一回報告書では、①総論として、条約一条の拷問等の定義に関連する国内法体系はどうなっているのか、条約が国内裁判所や行政に直接適用されているかどうか、拷問等の被害者への救済はどのようなものか、を書く必要がある。②各論としては、条約二条～一六条に従ってそれぞれ報告しなければならない。条約を効果あらしめる法律、司法、行政その他の措置。条約実施に影響する要因または障害。統計データ等の具体的事件や情報。

締約国はその後四年毎に定期報告書を提出しなければならない。これには第一回報告書以後の情報、審査の際に委員会から質問を受けて回答していない問題に関する情報、委員会の勧告を受けた結果としてとった活動、条約の実施を妨げる要因、条約実施のための前進、が含まれる。最後に、委員会の審査の方法や建設的対話に関する解説が施されている。

拷問等禁止条約は基本条約である。日本政府の早期批准実現が課題であった（一九九九年の批准によって次の課題は拷問禁止委員会への報告書の作成となった）。

（「救援」三五〇号、一九九八年六月）

3　拷問等禁止条約選択議定書

（一）一九九七年人権委員会

一九九七年の国連人権委員会第五三会期に、拷問等禁止条約に関する作業部会報告書が提出された(8)。

人権委員会は、一九九六年四月に拷問等禁止条約選択議定書の草案に関する作業部会の報告書を採択して、作業を継続して草案を作成するよう求めた。一九九六年六月の国連経済社会理事会決議がこれを追認した。そこで一九九六年一〇月に作業部会が開催された。人権高等弁務官ホセ・アヤラ・ラッソの開会のあいさつで始まった。作業部会長はカルロス・ヴァルガス・ピザーロ（コスタリカ）、草案部会長はアン・マリー・ペンネガルド（スウェーデン）であった。人権委員会構成国（日本を含む三〇ヵ国）の他に、オブザーバーとして非構成国（二八ヵ国）、スイス、NGO（アムネスティ・インターナショナル、拷問予防協会、ヒューマン・ライツ・ウォッチ、国際法律家委員会等）、国際赤十字などが出席した。また、拷問禁止委員会の代表やナイジェル・ロドリー「拷問問題」特別報告者らも出席して発言した。

草案第一条は議定書の目的を規定する。

第一条は「①本議定書の当事国は、本議定書に従って、当局によってまたは当局の誘導でまたは当局の同意・黙認のもとで自由を剥奪された者が拘禁されている、または拘禁されているかもしれない当事国の司法権の及ぶすべての領域のすべての場所への訪問を認める。②訪問の目的は、適用可能な国際法および関連する国際基準に従って、もし必要なら、拷問およびその他の残虐な非人道的なまたは品位を傷つける取扱いまたは刑罰から、自由を剥奪された者の保護を強化し、その予防のための措置を提案するために、自由を剥奪された者の扱いを調査することである」とする。

第八条は、小委員会の明白かつ公平な調査手続き、当事国への通知、小委員会と当事国の協議などを含む、小委員会の権限について規定する。

第一条と第八条については、調査団を受入れる当事国の同意問題について意見の相違がある。議定書を批准すれば調査団受入れを同意したものとするか、同意はその都度表明されるべきとするかであり、議定書では同意の形式を規定すべきとするかである。他の条文とは独立して、第一条と第八条についての検討が重ねられている。

一方、第二条から第七条は小委員会の構成について規定する。第二条は小委員会の設置を規定する。

第二条は「拷問禁止委員会に、拷問およびその他の残虐な非人道的なまたは品位を傷つける取扱いまたは刑罰の予防のための小委員会を設置して、本議定書に規定された諸機能を実行する。小委員会は第一条で述べられた目的のために本議定書の当事国への調査団を組織する責任を有する」とする。

第三条は「①本議定書の適用に当たって、小委員会と関係当事国は相互に協力する。②小委員会はその作業を国連憲章の枠組の範囲で行い、その目的と原理を指針とする。③小委員会は秘密性、不偏性、普遍性および客観性の原理を指針とする」とする。

第四条～第七条は、小委員会委員の選出方法を規定する。小委員会は一〇名の委員からなる。本議定書への加入国が一五に達した後は、小委員会の委員数は二五まで増加できる。委員は、司法分野、特に刑事法、刑事施設行政や警察行政、または自由を剥奪された者の取扱いに関連する様々の医療、または人権分野において専門的経験を有する、高い道徳的資質のある者から選ばれる。小委員会の委員には一つの国家の国民から二人なることはできない。小委員会の委員は自己の個人的資格で任務につき、独立かつ不偏であり、小委員会に効果的に役に立つことができるものとする（第四条）。委員候補は当事国が推薦し（第五条）、秘密選挙で選出する（第六条）。委員に事故のある場合の補充も規定している（第七条）。

この会議で、日本政府は次のような発言をしている。

「調査団の訪問はすべての場所ではなく、当局が保護する場所に限られるべきである。第一条一項の現行案が採択されても日本政府は留保する。当事国の同意がなければ調査は不可能であるから、同意の得られる条文づくりが必要である。小委員会の構成は一〇名がよい。委員は当事国の選挙で選ぶべきである。第二条については、小委員会と拷問禁止委員会の関係はさらに議論を積み重ねるべきである」

この当時、日本は先進国で唯一拷問等禁止条約を批准していなかった。代用監獄が国際水準に照らして厳しい批判を受けていた。ところが改善の努力はせずに開き直ったまま、作業部会で以上の発言をしていたのである。条約本体を批准させないことには、国際的な拷問廃止の動きにも貢献することができないことが明らかであった。

（二）一九九八年人権委員会

一九九八年四月に開催された人権委員会に拷問等禁止条約選択議定書草案に関する作業部会報告書が提出された(9)。報告書は作業部会の運営・参加者リスト・配布文書リスト・選択議定書草案の審議模様を記録し、末尾に現段階の草案を掲載している。以下、簡潔に紹介する。

作業部会は一九九七年一〇月一三日から二四日にかけて開催された。議長はピザーロ（コスタリカ）、草案部会長はペンネガルド（スウェーデン）である。人権委員会構成国（日本を含む三〇カ国）、非構成国（二〇カ国）、NGO（アムネスティ・インターナショナル、拷問予防協会、ヒューマン・ライツ・ウォッチ、国際法律家委員会等）が参加した。一三日、メアリ・ロビンソン人権高等弁務官の挨拶によって開会した。

今回の審議では、草案六条から二一条までの審議が行なわれた。審議の一部を紹介しておこう。

草案六条は議定書に基づいて設置される小委員会委員の選出方法を定めるが、委員の再任をどの程度認めるかが討論された。キューバ等は再任を広く認めるよう代案を出したが、ブラジル、カナダ等が再任を厳しく制限するよう主張し、原案が採択された（九条に変更）。

草案七条は、議長選任、委員会規則等の規定であり、原案が採択された（一〇条に変更）。

当事国への調査団派遣に関する規定の審議では、多くの意見が提出され、代案、修正案が次々と出された。調査団派遣はもっとも具体的な問題であるため、調査団の組織の方法、構成員の人数や国籍、調査方法、訪問地の限定の有無等の調査団の権限が詳細に論じられた。

二週間に及ぶ審議の中で、日本政府の個別の発言や意志表示は数少ない。

調査団のための特別基金について定めた一六条の審議に際して、基金への資金提供は政府、国際機関、NGO等となっているところ、オランダ政府が「国連の通常予算からも支出する」と追記する提案を出したが、ブラジル、中国、キューバ等が反対し、日本政府も「提案は不明確だ」として反対した。議定書の批准の効果に関する一八条の審議で意見が分かれた際に、オランダが決定の延期を提案し、日本政府もこれに賛成した。

調査団の権限に関する一条と八条の討論が残されており、日本政府は一九九七年に議定書を骨抜きにする方向で発言していた。他の条文ではさして発言する必要を感じていないのだろう。

今回の審議で議定書草案がかなり検討された。まだまだ課題を残しているが、最終章の姿がおおよそ見えてきた。現段階の構成は次のとおりである。

一条は、議定書の目的であり、調査団の目的と権限の基本を定める。二条は、議定書に基づいた小委員会の設置を規定する。三条は、小委員会と当事国の協力、小委員会の独立性、普遍性を規定する。

また、四条は、小委員会委員を一〇名とし、将来二五名まで増員できるものとする。委員は刑事法、監獄等の専門家である。五条は、委員候補のノミネートを規定する。六条は、委員の選出方法、時期、男女のバランス、同点の場合の決定方法等を規定する。七条は、委員の死亡等による執務不能の場合の措置を定める。八条は、当事国への定期調査、書面通知等の規則である。

九条は、小委員会委員の任期（四年）、再任（一度）、二年ごとの半数交代を規定する。一〇条は、小委員会委員長の選出（任期二年、再任可）、小委員会の規則制定権を規定する。一一条は、拷問禁止委員会の同意のもとでの国別調査団について定める。一二条は、討論中で未定。一三条は、調査団の構成（小委員会から二名以上、通訳、専門家の援助、当該国民を含まないこと）を規定する。一四条は、援助できる専門家のリストの作成、常備、専門家の選出方法について定める。一五条は、調査団や小委員会への国連（事務総局）の協力規定である。一六条は、特別基金の創設を規定する。

一七条は、議定書の批准手続き、効力発生について定める。一八条は、議定書の規定が連邦国家の場合に全領域に及ぶことを確認する。一九条は、議定書からの離脱手続き、二〇条は、議定書修正の場合の効力問題、二一条は、小委員会委員および調査団員の特権・免責、二二条は、調査団員の活動、特権、免責、二三条は、議定書の公用語、配布を、それぞれ規定する。

議定書は拷問等禁止条約の実施措置を具体的に定めるもので重要であるが、この当時は日本政府は条約そのものを批准していなかった。したがって日本のNGOとしては、第一に、政府に拷問等禁止条約を批准させることが必要であった。第二に、拷問等禁止条約の各条文の解釈論の研究である。代用監獄を利用した長時間の密室取調べによる黙秘権侵害＝自白獲得の実務が条約違反であることを理論的に詰めていく必要がある。第三に、将来は議定書を批准させることである。

（「救援」三三九号、一九九七年七月、三五一号、一九九八年七月）

4　拷問禁止委員会第二三会期

拷問禁止委員会第二三会期が一九九九年一一月八日より一九日まで国連欧州本部で開催され、マルタ、オーストリア、アゼルバイジャン、キルギスタン、ウズベキスタン、フィンランド、ペルーの報告書を検討した。アゼルバイジャン、キルギスタン、ウズベキスタンはイニシャル・レポート（条約を批准して最初に出す報告書）である。審査は公開だが、別に、組織的に拷問が行われているというある国について秘密会で検討が行なわれた。個人通報の審査も行なった。

今後、日本政府報告書審査に向けた取組みの参考とするために、簡潔に紹介する(10)。

条約は一九八四年に国連総会で採択され一九八七年六月に発効した。批准国は拷問を違法行為とすることを要求され、「上級の命令」や「例外状況」などで正当化できない。拷問が行われたときには国内で裁判を行なう。必要があれば国際的な調査・訪問がなされる。条約二〇条は、組織的に拷問が行なわれているとの信頼できる情報がある場合の、国家の調査協力を規定している。二一条では、条約違反がある場合に他国が通報できる。二二条は個人通報の受理を規定する。

拷問等禁止条約批准は一一八カ国である。前回の会期以後に批准したのは、ベルギー、トルクメニスタン、日本、モザンビークである。一一八カ国のうち、二一条・二二条を受け入れているのは四〇カ国。人権委員会五四会期は、各国に二一条・二二条の宣言をするよう要請している。日本は二一条を受け入れているが、個人通報を認める二二条は受け入れていない。

開会にあたりラムチャラン人権高等弁務官代理が挨拶し、人権侵害の予防が来年の人権委員会の主要議題となっていると述べた。さらに、国際社会が人権侵害を予防するための実践的で具体的な枠組みを設定するよう要請し、特にジェンダー問題を拷問禁止委員会が重要視するように述べた。

事務局によれば一九九九年一〇月までに一〇七本のイニシャル・レポートが出たが、三一本は遅れている。そのうち二二本は四年以上遅れている（ウガンダ、トーゴ、ガイアナ、ブラジル、ギニア、ソマリア、エストニア、イエメン、ベニン、ボスニア・ヘルツェゴビナ等)。第二回報告書は三四カ国が遅れて、うち一一カ国は四年以上遅れている。第三回報告書は一二三カ国が提出し、二八カ国が遅れている。

委員会の新しい議題として「国際人権文書の効果的履行」が採択された。この議題については独立の専門家であるフィリップ・アルストンが報告することになった。

七カ国の報告書審査のうち、オーストリア報告書の審査を紹介する。

オーストリアの第一・二回の報告書が提出された。オーストリアでは人権の促進と保護のために多くの措置が講じられている。オーストリア政府代表は国内で人権促進・保護のための法的手段が講じられていると述べたが、委員は法執行官の間に難民に対する差別や暴力があるのではないかとか、警察内部の暴力文化に関心を示した。

ベント・ソレンセン特別報告者は、オーストリア報告に感謝を表明した上で、オーストリア法の拷問の定義は国連の定義を明確に反映してはいないとした。

オーストリア刑法の拷問の定義には、委員会が定義してきた「意図の要素」がない。この定義は警察官、軍人、裁判官に対して重要である。拷問を犯罪として定義し、禁止すべきである。さらに、オーストリア一九七七年外国人法、一九七七年難民法に関して、難民の実際の処遇について公衆に「難民は犯罪者である」と思わせるようなものになっていないかと述べた。

アレクサンダー・ヤコブレフ共同報告者は、刑事訴訟法改正がなされたものの、拘禁された者が即座に弁護士にアクセスできるようになっていないことを指摘し、逮捕直後がもっとも重大であり弁護士が必要だと述べた。

委員会は各国報告書の審査を経て結論と勧告をまとめた。多くの国について条約一条が定義しているように拷問を犯罪とし、犯行者を捜査・訴追するよう勧告している。

今回もオーストリア、アゼルバイジャン、フィンランド、キルギスタン、ウズベキスタンに、拷問を犯罪とするよう勧告された。その他の主な勧告は次のようなものである。

警察官による虐待予防のために警察に明確に指示し、虐待行為には寛容ではなくただちに捜査・処罰がなされることを周知徹底するよう勧告（オーストリア）。

拷問や虐待が多く報告されているので、効果的予防措置をとり捜査と訴追をきちんと行ない、拷問事件に恩赦を適用しないよう勧告（アゼルバイジャン）。

未決拘禁場所での隔離規定を変更し、司法による監督を確立するよう勧告（フィンランド）。

拷問予防措置をとり、警察・検察・裁判制度を改正し、刑事施設の条件の改善を行なうとともに、死刑の廃止を検討するように勧告（キルギスタン）。

難民法が憲法に合致するよう、拷問被害者が脅迫を恐れて告発を思いとどまることのないよう勧告（マルタ）。

警察・軍隊による拷問や虐待事件が捜査・訴追されるよう、未決の隔離拘禁やテロ事件有罪者の厳正独居を廃止するよう、拷問事件に恩赦を適用しないよう、拷問被害者が告発できる制度をつくるよう勧告（ペルー）。

拷問事件を扱う制度を見直し、不処罰のリスクを減らし、拷問によって得られた証拠の不許容性を絶対的とするよう勧告し、条約二一条・二二条の宣言をするよう提案（ウズベキスタン）。

（「救援」三六八号、一九九九年一二月）

5　拷問等禁止報告書非公式ヒアリング

一九九九年一二月三日、外務省において「拷問等禁止条約第一回政府報告作成に関する非公式ヒアリング」が行なわれた。

日本政府は一九九九年六月九日に拷問等禁止条約批准を決定し、同月二九日に寄託書を提出し、七月二九日に効力を発生することになった。拷問等禁止条約採択から一五年かかっての批准である。条約批准後一年以内に第一回報告書を提出することになっているので、締切りは二〇〇〇年七月二九日である（締切りは守られなかった）。外務省人権難民課（現在は人権人道課）では報告書の作成準備に入り、報告書作成に関するNGOからのヒアリングを行った。

これまで自由権委員会、子どもの権利委員会、人種差別撤廃委員会への報告書の作成に際して、各委員会が政府とNGOとの対話を推薦し、NGO側も要望してきたにもかかわらず、外務省はヒアリングを行わなかった。ところが今回は、外務省側の発案でヒアリングが行われた。これは大きな前進であり評価できる。外務省の位置づけとしては、あくまでも「非公式ヒアリング」であり、NGO側の意見を聞くが「政府側は意見に対し、答弁を行なう責任を負わない」。また、意見を聞いてもそれを報告書に採用するといった保障もしない、というものである。NGOと政府では立場が違うのだから、NGOの意見を採用せよと要求できるわけではないので、これ自体はやむをえない（その後、各種の条約報告書に関してNGOからのヒアリングが行われるようになっている）。

政府側の参加は、外務省国際社会協力部人権難民課、人事院管理局企画法制課、同研修企画課、警察庁刑事局刑事企画課、同官房総務課留置管理室、同官房教務課、防衛庁人事教育局教育課、法務省官房司法法制調査部、同刑事局、矯正局総務課、入国管理局警備課、同難民認定室、同官房秘書課国際室、厚生省官房国際課、自治省行政局公務員部能率安全推進室であった。NGO側は八団体、二個人、およびオブザーバー（合計約二〇名）が参加し、それぞれ意見を述べた。いずれも、非公式とはいえヒアリングが実現したことに感謝し、その上でそれぞれの問題関心を披露する形であった。

最初に、村井敏邦（一橋大学、現在・龍谷大学）がヒアリングの実現と政府側の多数の参加に感謝を述べ、こうしたヒアリングの継続を要望した。さらに、ヒアリングを単なるアリバイづくりにしないよう、聞きっぱなしに終わらせないよう求めた。

アムネスティ・インターナショナルは、ヒアリングの継続、政府報告書案の国内公表、その後のヒアリングと質疑応答、意見交換の設定を要望した上で、報告書には自由権委員会の日本政府に対する勧告の関連部分を十分に踏まえることを強く要望し、各条文ごとに意見を述べた。

監獄人権センターは、死刑(廃止の努力、確定囚の人権、恩赦出願の権利等)、拘禁施設内の規律と秩序(工場における動作要領・交談の制限、懲罰手続きのあり方、全裸検診、昼夜独居拘禁、軍隊式行進、革手錠)、所内生活環境、外部との交流、社会復帰のための処遇、拷問防止の施策等について、詳細に意見を述べた。

日本国民救援会は、拷問の起こりうる可能性のある行政活動をガラスばりにし、警察の取調べに弁護士立会いを認め、代用監獄を廃止するよう求めた。

子どもの人権連は、条約の「拷問」の定義を制約的に解釈しないこと、条約の「公的資格で行動するその他の者」の解釈を明示すること、被害の苦情申立てにオンブズパーソン等が存在しないこと、教育現場での体罰を報告すること等を指摘した。

死刑廃止国際条約の批准を求めるフォーラム九〇は、死刑執行の実情(九〇年代になっての処刑の増加、確定囚の人権、家族の権利)に注意を喚起し、特に本人に事前に執行日を知らせず当日いきなり処刑する実務が、確定囚に対する異常な精神的拷問であることを指摘した。

東京精神医療人権センターは、一般医療と精神医療の格差・差別、患者に対する虐待、強制入院、閉鎖病棟の行動制限、隔離室での拘束、病室での身体拘束、リハビリテーションの不足による長期入院等の問題点を指摘した。

日本弁護士連合会は、自由権委員会等へのオルタナティブ・レポート活動の成果を踏まえて、自由権委員会の日本政府への勧告をどう読むべきか、日本の現実の改善にどう役立てるべきかという観点から広範囲の問題について意見を述べた。

入管問題調査会は入管施設で頻発する拷問、虐待やセクシュアル・ハラスメントの実情を報告し、独立の審査機関の存在しないこと、諸規定を拷問防止の観点から見なおすこと、職員の人権教育、文書の公開を要望した。

筆者は、報告書作成に当っては自由権委員会の勧告はもとより、人権委員会のロドリー「拷問問題」報告書やクマラスワミ「司法の独立」報告書などの指摘も踏まえて、内実のある報告書とするよう要望した。

最後に、事実確認の質問等があり、その中で自由権委員会の勧告を日本政府がどう受け止めたかについての政府側とＮＧＯ側の理解の違いが顕在化した。

政府側は次回のヒアリングについて確約しなかった。報告書草案の事前公表やＮＧＯとの意見交換も約束されなかった。

第一回報告書の締切りまで残された期間はわずかである。人種差別撤廃委員会への報告書提出が二年近く遅れたこと、二〇〇〇年には「沖縄サミット」があり外務省は多忙になることから、報告書提出の遅延が予想されている。しかし、条約を誠実に遵守することは日本政府の条約上および憲法上の責務である。安易な遅延は許されない（二〇〇二年三月八日現在未提出）。

ＮＧＯ側では、なによりも政府への情報提供が必要である。報告書作成を担当する外務省人権難民課は、拷問等の実態をまったく把握していない。警視庁・法務省・厚生省は拷問等の実態を外務省に正確に報告しない。それどころか隠蔽する。NGOが人権難民課に情報提供することで、政府部内での意見交換がはじまるだろう。NGOの統一報告書についても準備が必要である。これを事前に政府に提供し「政府報告書に記載しなければ拷問禁止委員会で質問される。政府報告書で報告しよう」と考えさせることである。これまでの経験から少なくとも外務省はそう考えるはずである。NGOの課題も大きい。

（「救援」三六九号、二〇〇〇年一月）

二　被拘禁者奪取罪の検証

1　はじめに

被拘禁者奪取罪はこれまでほとんど適用例が見られなかったが、最近その成立が争われた事例について一審・二審ともに成立を認めた。判旨を見ることにしよう。

一九九二年五月二二日、東京地裁は被拘禁者奪取被告事件につき判決を言い渡した(11)。判決が認定した「犯罪事実」は次の通りである。

被告人A及びBは、天皇制反対等をスローガンとし、JR原宿駅前で集会を持つなどしていたグループJに所属する者である。一九九二年五月四日午後四時二〇分ころ、同所在のコープオリンピア前路上において、原宿警察署勤務巡査Kが、Jの一員Fを公務執行妨害の現行犯として逮捕し、手錠をかけたうえ、原宿警察署に引致するために小型パトロールカー後部座席に乗車させ、後部右側ドアをロックして運転席に乗り込み発進しようとした。しかし、Kは同車両をJのメンバーを含む群衆に取り囲まれ、足げりにされたり、揺さぶられたりしたため発進できず、左後方でけっている者を見極めようとしてその方向に顔を向けていたところ、そのすきに、被告人Bは、Fを奪い返そうと決意し、運転席ドアの開けられていたガラス窓から右手を差し入れ、後部ドアのドアロックのつまみを右手でつまんで引っ張りあげてロックを解除し、その場でこれを見ていた被告人AもBの意図を察知し、ここにABはその旨意思を通じ合い、共謀のうえ、被告人両名いずれかが車の外側から後部右側ドアを開け、AがFの身体をつかんで車外に引き出したうえ、左右両側からそれぞれFの腕をつかむなどしてFを支え、群衆をかき分け連れ去って、Fをその支配下に移し、もって法令により拘禁された者を奪取した。

以上が一審が認定した「犯罪事実」である。本件の最大の争点は事実認定にあり、被告人は、被告人がまったく無実であり、本件が冤罪であることを主張した。否認は捜査・公判を通じて一貫しており、自白はない。さらに被告人は、被拘禁者奪取罪の成否につき、刑法九九条の制定過程論、比較法、「奪取」と「略取」との関係などを理由として、これまでの通説を批判しつつ「仮に行為があったとしても被拘禁者奪取罪は成立しない」として本件における犯罪成立を否定した。

これに対して、判決は「補足説明」において「拘禁者であるKの意志に反してその支配内にあるFを離脱させて自己の支配内に移したものと認められるから、刑法一〇〇条一項の逃走援助罪ではなく、同法九九条の被拘禁者奪取罪にあたることは明らかである」と示した。

被告人は控訴した。「控訴趣意書」も、まず事実認定を争い、法律論では通説を批判して、被拘禁者奪取罪の制定過程に即した解釈を展開した。

これに対して、一九九三年一一月一七日、東京高裁判決は控訴を棄却した(12)。事実認定は一審同様である。法令の適用に関しては次のように判示した。「刑法九九条の被拘禁者奪取罪が暴行あるいは脅迫を手段とした場合にのみ限定されるものでないことは、同条の立法趣旨や文理に照らして明らかであって、所論は独自の見解をいたずらに主張するものにすぎず、排斥を免れない」(13)。

しかし、両判決の法解釈は、いずれも単に結論を示すのみであり、理由らしい理由を一切示していないため合理的理由が欠けており、説得力が弱いと言わざるをえない。被拘禁者奪取罪の適用が極めてまれであり、判例の積み重ねもなく、これまでほとんど解釈が施されてきていない現状のもとで、両判決が被告人(控訴人)の問題提起に少しも応えようとしなかったのは残念である。「所論は独自の見解をいたずらに主張するものにすぎず」として被告人の主張を控斥しているが、両判決の解釈がほとんど初めての判断なのであり、両判決こそまぎれもなく「独自の見解」なのである。せめて理由の一端なりとも明らかにすべきであったのではないだろうか。

そこで本稿では、第一に、被告人が提起した解釈論と対比して判決の「論理」を探り、第二に、刑法九九条の解釈と憲法三四条との関係について考察する。結論として、本件事案が被拘禁者奪取罪に当たらないことが明らかになるだろう(14)(15)。かくして、刑法学がいかにして権力犯罪に加担してきたかを検証することにする。

2　刑法九九条の解釈

(一)　はじめに

刑法九九条はこれまでほとんど適用されてこなかったため、実践的な関心からの論文は見当たらず、僅かにコンメンタールや刑法教科書で言及されてきたにとどまる。そこで展開されてきた解釈は条文の文言や体系を根拠として争点を立て、いつの間にか「通説」を形成してきた。しかし、それはまったく言葉の上だけでの争点であり「通説」であった。具体的事例に適用されて解釈の妥当性が検証されたり、論争されたりする機会がなかったため、解釈論理の深まりは見られなかった。それどころか、文言の解釈という初歩的なレベルにすら到達していないように思われる。

もちろん犯罪成立要素として「拘禁」と「奪取」の意味内容の確定が学説の課題とされてはきた。本件被告人の主張も「拘禁」と「奪取」の概念内容の明確化にあった。しかし、「通説」と被告人とでは、大いに異なる解釈が展開されている。それは被拘禁者奪取罪の犯罪としてのイメージの差異に由来するのであろうか。

(二) 法令ニ因リ拘禁セラレタル者

刑法九九条の客体は「法令ニ因リ拘禁セラレタル者」(以下「被拘禁者」)である(なお、本件は刑法典の現代用語化以前の事件であるので、条文は改正前の表記を用いている)。その意味については学説が分かれている。まず、刑法九七条、九八条の「既決、未決ノ囚人又ハ勾留状ノ執行ヲ受ケタル者」のほかに、何が含まれるかである。刑事司法作用により拘禁された者に限る(以下「刑事司法作用説」と称する)か、それ以外の法令上の根拠により拘禁された者を含む(以下「無限定説」と称する)かの争いがそれである(16)。具体的には少年院・少年鑑別所に収容された者、精神保健法の措置入院に付された者等の扱いが問題となる。しかし最近、刑事司法作用により拘禁された者のうちでも被逮捕者については本罪の客体とならないのではないかとの指摘もなされている(以下「人権擁護説」と称する)(17)。

本件では、客体たるFが現行犯逮捕される経緯に少なくない疑問があり、被告人は「違法な逮捕」を理由として、Fは被拘禁者にあたらないことを強調していた。F逮捕が適法であれ違法であれ、いずれにせよFは被拘禁者にはあたらないと解釈すべきである。なぜなら被逮捕者は被拘禁者にあたらないからである。

第一に「拘禁」とはそもそも「施設拘禁」を意味している。「刑法第六章逃走ノ罪」の諸規定、監獄法第五章の諸規定を見れば明らかなように、法令上の「拘禁」とは「施設拘禁」を意味しているのである。

第二に、逮捕はもともと仮の身柄拘束にすぎない。施設収容を必要とするような身柄拘束は勾留の場合に認められるのであって、逮捕については認められない。従って人権擁護説が正しい（なお、憲法論につき後述）。

一審判決は「逃走援助罪ではなく、被拘禁者奪取罪にあたることは明らかである」としたが、結論を示すのみで、その理由は一言も示していない。その意味では何も「明らか」ではない。二審判決もこの点について検討した形跡が見られない。実体は「判決理由なき判決」と言うしかない。

学説との対比で見ると、判決は「被拘禁者には被逮捕者が含まれる」という結論を示したものといえよう。刑事司法作用説に立つのか無限定説に立つのかは明らかではない。学説の欠陥が「理由なき判決」を支えているとすれば、刑法学の存在意義が問われていると言うべきであろう。

（三）奪取シタル

刑法九九条の実行行為としての「奪取シタル」については「手段」と「結果」の両者について学説が分かれている。

①奪取の手段　まず「手段」については、第一説は、手段に限定はなく、その如何を問わないとし、暴行、脅迫、偽計ばかりでなく、被拘禁者を離脱させる行為はすべて含まれるとする（以下「離脱説」と称する）(18)。第二説は、本罪の制定過程の研究を根拠に、暴行・脅迫を要件とする（以下「暴行・脅迫説」と称する）(19)。

被告人は、刑法制定過程論を展開して、暴行・脅迫説を主張した。弁護人の「控訴趣意書」は「通説」を厳しく批判する。すなわち「本罪ないしは逃走の罪一般につき、その歴史的性格を踏まえた研究は殆どなされてこなかったのが実情なのである。しかしながら今日、およそ科学的法解釈を称する以上は、当該犯罪の歴史的検討は不可欠の前提であろう。にもかかわらず、これまでの通説的解釈は、右検討を全く怠ってきたのである。かかる通説が『奪取』概念につき、『手段のいかんを問わない』とするのは、単に本罪と刑法九八条及び百条との文言上の比較論に過ぎないと思われる。右においては、あるべき法解釈において、必要不可欠な、本罪の歴史的検討は全く等閑視されているのである。そしてこのような安易な土台しかない議論に対し、新しい論者は次々とこれまた安易に賛同してゆき、ひいては、今日の通説なるものが形成されたのではあるまいか。よりはっきり言うならば、通説の論拠はさほど強固なものではなく、その論理的水準は低いと言うことである。よって、その妥当性については疑問が残るのである」。

数々の刑法コンメンタールや多くの刑法教科書によって形成されてきた通説に対して、このように厳しい批判を加えたうえで、「控訴趣意書」は、増本説に依拠しつつ、これまで通説が怠ってきた歴史的検討を自ら行っている。

すなわち「控訴趣意書」は、仮刑律、新律綱領、改定律令、旧刑法、一八九〇年刑法改正草案、一九〇一年刑法改正草案、一九〇二年刑法改正草案、一九〇七年刑法改正草案から現行刑法に至る経緯をフォローする。そして第一に、本罪がドイツ法やフランス法に由来するものではなく、「改定律令までの我国古来の『劫囚の罪』に由来する」ことを明らかにする。第二に、本罪の実行行為が「劫奪スル」→「劫スル」→「劫奪シ」→「暴行・脅迫ヲ為シ劫奪シ」→「奪取シ」と変遷してきた経緯を踏まえて、実行行為の手段として「暴行・脅迫」が含まれることを論証している。第三に、こうした制定過程を踏まえた解釈論を提示している。すなわち「右に見たとおり、本罪は、我国古来の罪である『劫囚の罪』に由来するものであり、本罪の解釈に際しては『劫囚の罪』がいかなる犯罪類型であるかの理解、なかんずく、その実行行為である『劫奪』の理解が、決定的に重要である。／しかるところ、『劫囚の罪』は、本来、囚人を国家のものとみなしつつ、それを強奪する罪と理解されており、さらにその実行行為である『劫奪』は、暴行・脅迫により、他人の物件を奪取することと解されていた。例えば勝本勘三郎は、旧刑法の解釈として、『劫奪トハ暴行ト脅迫トヲ問ハズ他人ニ暴行ヲ加ヘテ囚徒ヲ奪取シタルコトヲ意味スル』と解していたし、同じく岡田朝太郎は『刧奪トハ暴行又ハ脅迫ヲ手段トシテ其監督ヲ脱セシムルヲ謂フ』と解しており、右は、旧刑法下における通説だったのである。また、ちなみに、新律綱領においては、『刧スル』は『テゴメニシテウバウ』と注釈されてもいた。／すなわち、本罪は、国家の所有物たる囚人を客体とした、強奪罪類似の犯罪類型であった。『刧囚の罪』とは、拘禁者に対する暴行・脅迫を手段とする犯罪類型だったのである。仮刑律等において、本罪が強盗罪の次条に定められているのはその証左と言うべきである」。第四に、その補強証拠として、ドイツ刑法の「解放」と比較すると、「解放」であれば手段は問わないのが自然であるが、「奪取」は「解放」とは異なる概念であることを強調している。第五に、刑法上の類似概念としての「略取」の解釈において暴行・脅迫が手段とされていることから、ほぼ同義の「奪取」についても暴行・脅迫が手段となるべきことが示されている。

以上のようにして「控訴趣意書」は次の結論に達する。「以上のとおり、本罪は、拘禁者に対する暴行・脅迫を手段とした犯罪類型と理解すべきである。このような解釈は、教科書レベルの通説を当然のこととして理解してきた者にとっては、一見奇異に映るかもしれないが、本罪の沿革等に鑑みるならば、そのように解せざるを得ないことは右に見たとおりなのである。また、このように解しても、暴行・脅迫を手段としない事例は逃走援助罪で処罰すれば足りるから、処罰上の不都合も生じない」。

被告人の主張に対して裁判所はどのように答えたのであろうか。

一審判決は、この点についても何も言及していない。しかし、結論において被拘禁者奪取罪の成立を認めているのであるから、離脱説に立っているものと思われる。いずれにしろ、暴行・脅迫説を排除する理由すら示していない点には疑問がある。理論的に重要であるだけではなく本件の解決にも直接に影響するのであるから、法解釈の論理を示すことが裁判所の当然の任務であろう。

二審判決は「立法趣旨や文理に照らして明らか」と断定しているが、立法趣旨がどのようなものであるかを検討していないし、被告人が詳細に論じた立法過程についても検討していない。文理については従来の学説をそのまま採用したものであろうが、この点も被告人の疑問には何一つ答えることなく「明らか」と述べるにとどまる。判決と呼ぶに値するか否かが問われよう。

②奪取の結果　次に、「結果」について、第一説は、看守者の実力支配下にある被拘禁者をその支配より「離脱」させることをいうとする(20)。第二説は、被拘禁者をその看守者の支配から離脱させて自己または第三者の実力支配下に置くことをいうとする(21)。

被告人はこの点も明確に主張していた。すなわち「刑法上、『奪取』、『強取』、『窃取』、『略取』など『取る』という文言を用いる場合、いずれも支配の移転を必要とすること、改正刑法草案一五九条において『奪取』に加え、『解放』を明文上付け加えているという事実からも、現行法上、単なる『解放』に当たる行為をもって本罪の『奪取』に含めて解釈することは無理があるのである。そうである以上、『奪取』行為を認定するためには、その着手の時点において『自己または第三者の実力的支配内に』被拘禁者を移す故意があり、かつ現実に結果として、自己または第三者の実力的支配内に移転されたことが必要である」としていたのである。一審判決は、「その支配下に移し」という表現で第二説に立つことを示したようにも思われるが、「解放」と「奪取」の区別に意味を見出しているか否か必ずしも明らかではない。二審判決もこの点につき判断したか否か明らかでない。

逃走援助罪との比較だけではなく、改正刑法草案との比較も踏まえて解釈するならば、少なくとも既存の解釈論だけでは不十分であることは明らかであり、裁判所の見解をクリアーに示すことが望まれた(22)。

(四) 法定刑

刑法九九条の法定刑は「三月以上五年以下ノ懲役」とかなり重く設定されている。このことの意味も二つの側面で考えることができる。

第一に、拘禁の範囲との関係である。仮の身柄拘束にとどまる逮捕について、しかも現場における警察官の一方的な判断による現行犯逮捕についてまで、このように重い刑罰が予定されているとと見るのは適切であろうか。

下限が三月以上だから問題はないとの見解もありえようが、それならば公務執行妨害罪で十分であろう。公務執行妨害罪の法定刑は「三年以下ノ懲役又ハ禁固」である。

第二に、奪取の意味である。刑法典の逃走の罪について見ると、刑法九七条の単純逃走罪は「一年以下ノ懲役」、刑法一〇〇条一項の逃走援助罪は「三年以下ノ懲役」であるのに対して、刑法九八条の加重逃走罪、刑法一〇〇条二項の逃走援助罪は「三月以上五年以下ノ懲役」であり、後者はいずれも損壊や暴行・脅迫を要件としている。そうであれば、被拘禁者奪取罪についても暴行・脅迫を要件とする解釈が素直であろう。

一・二審判決とも、なぜかこの点には何ら言及していない。

3　憲法三四条から見た被拘禁者奪取罪

(一)　はじめに

以上のように両判決の論理には疑問を指摘せざるをえない。そして、判決の論理は、被告人が指摘したように「検討をまったく怠って」「安易な土台しかない議論」に立脚してきた既存の刑法学説に依拠したものである。「歴史的性格を踏まえた研究は殆どなされてこなかったのが実情」であり「その論理的水準は低い」と判定されたのが刑法学説であり通説である。

それでは刑法学説の問題点はどこにあったのであろうか。それは単に歴史的研究の不在だけではないのではなかろうか。端的に言って人権感覚の欠如であり、憲法論の欠如ではないだろうか。それゆえ次に、被拘禁者奪取罪の解釈の指針となるべき憲法三四条について検討する必要がある(23)。この検討によって両判決にはさらに重大な疑問が明らかとなるであろう。また、被告人による学説批判へのいささかなりとも回答となるであろう。

憲法三四条前段は「何人も、理由を直ちに告げられ、且つ、直ちに弁護人に依頼する権利を与へられなければ、抑留又は拘禁されない」と規定している。ここには、弁護人依頼権の保障とともに、市民の人身の自由が確認されている。憲法三四条後段は「何人も、正当な理由がなければ、拘禁されず、要求があれば、その理由は、直ちに本人及びその弁護人の出席する公開の法廷で示されなければならない」と規定している。いわゆる勾留理由開示公判の規定である。この規定と刑法九九条との関係について言及がなかったわけではないが、なぜか正面から検討されることがなかった。

(二) 憲法学説

憲法三四条の意味は極めて明瞭である。しかし、両判決も、その支柱となった刑法学説も、あまりにも見事にこれを無視してきたと思われる。そこでまず憲法三四条に関する憲法学説を確認しておこう。両判決や刑法学説が、なぜかくも見事に憲法論を無視しえたのか判然としないが、それだけに憲法学説の現状を明らかにして、これが単に無視しうるものか否かを確認しておく必要がある。

①『註解日本国憲法』は、三四条前段について「抑留とは、一時的な自由の拘束をいい、拘禁とは、継続的な自由の拘束をいうものと解される。現行刑事訴訟法の観念をあてはめると、

逮捕・勾引後の留置などが抑留にあたり、勾留が拘禁にあたる」とし、後段について「拘禁について特にこのような規定を設けたのは、継続的な拘束は、それだけ自由の侵害も大きいから特に継続を必要とする理由を要件としたものであろう」「理由は、被拘禁者及びその弁護人の出席する公開の法廷で示されなければならない。要求者にも当然出席の機会が与えられなければならない。示すとは、理由を告知することである。その理由の当否について、弁論を行うことは必ずしも本条の要求ではない。しかし、示す、というのは、少なくとも明らかにすることを意味するであろう。開示された内容について理解できない点がある場合に、問い質して明らかにする権利は本条の中に含まれているものと解される。刑事訴訟法は、このような解釈に基づいて、これをそのまま具体化し、勾留理由開示の制度を設けた」としている(24)。

憲法三四条における抑留と拘禁について、「一時的な自由の拘束」と「継続的な自由の拘束」の区別を施し、逮捕は前者に当たることを明言している。勾留理由開示制度の意義も示されており、その後の憲法学説の出発点となったといえよう。

②宮沢俊義は、三四条前段について「『抑留』と『拘禁』のちがいは、憲法の文字からは、かならずしも明確とはいえないが、『抑留』とは、一時的な身体の拘束をいい、『拘禁』とは、より継続的な身体の拘束をいうと解されている。刑事訴訟法にいう逮捕及び勾引に伴う留置は『抑留』にあたり、勾留および鑑定留置は『拘禁』にあたるであろう」とし、後段について「本条後段は、『拘禁』についてのみ、定める。一時的な『抑留』とちがって、『拘禁』について

は、いっそう厳重な制約を必要と考えたのであろう。本条後段の趣旨に沿って定められたのが、刑事訴訟法の勾留理由開示の制度である」としている(25)。

「憲法の文字からは、かならずしも明確とはいえない」としつつ、やはり「一時的な身体の拘束」と「より継続的な身体の拘束」との区別に立って、同様の解説を行っている。

③佐藤功は、三四条前段について「『抑留』とは一時的な身体の拘束、『拘禁』とは継続的な身体の拘束をいうと解される。刑事訴訟法上のことばにあてはめれば、『留置』が抑留にあたり、『勾留』が拘禁にあたる。すなわち、逮捕・留置・勾引・勾留などのように特定の処分の種類を指すのではなく、処分の種類を問わず身体の拘束の状態について、一時的・継続的の区別を基準とした観念である」とし、後段について「拘禁は特に正当な理由が必要であるが、ここに要求があれば裁判所がその拘禁の理由を示さなければならないとするも、その理由の正当性を明らかにするために定められた制度である。いわゆる勾留理由開示の制度がこれである」「この制度は沿革的にはイギリスにおけるヘビアス・コーパスに発し、現実に行なわれている拘禁に対する救済手段であり、拘禁の理由を公開の法廷において公に明らかにするところにその意味がある」としている(26)。

④小林直樹は、「逮捕につづく拘束の継続の状態について、第三四条がそれからの人身の自由を保障する。すなわち同条は、一時的な自由の拘束としての抑留および継続的な拘束と解される拘禁について、その手続を定めたものである」「第三四条前段は、抑留・拘禁の要件とし

て、第一には、それを必要とする理由を『直ちに告げ』ることが要求されるとした。第二には、何人も『直ちに弁護人に依頼する権利を与へられ』る」「本条後段は、とくに拘禁について、さらに重ねて『正当な理由』を必要とするし、要求があれば、その理由を公開法廷で示すべきことを定めた」としている(27)。

⑤杉原泰雄は、「抑留が比較的に時間の短い一時的な身体の自由の拘束を意味し、拘禁がより継続的な身体の自由の拘束を意味することについては、学説上異論がない。形訴法上は、逮捕および勾引に伴う留置が抑留に相当し、勾留および鑑定留置が拘禁に相当するものと解されているようである。勾留と鑑定留置については、憲法上拘禁について必要とされている理由開示制度が一応用意されているからである。抑留と拘禁を区別する明確な時間的基準が憲法上明らかにされていないところからすれば、具体的な強制処分が抑留・拘禁のいずれに相当するかは立法府の裁量とされているようにもみえる。だが、適法手続主義をふまえるならば、そう解すべきではあるまい。適法手続主義が被疑者・被告人の人権侵害を必要最小限に抑え、違法・不当な人権侵害を可及的に排除することを理念としているにもかかわらず、抑留に本条後段の保障が与えられていないところからすれば、憲法は抑留について開示制度を援用するいとまもないほど短い身体の自由の拘束と理解しているとすべきであろう」としている(28)。

⑥浦部法穂は、「逮捕は身体の自由の拘束の着手ないし開始を意味し、抑留および拘禁は身体の自由の拘束の継続の状態を意味する。そのうち、比較的短時間の一時的な拘束が抑留であ

り、より継続的な拘束が拘禁であるとされている。刑事訴訟法上は、逮捕に伴う『留置』が抑留にあたり、『勾留』および『鑑定留置』が拘禁にあたる」「憲法三四条後段の規定をうけて、刑事訴訟法は『勾留理由開示』の制度を設けている。それによれば、法廷において裁判長が勾留の理由を告げるべきものとされ、被告人等は意見を述べることができることになっている」としている(29)。

以上のように、憲法学説によれば、憲法三四条前段の抑留に逮捕が含まれ、拘禁に勾留が含まれることに「異論」がなく、拘禁は継続的な身体の拘束であるから理由開示制度が必要とされることも一致している(30)。これは、憲法三四条の沿革に照らしても、条文の体裁や文言に照らしても、憲法学の発展に照らしても、異論のないところであろう。そうであれば、刑法学は安心して憲法学の水準を前提として、その憲法解釈に適合した刑法解釈を展開することができる。

(三) 刑事訴訟法学説

念のために形訴法学説も一瞥しておこう。

ここでは、形訴法の逮捕を憲法上の抑留、勾留を憲法上の拘禁とする前提の下に、勾留理由開示制度についての解釈が展開されている(31)。逮捕は一時的な身柄の拘束であるから、理由の告知と弁護人選任権の告知以外に特に理由開示制度を必要としないとされるのであり、勾留は継続的な身柄の拘束であるから理由開示制度を必要とするとされるのである。これに疑問を示す形訴法学説を見出すことはできないし、逮捕を憲法上の拘禁に含ませて、逮捕についても公開の法廷における理由開示制度を設けることは想定されていない。

（四）検討

以上のことから、逮捕は憲法三四条の抑留にあたり、拘禁にはあたらないことが疑問の余地なく明らかになった。あまりにも当然のことで、これまでの刑法学がこの点を無視してきたことがいかに奇異なことであるか一目瞭然であろう。逮捕が拘禁にあたるとすると、逮捕理由開示制度を持たない現行形訴法の逮捕制度は憲法違反ということになってしまうのである。

それでは刑法九九条の解釈についてはどうであろうか。先に被告人の見解を紹介した際に示したように、刑法九九条の「拘禁」は「施設拘禁」を意味するものであり、仮の身柄拘束にすぎない逮捕は含まれないと解すべきである。従って、被逮捕者は被拘禁者には含まれない。人権擁護説こそが憲法三四条に適合的なのである。憲法を中心とした法令の統一的な解釈がかくも容易に可能であるのに、あえてこれを無視してまで、逮捕が拘禁に含まれるとすべき正当な理由を示すことができるであろうか。被逮捕者が被拘禁者に含まれるとしてきた刑事司法作用説や無限定説は、憲法に違反する解釈であり、過去の遺物と言わなければならない。

両判決は、何らの理由も示すことなく、被逮捕者は被拘禁者に含まれるとの結論を採用した。

この結論を受け容れることは、憲法三四条とこれに基づく形訴法の逮捕制度を否認するか、それとも分裂した、際限のない無責任な法律解釈を認めることにならざるをえない。

4 おわりに

刑法および監獄法は憲法以前に制定された法律である。一方、刑事訴訟法は憲法以後に制定された法律である。いずれにしても、その解釈にあたって憲法論を無視しえないことは言うまでもない。刑法、刑事訴訟法、監獄法を、憲法を中心として統一的に解釈しなければならない。仮に百歩譲って現行刑法制定当時の立法趣旨からすれば拘禁に逮捕が含まれたとしても（その論証はなされていない上、それに反する学説もあるが）、現行憲法によって意味の変化があったと考えるのが自然である。憲法改正と刑事訴訟法改正によって未決拘禁制度が改革されたにもかかわらず、刑法学はその意味を考慮しようとせず、漫然と戦前の思考をそのまま継承してきたのではないだろうか。今日に至るまで旧憲法との統一的解釈を固守してきたのではないだろうか。あるいは、本件に関しては現行憲法を中心とした統一的解釈に何らかの困難があるのであろうか。

しかし、逮捕と拘禁をめぐる問題は、何ら矛盾をはらむことなく容易に統一的に解釈できる。逮捕は拘禁にはあたらず、被逮捕者は被拘禁者にはあたらない。この簡明な解釈に立つならば、本件被告人は被拘禁者奪取罪を犯していないから、無罪となるべきである。あるいは、起訴状記載の事実は罪となるべき事実を包含していないから公訴棄却となるべきである。これに反する両判決は、法令の解釈を誤り、しかもいたずらに憲法違反の帰結を持ち出したものであり、破棄されるべきである。

なお、被拘禁者に被逮捕者が含まれないとすると、逮捕現場における被逮捕者奪取行為を放置ないし助長する結果となってしまい、処罰範囲に重大な空隙が生じ、法秩序の維持にも支障を来すことになる、との反論があるかもしれない。しかし、この反論は成り立たない。第一に、公務執行妨害罪の存在を指摘できる。第二に、この反論は被逮捕者奪取罪を設置すべきだとの立法論を被拘禁者奪取罪の解釈論に滑り込ませているにすぎない。

（下村康正先生古稀祝賀『刑事法学の新動向』一九九五年）

三　盗聴――断罪された権力犯罪

1　神奈川県警盗聴事件

一九九四年九月六日、東京地裁民事三八部は、警察による盗聴事件について、盗聴への神奈川県警警察官の組織的関与を認定し、国、神奈川県および警察官らに、連帯して二〇六万円余の損害賠償金の支払いを命じる判決を下した(32)。

判決は、原告側提出の種々の証拠に基づいて神奈川県警によって組織的計画的に盗聴行為が行われたことを認定し、監督すべき国の責任も認め、さらに実行警察官の個人責任も認めるもので、損害賠償の金額が低額ではあるが、原告をして全面勝利と叫ばせた。

盗聴が個人のプライヴァシーを侵害することは言うまでもない。日本国憲法二一条二項後文は「通信の秘密は、これを侵してはならない」として「通信の秘密」を憲法上の権利として保障している。国家権力による盗聴は個人の思想調査にもつながり憲法一九条にも違反する疑いが強い。このため刑事訴訟法も強制処分としての盗聴を認める規定を持っていない(33)。まして本件は刑事手続きにおいて盗聴が行われたのではなく、刑事手続きとは無関係に、警備公安警察の秘密の情報収集目的で盗聴が行われたのであり、違法性は明白であった。

警備公安警察の違法な情報収集活動の犯罪性を正面から見据えた本判決は、現代日本史においても稀有の画期的判決であり、マスコミも大きく取り上げた。「盗聴などということは、法治国家ではあってはならないことだ。憲法が国民に保障している通信の秘密を侵害することはもちろんのことだ。公党の幹部に対しての、このような侵害行為は議会制民主主義への挑戦でもある」(毎日新聞一九九四年九月八日付社説)。「盗聴といった違法な活動に公金が使われ、それが暴露されて慰謝料まで税金で賠償する羽目になったことに、納税者が理解を示すのは難しいだろう。そう考えると、わが国の警備警察は、このへんで抜本的に任務や活動を見直し、時代にふさわしい組織へと改編すべき時期を迎えているのではあるまいか。少なくとも、判決を機にその人権無視の体質は、徹底的に改められなければなるまい」（朝日新聞一九九四年九月七日付社説）。

これらの社説は、市民の常識を踏まえた東京地裁判決を全面的に支持し、警備公安警察の改革を要求するものであった。この歴史的判決の意義を、事件から判決に至る経過を通して考えてみよう。

2　秘かにやれば犯罪にならない？

一九八六年一一月二七日、当時の日本共産党国際部長の緒方靖夫氏宅の電話が盗聴されていることが明らかになった。

東京地検特別捜査部の捜査の結果、犯人が現職の神奈川県警警察官であることが判明した。しかも、犯行は警察庁警備局公安警察の指示によるとの疑惑が濃厚となり、事件は公安警察の組織的な権力犯罪である可能性が強まった。ところが、一九八七年八月四日、検察庁は実行犯人たる警察官らを不起訴処分とした。実行が判明した警察官のうち二人について、盗聴しようとした事実はあったが、未遂に終わったものとし、電気通信事業法違反の未遂罪につき起訴猶予処分、業務妨害罪や公務員職権濫用罪につき「嫌疑なし」との結論である。起訴猶予の理由は、①犯行が個人的動機・利益によるものではない、②神奈川県警が相応の懲戒処分を約束している、③警察当局が再発防止を約束している、④責任者でもない末端の実行犯人だけを起訴するのは酷である、というものであった。

しかし、世論は不起訴処分を厳しく批判した。①犯行が個人的動機によるものではなく、警察組織により警察官の職務として行われたからこそ、いっそう事件は重大であり、②行政処分の約束が直ちに刑事処分たる不起訴を引き出すものではない、しかも神奈川県警は犯行を否認している（否認は今日まで続いている）、③警察当局は公式に犯行を否認している（今日まで続いている）、④末端の実行犯人であれ重大犯罪を犯したのであるから処罰は当然であり、さらに犯行の指示をした上司の責任追及をするべきだ、というものであった。

不起訴について、当時の検事総長であった伊藤栄樹は、後にその著書『秋霜烈日』のなかで、警察幹部との裏取引の結果として検察は警察に太刀打ちできないと判断したものであることを明らかにし、国民の検察不信に拍車をかけた。

検察の不起訴処分に対して、八月一〇日、告訴人（被害者）は東京地裁に公務員職権濫用罪（刑法一九三条）につき付審判を請求した（刑事訴訟法二六二条）。

一九八八年三月七日、東京地裁刑事一一部決定は、付審判請求を棄却した。決定は、警察官による盗聴を推認しながら、盗聴行為は「秘かに行われたものであるから、職権行使の外観を備えた職権濫用行為」とはいえず、職権濫用罪は成立しないと判断した。「秘かにやれば犯罪にならない」という判決は、世論に衝撃を与え、学界からも厳しい批判を浴びた(34)。ついで八月三日、東京高裁刑事第五部決定は、抗告を棄却した。高裁決定は、盗聴行為は「行為の相手方である請求人の意思に働きかけ、これに影響を与える職権行使の性質を備えていないから」職権濫用罪は成立しないとした。一審同様、二審も権力犯罪を免罪するために無理な解釈を取り繕うものであった。

そして一九八九年三月一四日、最高裁第三小法廷は特別抗告を棄却した。最高裁決定は、東京地裁・高裁の解釈論理を否定しつつ、「被疑者らは盗聴行為の全般を通じて終始何人に対しても警察官による行為でないことを装う行動をとっていたというのであるから、そこに、警察官に認められている職権の行使があったと見ることはできない」として、やはり職権濫用罪の成立を否定した(35)。

こうして刑事責任追及の途は閉ざされ、民事責任の追及に絞られることになった（なお、神奈川県の違法支出の責任を追及する住民訴訟も提起された）。

3　権力犯罪追及のセカンド・ステージ

民事訴訟は、一九八八年九月五日、東京地裁に提訴された。原告は被害者（緒方靖夫・周子・サワ）、被告は国、神奈川県、盗聴実行警察官（久保、林、田北および家吉）である。審理は同年一一月二二日から一九九四年四月二六日まで七年に及んだ。

原告は請求原因として、①警察による組織的盗聴の計画・共謀がなされた、②これに基づいて被告の四名の警察官及び訴外の一名の警察官（故人）が盗聴実行グループとなり、協力・分担して盗聴した、③盗聴発覚後、警視庁町田署が「家宅捜索」と称して証拠隠滅工作、証拠保全の妨害を行った、④東京地検は不起訴処分をしたが、その「事実認定」は検察審査会や裁判所によっても批判された、⑤こうした経過が広く報道され国民からの批判が高まったにもかかわらず、警察は居直りと無反省の態度に終始した、⑥検察は警察幹部と裏取引をして不起訴処分を決定した、⑦こうした盗聴発覚後の警察等の態度は原告らの精神的苦痛を倍加した、とする。

そして、被告らの責任として、①被告個人ら（警察官）は盗聴実行により有線電気通信法違反、電気通信事業法違反、公務員職権濫用罪の犯罪行為を行い原告らに損害を与え、②被告国は警備警察の事務を行い、違法な情報収集活動の具体的指示・共謀・企図・容認・奨励等の不法行為により原告らに損害を与え、③被告神奈川県は県警において同様の事務を行い、同様の不法行為により原告らに損害を与え、さらに④（被告国に対する関係のみで）検察官の違法な不起訴処分は合理的裁量権の範囲を逸脱し、検察庁法に違反する不法行為であり、賠償責任がある、とするものであった。

公判において被告側は、重要な部分のすべてについて否認または不知とした。報道等の公知の事実については報道されたことを認めるが、盗聴の事実、盗聴犯罪隠蔽工作については否認である。そして、証人として法廷に立った警察官らは実質的に答弁を拒否したり、署名を拒否したりした。現職警察官三人はついに出頭を拒否し、唯一出頭した元警察官は「答えたくない」「忘れた」「わからない」「言いたくない」と証言のほとんどを拒否するなどさまざまの抵抗を繰り返した。一方、反証活動はほとんどなされなかった。

これに対して、原告側が被告の不法行為とそれによって受けた損害をどれだけ説得的に裁判所に提出できるかが、終始、公判の見所であった。

例えば、本件では事件発覚直後に警視庁町田署および東京地検特捜部が現場の家宅捜索を行い、大量の証拠品を押収していたが、その協力が得られないため、原告が重要証拠を法廷に提出できない事態に直面した。しかし、押収品の多くが後に処分されるところとなり、その公示が官報に記載されるや、原告側はそれらの公判提出を請求し、一部についてこれを実現した。

また、元警察官による警備警察の違法活動の実態の証言も高い価値を有するものであった。すなわち、元警視監で『わが罪はわが前にあり』の著者である松橋忠光が、在職時代の体験・見聞に基づいて警備警察の秘密活動や資金づくりの一端を明らかにした。さらに、公判最終段階で登場した丸竹証人の盗聴器設計・製作・納入・故障修理の証言は、盗聴器を警察のために設計した本人の証言だけにセンセーショナルですらあった。補聴器メーカーの技術者であった丸竹証人は、上司の命令で盗聴器を設計・製作したが、それが警察からの発注であることを聞かされていた。それればかりか、警察に納入した盗聴器が故障した時には、警察大学校内の「さくら寮」に修理に行っていたのである。このように原告側は、実態解明に大変なエネルギーを費した。

こうした努力の結果、原告側が提出した証拠は警察による組織的盗聴を余すところなく証明するものとなった。

4　東京地裁判決

判決は原告らの主張の大半を認め、国、神奈川県、警察官個人らに損害賠償を命じた。判決理由は「第一　外形的事実関係」「第二　被告個人らの関与の有無」「第三　被告らの責任」「第四　不起訴処分についての被告国の責任」「第五　本件盗聴による原告らの損害の程度」「第六　結論」からなる。以下、判旨を要約紹介する

（一）外形的事実関係

まず、当事者間に争いのない事実として、以下のことが確認される。被告個人らは日本共産党関係の情報収集を担当していた警察官であり、被告らおよび訴外の警察官らにより盗聴現場のアパートの賃貸契約が結ばれた。そして、原告宅の電話とアパートの電話の回線が接続されていた。付審判決定において盗聴が既遂であると認定された。

（二）被告個人らの関与の有無

被告久保および林については、すでに刑事手続きにおいて盗聴行為への関与が推認されており、しかも推認の根拠とされたアパート賃貸契約のための住民票関係交付申請書が自分の筆跡

でないこと、アパート内の遺留指紋が自分のものでないことについて何ら反証活動をしていない。また、被告らが関与していないとすれば、最初に現場を捜索した警察は第三者の犯行であることを証明する証拠を入手しているはずであるが、そのような証拠も提出されていない（できない）。従って、久保および林の盗聴関与の事実を認めることができる。

被告家吉は当時、久保および林と同一の部署に勤務し共産党関係の情報収集を担当しており、付審判手続きの審理においてアパート内の遺留指紋との一致が認識されているが、盗聴への関与の事実を認める証拠はない。

被告田北は当時、久保および林と同一の部署に勤務し共産党関係の情報収集を担当しており、アパートの賃貸名義人が田北の長男であり、田北名義の銀行口座の届出印とアパートの賃貸契約書の印影が酷似している。また、田北および長男が裁判所の再三の出頭要請に応じず、尋問を拒否している。だから、盗聴への関与の事実は証拠がないが、アパートの賃貸契約締結段階においては深く関与し、主導的に行動していた事実を推認できる。

（三）被告らの責任について

①被告県の責任。被告久保らの行為は個人的動機に基づく独自の行動であったと見ることは到底できず、盗聴行為は、神奈川県警本部警備部公安第一課所属の警察官としての「共産党国際部長である原告靖夫の通話内容の盗聴」という目的に向けた組織的な行動の一環であったものと推認するのが相当である。そうであれば、神奈川県警本部警備部公安第一課長が盗聴に関

する指揮・命令ないし承認を行っていた事実は当然に推認される。従って、被告県の公権力の行使に当たる公務員である被告久保らが、被告県の職務の執行として、故意により、違法に、原告らに損害を加えた事実を認めることができるから、被告県は、国家賠償法一条一項に基づき賠償責任がある。

②被告国の責任。警察庁警備局は警備情報に関することを分掌しており、各種文書において日本共産党を情報収集の対象として位置づけてきた。歴代警察庁長官も共産党対策の訓示を行ってきた。盗聴行為発覚後、神奈川県警本部長の辞任以下の人事異動が行われた。丸竹証人は無線盗聴器を設計、製品化し、警察庁警察大学校内の「さくら寮」に赴き製品の故障修理をした。また、盗聴には相当額の費用が支出されている。これらの事実から、少なくとも警察庁警備局の職員（警察庁警備局長、公安第一課長、同課理事官堀貞行）らにおいて具体的内容を知りうる立場にあったことは否定できない。直属上司らは盗聴を事前に察知し、適正な監督措置によって被害の発生を未然に防止すべき義務が認められる。従って、被告国は過失行為につき賠償責任がある。

③被告久保らの責任。盗聴行為は犯罪に該当する違法行為であり、被告らは違法であることを当初より認識しつつ敢えて盗聴に及んだものと認められる。かかる行為についてまで、形式的に公務に該当することを理由に個人責任を否定するべきかどうかには強い疑問がある。

公務は、私的業務とは際立った特殊性を有するものであり、それゆえ民事不法行為法の適用が原則として否定されるが、本件のごとく、公務としての特段の保護を何ら必要としないほど明白に違法な公務で、かつ、行為時に行為者自身がその違法性を認識していたような事実については公務員の個人責任が認められる。従って被告久保らは賠償責任がある。

（四）不起訴処分についての被告国の責任

不起訴処分によって被告らが法律上保護された利益の侵害を受けたものとは認められない。検察官の裁量権逸脱を理由とする請求は認められない。

（五）本件盗聴による原告らの損害の程度

通信の秘密、プライヴァシーの権利、政治活動の自由が侵害され、原告らの多大の精神的損害は否定できず、盗聴による実害の発生の事実を認めることができる。

（六）結論

以上の趣旨で、被告国、被告県及び被告久保らに対する原告らの請求は容認する。その余の請求および被告家吉に対する原告らの請求は棄却する。

5　判決の意義と今後

以上のように、東京地裁判決は、原告側の提出した多数の証拠と論理に基づいて警察組織による盗聴という前代未聞の権力犯罪を正面から裁いた。東京地検や刑事裁判官たちが、事実も論理も無視して姑息に逃げ回ったこと、またその隠された動機を想起するならば、民事裁判官たちに正しく証拠と論理に基礎を置いた判決を書かせたことの意義は実に大きい。

第一に、警備警察の実態が裁判所によって明らかにされ、その責任が問われた。警備警察による違法活動の実態は、これまで断片的には幾度も露見し、問題性が指摘され続けていたとはいうものの、その存在、組織、活動のいずれも秘密のベールに包まれていた。盗聴、尾行、謀略、弾圧、スパイ工作、自白強要、でっちあげ、情報操作など手段を選ばぬ違法活動組織が、憲法に違反し、法律に違反することが判決によって正しく浮き彫りにされたのである。

第二に、国の過失責任が問われた。盗聴が警察庁の指揮の下に行われた実態から見ると、故意責任を認めず、監督過失責任という構成を採ったことには大いに疑問がある。盗聴の目的自体について見ても、県警レベルではなく警察庁レベルの判断があったものと見るのが素直であるばかりでなく、盗聴器および盗聴技術も警察庁が保有してきたものであり、警察庁警備局の指揮・命令によって本件盗聴が実施された実態は、監督過失責任とはなじまないのではないだろうか。

しかし、判決は、盗聴について警察庁警備局長らがこれを知りうる立場にあったことを明言し、丸竹証言からの引用の形で「さくら寮」の存在（つまり秘密警察「四係」の存在）に言及するなど、国の責任の所在をそれなりの方法で明らかにする工夫をしている点で評価できる。

第三に、実行警察官の個人責任を認めた点も重要である。これまで国家賠償訴訟においては、国または地方自治体の賠償責任が問われるものであり、公務員個人の責任は否定的に解されてきた(36)。

しかし、盗聴のような明白に違法な行為で、かつその違法性を認識しながら行為に及んだ場合には、事情が異なるという判断である。さらに、判決はカッコ書きの中で、被告警察官らが正当な理由なく期日に出頭せず、出頭した場合にも供述拒否を繰り返し、真相解明に協力しない姿勢を取り続けたことを指摘し、「同被告らが、事実認定の結果いかんにかかわらず自分たちが損害賠償責任を問われることはないとの前提に立っていたが、かかる不誠実な応訴態度を是認するがごとき法解釈が相当とはいえない」と厳しく批判している。警察組織の責任と個人責任の問い方について一石を投じる判決である。

このように、東京地裁判決は人権と民主主義の発展に即した歴史的判決であった。すなわち、不法行為によって個人の人権が侵害されたときに、司法が正しく被害の救済を図った。しかも、権力機関による犯罪を司法がチェックする役割を果たしたことに意義がある。権力機関による犯罪や不法行為によって個人の人権が侵害され、ひいては民主主義が形骸化してしまうことに対する歯止めとして、本判決は高く評価されるべきである。その意味で、司法の独立にふさわしい判決とも言えよう。この成果を獲ち取ることができたのはなぜか。三点だけ確認しておこう。

第一に、原告らの全力投入の闘いである。権力犯罪が免罪され、憲法が頭上を通り過ぎてしまったことへの驚きをバネに、徹底的に真相解明と責任追及を訴えた原告らのエネルギーである。

第二に、法廷闘争を闘い抜いた弁護団、そしてこれを支えた支援者である。支援は事件の地元から立ち上がり、全国各地に広がった。

第三に、国連活動である。原告らは、一九九一年、一九九二年の国連人権小委員会、一九九三年の自由権規約委員会等に参加し、事件を国際世論に訴え、その成果を国内に反映させた(37)。

多彩で多面的な活動に支えられた裁判が七年にわたって繰り広げられた成果として東京地裁判決があるのだ(38)。

6　権力犯罪を裁くために——付審判決定事件の動向

浜の真砂が尽きても決して尽きないのが権力犯罪であろうか。付審判制度は、公務員職権濫用罪(刑法一九三条)、特別公務員職権濫用罪(刑法一九四条)、同暴行陵虐罪(刑法一九五条)等について、検察官が不当に不起訴にした場合に、被害者等が裁判所に審判開始を求めることができる制度である(刑訴法二六二条以下)。検察官が、警察官等の犯罪を同じ公務員という仲間意識から不起訴にしてしまうために特に設けられた。しかし実は裁判所もまた、公務員という仲間意識から権力犯罪を見逃してきた。それでもごく僅かながら付審判開始が認められた事件がある(一七件)。

楠本孝は付審判の二つの隆盛期を指摘する(39)。第一の波は七〇年前後であり、やぐら荘事件、博多駅事件、北田事件等が論議を呼んだ。第二の波は八〇年代後半以降であり、神奈川県警盗聴事件、西成署事件、阪神ファン事件等が起きた。第二の波は現在も続いている。この波をもっと大きくする努力が必要だ。以下、最近の事例を二つの形態に分けて紹介する。

第一の形態は警察官による暴力事件である。膨大な事件で付審判請求がなされ、ほとんど棄却されるが、最近の開始決定事件には次の四つがある。

（一）西成署事件

一九八〇年九月、二人の警察官が取調べ中に被疑者を殴り壁に頭をぶつけ足蹴りにした。付審判決定により刑事裁判が始まったが、一九八六年五月に大阪地裁で無罪、一九八九年三月に大阪高裁で控訴棄却、一九九〇年一一月に最高裁で上告棄却となり、無罪が確定した。被害者の証言に加えて、被害者が房に帰って痛がっており看守にサロンパスを貼ってもらったのを見ていた同房者の証言もあったが、裁判所はその信用性を否定し、警察官証言を採用した。

（二）境署事件

一九八四年一〇月、警察官が駐車場及び取調室内で少年に暴行を加えて傷害を負わせた。一九九〇年四月に水戸地裁下妻支部で無罪、一九九三年一二月に東京高裁で控訴棄却となり、最高裁に係属した。ここでも被害者と目撃少年の証言の信用性が否定された。

（三）阪神ファン事件

一九八五年一一月、警察官が阪神タイガース優勝騒ぎの中、曾根崎署会議室で少年に暴行を加えて傷害を負わせた。一九九三年四月、大阪地裁で有罪（懲役八ヶ月執行猶予三年）、一九九四年八月、大阪高裁で控訴棄却、一九九五年七月に最高裁で上告棄却となり、警察官の有罪が確定。裁判所は同僚警察官等の偽証を見抜き「警察組織を挙げて被告人を庇っている様子がうかがわれることはまことに遺憾である」とまで指弾した。

（四）金沢事件

一九九一年二月、職務質問の際に、路上で警察官が被害者に膝蹴りを加え、腹腔内出血で死亡させた。九四年二月に審判開始決定が出て、金沢地裁に係属中である。

第二の形態はけん銃発砲による致死事件である。

（一）尾道事件

一九七九年一〇月、職務質問したところ逃げ出した被害者を追いかけた警察官が発砲して腕に傷害を負わせ、さらに追跡して発砲して胸部に命中させ、出血死させた。一九八七年六月に広島地裁で無罪、一九九四年一〇月に広島高裁で有罪（懲役三年執行猶予三年）、最高裁に係属中。警察官のけん銃発砲の要件をめぐる論争を巻き起こした。広島地裁は警察官の正当防衛という恐るべき理由で無罪としたが、さすがに高裁はこれを否定した。だが暴行陵虐致死事件にしては異常に軽い量刑である。

（二）久留米事件

一九八四年四月、任意同行を求めたところ逃げ出した被害者を追いかけた警察官が、車の運転席でナイフをふるう被害者に発砲して胸部に命中させ、死亡させた。一九九三年四月に福岡地裁で無罪、一九九五年三月に福岡高裁で無罪となり、最高裁に係属中。無罪の理由は、威嚇発砲したにもかかわらず職務執行に抵抗・逃亡しようとしたので、逮捕するための正当な職務行為として発砲したというもの。

以上の通り権力犯罪を裁くことは極めて困難である。そもそもほとんどの事件で付審判開始決定が得られない。被害者や弁護士の懸命の努力で漸く開始決定を獲得しても、無罪になってしまう。

理由は、①裁判所が警察官証言を安易に信用する、②取調室での暴力事件では密室ゆえ目撃者は警察官で、当然偽証する、③被疑者として取調べられていた者が被害者となると、裁判所はその証言を信用しない、④発砲事件では逃走・抵抗した被害者の側の「非」に注目が集まり、発砲が正当化される、⑤警察組織が抵抗するため、検察官役弁護士の立証活動が制約される等々。こうして見ると付審判決定事件の困難さは冤罪救援の困難さと対応している。

しかし最近は『検証付審判事件』のような研究書が生まれ、弁護士会の組織的取組みも始まった。阪神ファン事件のように裁判所を圧倒して有罪判決を確定させた成果もある。国賠とともに付審判制度を活用して権力犯罪の責任追及を進める必要がある。

（「法学セミナー」四八一号、一九九五年一月、「救援」三二三号、一九九六年三月）

註

（1）E/CN.4/1995/34.

（2）ヒューマン・ライツ・ウオッチ『監獄における人権／日本』現代人文社、一九九五年）。

（3）「朝日新聞」二〇〇二年一月八日夕刊は「独房生活三〇年／だれとも接さず、運動も作業も独りぼっち／全国刑務所、一〇年以上は二六人／全国八ヶ所、「過酷」と救済申請へ」と題して、二〇〇一年七月現在、昼夜独居の隔離拘禁が全国の刑務所で二六人にのぼり、最長は三八年に達し、四人は三〇年を超え、三〇年未満二〇年以上が六人、二〇年未満一〇年以上が一六人であることを報じた。監獄人権センター（代表・村井敏邦・龍谷大学教授）は弁護士会に人権救済を申立てる。監獄法施行規則によると、隔離拘禁は本来は半年を超えることができないが、必要があれば延長することができ、延長回数に制限がないために、三八年といった異常な長期隔離拘禁が行われることになる。ロドリー報告書が取り上げた旭川刑務所の一三年の隔離拘禁は衝撃的であったが、それどころではない異常な刑事施設運営が行われていることが明るみに出た。

（4）E/CN.4/2000/9. E/CN.4/2000/9/Add.5.

（5）ビデオ『人権小国ニッポン――拘禁施設における拷問』（ビデオプレス）参照。

（6）E/CN.4/2000/4.

（7）Manual on Human Rights Reporting. Under Six Major International Human Rights Instruments. United Nations, Geneva, 1997(HR/PUB/91/1(Rev.2)).

（8）E/CN.4/1997/33.

（9）E/CN.4/1998/42.

（10）拷問禁止委員会二三会期委員は以下の通りである。ペーター・トーマス・バーンズ（議長、カナダ）、ギブリル・カマラ（セネガル）、サイード・カッセム・エル・マスリ（エジプト）、アントニオ・シルバ・ヘンリケ・ガスパール（ポルトガル）、アレハンドロ・ゴンザレス・ポブレーテ（チリ）、ベント・ソレンセン（デンマーク）、アレクサンダー・M・ヤコブレフ（ロシア）、ユ・メンチア（中国）、アダ・ポラジュナル・パブチニク（スロベニア）、アンドレアス・V・マブロマティス（キプロス）。ソレンセン委員は来日経験があり、ビデオ『トーチャー（拷問）』に出演している。

（11）東京地裁判決一九九二年五月二二日（平成三年刑わ第九〇五号・公刊物未登載、裁判官小出諄一・新穂均・安東章）。

（12）東京高裁判決一九九三年一一月一七日（平成四年う第七八六号・公刊物未登載、裁判官小泉祐康・日比幹夫・伊藤茂夫）。

（13）検察官の見解は、寺西賢二検事の「答弁書」（一九九三年二月一五日）によれば次の通りである。「刑法九九条の被拘禁者奪取罪にいう『奪取』の手段が無限定であることは法条の体裁等から明らかであって、右主張は、いまだ独自の見解にとどまるものというべきであり、採用するに由なく、論旨は理由がない」。検察官は「法条の体裁」を指摘することしかできなかった。しかも条文解釈の前提に誤りがある。そのうえ、憲法論は完全に欠落している。被告人の主張を「独自の見解」として退けた点は、両判決の支えとなっている。しかし、ここでも「独自の見解」という言葉だけが空しく響いているに過ぎない。

（14）被告人は、本件は冤罪であるとして、激しく事実認定を争い、そのうえで刑法九九条の解釈をも争点としていた。事実認定をめぐる原審の経過と問題点については、前田朗「被拘禁者奪取罪の検証」東京造形大学雑誌七A（一九九二年）で検討した。

本件の冤罪性は明らかである。被告人が主張するように、一審判決も二審判決も、①警察官Kの証言の変遷や自己矛盾について検討せずに、ほとんど全面的に信用性を認め、②警察官Kの証言と合致しない他のすべての証人の証言や被告人らの供述を、それぞれ十分に検討することもなく否定し、③警察官Kの証言と合致しない客観的証拠は無視した。そして判決における事実認定は経験則に反しているのではないかとの疑念を払拭できない。近年積み重ねられてきた供述分析の成果がまったく反映されていないのである。ただし本稿では、法律解釈に限定して扱うこととし、判決が認定した「犯罪事実」を前提として議論を進める。

（15）被告人はさらに、裁判官の一人が判検交流の結果として東京地裁判事補となって本件を担当しているが、本件では検事の「権力犯罪」が問われているのであるから、この裁判官は「公平な第三者」とは言えず、忌避事由に当たると主張していた。「控訴趣意書」によれば、「新穂均裁判官は、一九八三年四月、司法修習を終了し（三五期）、同月、裁判官に任官されて東京地検に配属となった。以後、八四年三月には松山地検に、八七年三月には新潟地検に、八九年三月には東京地検にそれぞれ転勤となり、そして、九〇年四月より、『判検交流』により、『裁判官』として、東京地裁に配属となり、現在は特例判事補たる扱いを受けている」。「新穂均裁判官には、『不公平な裁判をする虞』の存在が認められる。……言うまでもなく、現行刑訴法が採用する当事者主義訴訟構造の下では、検察官は被告人を訴追する敵対当事者となるが、新穂均裁判官は、かつて七年間、検察官の職務に就き、かつ、いずれは検察庁に復帰する者であるから、検察とは『特別な関係がある』と言うべきであり、したがってまた、その敵対当事者たる被告人とも『特別な関係』を有するのである」。

これに対して二審判決は「しかしながら、裁判官として任命された者は、すべてその良心に従い独立してその職務を行い、憲法及び法律にのみ拘束されるものであるから、右裁判官が所論の指摘するような経歴を有しているとしても、同裁判官が検察官在職当時本件について検察官として何らかの具体的な職務行為をしたというような事情の全く認められない本件において、同裁判官の経歴等を理由として当事者との特別な関係があって、同裁判官が本件の審理及び判決に関与することが不公平な裁判をする虞れがあるときにあたることになるという筋合いはごうもなく、所論は、独自の見解を展開するものにすぎず、採用できない」とした。

現在実施されている判検交流を否定しない限り、二審判決は一般論としては妥当な解釈ということになる。しかし、本稿が明らかにする通り、憲法無視の法解釈を、しかも理由を示さずに持ち出して有罪判決を言い渡す裁判官が「憲法及び法律のみに拘束」されていないことは明らかである。

なお、新穂均裁判官は「控訴趣意書」が予測した通り、有罪判決後、検察庁に復帰し、東京地検検事となった。そして、つくば市汚職事件の捜査に際して拷問を行ったことが発覚し、社会的非難を浴びた（朝日新聞一九九四年七月六日付）。憲法無視の裁判官と拷問検察官が同一人格であったことに注目したい。前田朗「市民の常識で検察改革を実現しよう」週刊金曜日一一号（一九九四年）、同「拷問検事が弁護士になっていた」週刊金曜日一四五号（一九九六年）。まさに、日本の刑事裁判官の本領発揮である。

(16) ここでは刑事司法作用説と無限定説とに分類したが、学説は必ずしも単純には分類できない。いずれにしろ、刑法九七条、九八条との比較論から拘禁概念を引き出そうとしている点は共通である。そして、より重要なことだが、様々な解釈が示されてはきたが、この比較論以外に、その解釈の論拠が示されたことはない。論拠なき解釈が論拠なき通説を作りあげてきたのである。例えば、大塚仁『注解刑法』（青林書院新社、一九七一）五一三頁は「『拘禁』とは、憲法における長期にわたる継続的な身体の自由の拘束の意味におけるそれにかぎらず（憲三八条・三四条参照）、いわゆる抑留、すなわち、短期の一時的な身体の拘束をも含む趣旨である」としている。しかし、何一つ理由を示していないため、なぜ憲法論を排斥する「趣旨」であるといえるのか明らかでない。この「趣旨」は刑法九九条の趣旨ではなく、大塚の個人的趣味にすぎない。また、通説は拘禁が「施設拘禁」に限定されず、逮捕された者、連行中の者が含まれるとする。これは刑法九九条の文言を離れた類推であるが、論拠とされるのは比較論である。刑法九九条の解釈に際して刑法第六章の諸規定が参照されるのは当然ではあるが、それを論拠として憲法を排斥することはできない。

(17) 生田勝義ほか『刑法各論講義』（有斐閣、一九八七年）二八四頁。
(18) いちいち出典個所を示さないが、団藤重光『刑法綱要各論』、大塚仁『刑法概説各論』、大谷実『刑法講義各論』、中森喜彦『刑法各論』、前田雅英『刑法各論講義』、佐久間修『刑法講義各論』等多数。
(19) 増本弘文「逃走罪」『犯罪と刑罰』七号（成文堂、一九九一年）四六〜四七頁。
(20) 平野龍一『刑法概説』（東京大学出版会、一九七七年）二八四頁のほか中森前掲三一三頁等。
(21) 団藤前掲、大塚前掲、前田雅英前掲、佐久間前掲等多数。
(22) 以上の刑法解釈については、前田朗「被拘禁者奪取罪の検証」前掲参照。
(23) 前田朗「被拘禁者奪取罪と憲法三四条」法と民主主義二七五号（一九九二年）。
(24) 法学協会『註解日本国憲法上巻』（有斐閣、一九五三年）六一五頁及び六一九頁。
(25) 宮沢俊義『日本国憲法』（日本評論新社、一九五五年）二九二及び二九四頁。
(26) 佐藤功『憲法（上）新版』（有斐閣、一九八三年）五四六〜五四八頁。

(27) 小林直樹『新版憲法講義（上）』（東京大学出版会、一九八〇年）四七八〜四七九頁。
(28) 芦部信喜編『憲法三（2）』（有斐閣、一九八一年）一四五頁〈杉原泰雄執筆〉。
(29) 浦部法穂『憲法学教室1』（日本評論社、一九八八年）三六三頁及び三六五頁。
(30) 同旨、伊藤正己『憲法新版』（弘文堂、一九九〇年）三三三頁、小島和司『憲法概説』（良書普及会、一九八七年）二五六頁、清水睦『概説憲法』（南雲堂深山社、一九七一年）二二四頁、等多数。ただし、憲法学説が逮捕留置を積極的に認めているかのように読める点は疑問である。村井敏邦編『現代刑事訴訟法』（三省堂、一九九〇年）一一六頁、参照。
(31) 団藤重光『新刑事訴訟法綱要七訂版』（創文社、一九六七年）三八九頁以下、高田卓爾『刑事訴訟法』（青林書院新社、一九六二年）一六〇頁以下、松尾浩也『刑事訴訟法上』（弘文堂、一九七九年）八四頁以下、光藤景皎『口述刑事訴訟法上』（成文堂、一九八七年）四九頁以下、鈴木茂嗣『刑事訴訟法改定版』（青林書院、一九九〇年）四八頁以下、『註解刑事訴訟法第一巻（増補版）』（立花書房、一九七九年）三〇七頁以下〈河上和雄執筆〉等。
(32) 判決は「判例タイムズ」八八五号、警察による電話盗聴事件を究明する会『裁かれた秘密警察』などに掲載されている。
(33) 一九九九年八月一二日、盗聴法（「犯罪捜査のための通信傍受に関する法律」）が成立し、二〇〇〇年八月一五日から施行された。その問題性について、小田中聰樹・村井敏邦・川崎英明・白取祐司編『盗聴立法批判』（日本評論社、一九九七年）、右崎正博・川崎英明・田島泰彦編『盗聴法の総合的研究』（日本評論社、二〇〇一年）。なお、足立昌勝・楠本孝・宮本弘典『警察監視国家と市民社会』（白順社、一九九八年）参照。

(34) 学説状況について、斉藤豊治「職権濫用罪の問題点」『刑法基本講座第六巻』(法学書院)参照。

(35) 以上の経過につき、『盗聴——権力の犯罪』(日本共産党出版局)、前田朗『鏡の中の刑法』(水曜社)など参照。

(36) 一九七八年一〇月二〇日最高裁判決・民集三二巻七号。

(37) 以上の諸点につき、緒方靖夫・周子『告発警察官電話盗聴事件』(新日本出版社)、緒方靖夫『たたかいと友愛の一五〇〇日』(昭和出版)、盗聴事件を考える住民の会『町で起こった盗聴事件』(リベルタ出版)、菊池原芙二子『海を渡った盗聴事件』(リベルタ出版)、緒方靖夫『三大陸・人権と対話の旅』(リベルタ出版)、『国連自由権規約委員会——NGOからの報告』(イクォリティ)。

(38) 控訴審判決も、国や神奈川県の損害賠償責任を認めた。一九九七年六月二六日東京高裁判決(判例時報一六一七号)。事件全体の経過と資料は、新日本出版社編集部編『裁かれた警察の電話盗聴』(新日本出版社、一九九八年)。

(39) 楠本孝「文献に見る付審判制度史」村井敏邦他編『検証付審判事件』(日本評論社、一九九四年)。本書は、研究者・弁護士・ジャーナリストによる共同研究で、江別署特高事件から久留米事件に至る一六事件の資料と解説を収録している。さらに、日本弁護士連合会編『検証日本の警察』(日本評論社、一九九五年)、阪神ファン事件について、三上孝孜・森下弘『裁かれる警察』(日本評論社、一九九七年)。なお、新屋達之「付審判手続の再構成」刑法雑誌三八巻三号(一九九九年)参照。

第三章　死刑と生命権

一　日本の死刑

1　執行再開をめぐって

一九九三年三月二六日、大阪拘置所と仙台拘置所で三年四ヶ月ぶりに死刑が執行された。一九八九年から一九九三年にかけて一二〇〇日の間、死刑が執行されなかった。これは近代日本の歴史でも初めてのことであった。死刑なしの一二〇〇日をどのように理解するかによって、執行再開の意味をどのように理解するかも異なることになる。近代日本の刑罰史の総体を踏まえた分析が必要であるが、ここでは一九八〇年代の動向との関連で重要な点に限って確認しておきたい。

第一に特筆されるべきことは、一九八〇年代に相次いだ死刑再審無罪である。一九八三年七月一五日、免田事件再審無罪判決により、免田栄さんが史上初めて死刑台の前から帰ってきたことは、刑事司法にとってはかつてない衝撃であった。「精密司法」を誇り、冤罪の存在を例外的なものと主張し、とりわけ死刑事件などの重大事件には誤判はありえないと唱えてきた司法関係者にとっては、まさに足元が奈落の底に陥没するような出来事であった。しかも、財田川事件の谷口繁義さん、松山事件の斉藤幸夫さん、島田事件の赤堀政男さんと、死刑再審無罪が四件も続いた。誤判はありえないどころか、誤判だらけではないかとの疑念が頭をもたげた。こうして、法務当局は死刑執行を控えざるをえなくなったのである。

第二に、一九八九年一二月一五日、国連総会は死刑廃止条約（自由権規約第二選択議定書）を採択した。生命権を享受するために死刑廃止に向けたあらゆる措置をとるよう求める死刑廃止条約は、その後の国際人権法の柱の一つにもなっていく。もっとも重大な国際犯罪であるジェノサイドの罪や人道に対する罪を裁く旧ユーゴスラヴィア国際法廷とルワンダ国際法廷の規程からも、死刑が除外された。国際刑事裁判所規程も死刑を除外している。国際人権法には必ずしも熱心ではない日本政府だが、自由権規約、女性差別撤廃条約、子どもの権利条約、人種差別撤廃条約などに基づく政府報告書を提出し、それぞれの委員会で審査を受け、各種の勧告が出されているから、国際人権法の動きにまったく無関心ではいられない。

第三に、以上の内外の二つの動きに触発されて、国内の死刑廃止運動が大きく盛り上がった。死刑廃止の会、死刑執行停止連絡会議、死刑廃止フォーラム九〇、死刑廃止運動全国ネットワーク、アムネスティ・インターナショナル、麦の会（日本死刑囚会議）を始めとして、各地に死刑について考え、廃止を求める運動が広がった。出版物を見ても、死刑冤罪のルポルタージュ、死刑執行の現場の報告、死刑囚たちの声、死刑廃止運動の報告が続々と公にされた。戦後の刑事法学と刑事実務をリードした団藤重光（元最高裁判事）の『死刑廃止論』が登場し、死刑廃止運動の理論的精神的支えにもなった。

かくして死刑なし一二〇〇日の記録がつくられた。この間、死刑がないことで凶悪犯罪が増えるといった状況も生まれていないし、死刑がないことで誰かが困るということも勿論なかった。執行停止を実現し、死刑廃止に結びつけようと運動が広がったのは当然である。

こうした状況を逆方向に打開したのが、一九九三年の執行再開であった。法務当局は、一方で、再審に対する抵抗を強化し、白鳥・財田川以前に押し戻す理論的努力を積み重ねた。死刑再審無罪を二度と出さないために、再審そのものを厳しくする方向である。他方、「死刑に直面している者の権利の保護の保障の履行に関する国連決議」が求める諸権利を厳しく制約して、確定死刑囚に対する監視を強化した。これは未決・既決を問わず、刑事施設全体の管理強化や権利制約と結びついていた。おそらく、刑事施設法案を準備する過程では、相当程度に被拘禁者の権利の確保をめざし、「開かれた行刑」を志向していたにもかかわらず、警察庁の留置施設法案とセットになったこともあって、学会や弁護士会からの圧倒的な反対に遭遇して、刑事施設法案が頓挫してしまい、改革の流れが押しとどめられたこととも関連するであろう。

いずれにせよ、その後の日本は死刑の日常化に向かっていく。九〇年代前半に起きたオウム真理教事件を始めとする凶悪重大事件の「多発」、安全社会神話の崩壊、それに伴う市民社会の自己疎外と隣人の「敵化」、被害者の権利の「再発見」によって、市民社会自身が死刑を求めて声をあげる傾向が出てきた。九〇年代には一見して死刑判決が増大している。死刑と無期懲役を分かつ判断基準に変更が見られるとの指摘もある。検察は組織的に、無期懲役判決に対する控訴・上告を行い、あくまでも死刑を求める意思を表示している。出版物にも死刑存置論が改めて登場するようになった。現に死刑制度が存在している以上、死刑廃止論が熱心に唱えられるのに対して、死刑存置論はさして熱心に唱えられる必要がない。現行法に規定されており、実際に適用されているのだから、死刑存置論の論拠を提示する必要はない。ところが、九〇年代以降、かなり頻繁に死刑を求める声がメディアに乗り、研究者の死刑存置論も登場するようになっている。九〇年代末からはオウム真理教事件判決をはじめとして多数の死刑判決が言渡され、「死刑のある当たり前の国家・社会」が再確立した。

こうした状況にあって、死刑廃止運動は苦戦を強いられているが、新たな状況にふさわしい議論の積み重ねが模索されている。廃止論と存置論の対話の試み、被害者感情論との関係でも死刑によらない真の被害者救済と和解のあり方、死刑と情報公開などいくつもの論点を提示し、市民社会に向けて情報を発信している(1)。

2　進化する死刑廃止論

一九九三年の死刑執行再開以来、法務省はほぼ定期的に確実に死刑執行を続けてきた。これに呼応するかのように、裁判所も続々と死刑判決を書いている。なかには最高裁が死刑判決を破棄して無期懲役とした珍しいケースもあり、そのこと自体は評価に値するが、もともと亡くなった被害者が一人であるうえに、被告人は主犯ではなく実行行為の謀議にも関与していないのだから、原審が判例を無視して無理して死刑を言い渡していたものだ。

こうして定期的に、しかも複数の執行が行なわれる状況が続くと死刑廃止運動にもダメージが大きいが、死刑廃止運動も被害者・遺族問題への取組みや死刑存置論との対話など様々の試みを経て、運動の基盤と方向をしっかりと見据えながら進められている。「死刑廃止を求める刑事法学者のアピール」運動に加わった刑事法学者たちの間でも、それぞれの思索と主張が展開されている。かつては「死刑存廃論の論点はもはや出尽くした」というのが長い間の常套文句となっていたが、今日では存廃論をめぐる新しい議論の仕方も見られる。

いつでも言えることだが、原理原則を見失うと些末の闘いに終ることになる。原理原則だけでは片づかないこともあるが、やはり原理原則を確認せずに議論を始めるわけにはいかない。

足立昌勝『刑法学批判序説』(2)は、ドイツ・オーストリア刑法史研究の第一人者による、近現代刑法の歴史的分析を踏まえた「刑法学批判」である。著者は「科学としての刑法学」の可能性を模索し、既存の刑法解釈学に対する内在的批判を展開している。議論の射程は、「刑法総論」の理論体系の骨格と個別論点、「刑法各論」の具体的適用問題に及ぶが、その結果として死刑廃止論を唱えることになる。それは啓蒙思想による近代刑法の歴史、すなわちトスカーナ刑法典やヨセフィーナ刑法典による死刑廃止を出発点とする。そして「死刑執行停止法」について憲法論としても容認されるべきものとする。

平川宗信「死刑制度と憲法理念」(3)は、死刑存廃論について客観的論議の必要性を強調し、粗雑な「実証的死刑論」の誤りを指摘し、憲法的死刑論を十全に展開することを求める。そして「刑罰権との関係における生命権の限界に関する人権論」を考察し、死刑は手続的にも実体的にも憲法理念に反することは明白であり、憲法を「土俵」とする限り死刑廃止は「動かしがたい結論」だとする。被害者感情論については、実証的データに基づかず、ステレオタイプな「考えられた被害者感情」ではないかとして、いっそうの検討を要請する。憲法論による死刑廃止論はこれまでも多数存在したが、その集大成と言えよう。

死刑に向き合う努力は、確定死刑囚との交流や死刑冤罪の救援運動の形で取り組まれてきた。その貴重な試みがどれだけ継承され得たかはわからないが、刑事法学者の思索も実はそうした運動の成果を見ながら徐々に膨らんできたものだ。理論は抽象的だとしても、その裏側には死刑廃止運動のダイナミズムが、必ずある。

石塚伸一『刑事政策のパラダイム転換』(4)は、ユニークな刑事政策の入門書であるが、そのユニークさは「市民の、市民による、市民のための刑事政策」という副題を紹介してもなかなか伝わらないだろう。やたら抽象的な理論が展開されているかと思うと、オヤッというほどの実践も報告されている。ある意味では「ごった煮」の本書は、刑事政策の不可能性をまだ諦め切れない著者の「大いなる未練の物語」でもある。死刑事件の傍聴活動や刑事確定訴訟記録閲覧を求める闘いの報告とともに、死刑のないドイツの刑事政策の可能性を踏まえた死刑廃止論が示唆されている。

以上の三著とは性格が大きく異なるが、宗岡嗣郎『法と実存』(5)は「〈反死刑の論理〉」という副題を掲げた挑発的な書だが、発刊と同時に刑法学界の『ドグラ・マグラ』か『虚無への供物』になってしまうのではないかと思うほど、かなり多くの読者の理解を拒絶するかもしれない。しかも著者が自認するように、論理展開がいささか混乱しているようにみえる。にもかかわらず本書は、死刑廃止論にとって近年最大の収穫である。なぜなら、これまで死刑を肯認してきた実証主義刑法学の土俵とタームに従いながら実証主義刑法学を全面的に解体し、透徹した犯罪論体系を構築する作業の中で、まさに法の論理として死刑廃止の必然性を導こうとしているからだ。大胆にして緻密な〈反死刑の論理〉を解読する楽しみが、死刑廃止運動への贈物として、ここにある。

（「救援」三三一・三三二号、一九九六年一二月）

3　死刑と恩赦

ヒロヒトが病気で倒れ、下血報道が全国を騒然とさせた一九八八年冬、監獄の中では「天皇死去による恩赦」の噂が駆けめぐった。うわついたメディアが「天皇恩赦」の可能性を書きたてていたから当然のことである。

一九八七年三月に札幌地裁で死刑を言い渡され、控訴して札幌高裁に係属していた「放火殺人事件」の被告人（日高安政）は、面会にきた義弟や弁護士から天皇恩赦の話を聞いて、控訴を取下げた。S弁護士は、死刑事件では天皇恩赦の可能性が低いことを説明したが、同時に「宝くじを買ったつもりで恩赦を狙ってみないか」と話したという。

しかし、実際の「天皇恩赦」は公職選挙法違反事件等に適用されたのみで、一般刑事事件にはほとんど適用がなく、まして死刑事件には一切適用されなかった。

そこで一九九六年五月一〇日、元被告人が札幌高裁に公判期日指定を申立てた。取下の経過から見て被告人には錯誤があり、控訴取下げは無効である。刑事手続における訴訟行為は一般的には無効、取下げを認められないが、死刑確定という極めて重大な効果を伴う取下げにもかかわらず、その効果を理解し熟慮するための手続が用いられてない。一九九五年六月二八日の最高裁決定も、控訴取下げが死刑の確定という重大な効果を発生させるものであることを根拠として、死刑事件の控訴取下の訴訟能力を限定的に解して控訴取下げの無効を認めた。本件にもこの解釈を適用すべきである、と。

八月二〇日、札幌高裁はこの申立てに対して、本件控訴は取下げにより終了したものであると判断した。取下げは有効であり、死刑は確定しているというものだ。S弁護士の報告書によると、宝くじの例を出したのは恩赦の可能性がないことを示すためであり、恩赦の可能性に賭けることを勧めたわけではない。当時の状況認識に重大な誤りがあったとは認められない。本件取下げは錯誤によるものではなく、ほとんど認められないような可能性に期待して行なったものであり、本人の責に帰すべきであり、無効とはいえない、とする。

八月二四日、被告人は異議を申立てた。S弁護士が被告人に恩赦の可能性にかけて控訴取下げを勧めたことがあるのに、秘匿しようとした疑いがある。決定は錯誤の内容を誤認している。弁護人の主張は「S弁護士に恩赦を狙って控訴を取下げるよう勧められ、恩赦になるものと確信したこと」ではなく、『天皇の生存中に控訴の取下げを行なえば天皇の死亡による恩赦の可能性があるものと考えたこと』である、と。

一審で死刑を言い渡された被告人がいったん上訴しながら後に上訴を取下げて死刑が確定した事例は珍しくない。取下げによる確定死刑囚は現在（本稿初出時）八名いるという。取下げの理由や経過はそれぞれに違うだろう。問題は取下げの意味を十分に理解していたかどうかである。母娘五人殺人事件では一九九一年四月に控訴取下がなされたが、弁護人が異議申立をして特別抗告が認められている。北九州母娘殺人事件では一九九三年一一月に控訴取下げがなされたが、控訴審の弁護人が選任される前の弁護の空白期間における取下げとして問題となっている。本件では取下げに至る経過から判断して本人に錯誤があったとの主張がなされている。自己の権利の内容と権利放棄の意味を十分に理解して権利放棄をしたのかどうかが問われている。

被告人が弁護人の援助を受ける権利（憲法三七条三項）や適正手続の権利（三一条）の観点では、本件の場合、権利が侵害されたわけではないともいえるが、実質的には権利がなかったと言うべきではないか。自由権規約一四条の公正な裁判を受ける権利には、弁護権とともに上級の裁判所によって再審理される権利が含まれる。取下が錯誤によるならば（しかもその錯誤に弁護人が関与していたならば）、裁判所はむしろ被告人の後見人的役割を果たすべきではないか。

一九八四年五月の国連経済社会理事会決議「死刑に直面している者の権利の保護の保障の履行」は「公平な裁判を確保するためにすべての可能な保障を与える法的手続」「訴訟手続のすべての段階で適当な法的援助を求める権利」を要求したうえで「上訴が義務的となることを確保するための措置がとられなければならない」としている。一九八九年一二月の国連総会決議は、死刑事件の弁護権には一般事件とは異なった「特別な保護」と「必要的上訴または再審理」を求めている。本件が決議に違反していることは明らかである。決議を自由権規約一四条の解釈基準に準じるものと位置づけて、本件の控訴取下を無効とすべきではないか。

（「救援」三二九号、一九九六年九月）

二　人権委員会の死刑決議

1　人権委員会五三会期

一九九七年四月三日、ジュネーヴで開かれていた国連人権委員会第五三会期において「死刑に関する決議」が採択された。

三月二七日に提出された決議案(6)は、イタリアがまとめたもので、四八カ国連名であった（提案国には人権委員会委員以外の国も含まれる）。内容は次の通り。

前文で、世界人権宣言三条、自由権規約六条、子どもの権利条約六条等に触れて生命権に注意を喚起し、死刑に関する国連総会決議や経済社会理事会決議や死刑に直面する者の権利保護に関する決議を引照し、旧ユーゴ国際刑事法廷及びルワンダ国際刑事法廷が死刑を除外したことを歓迎し、自由権委員会が死刑廃止の方向を示したことを歓迎し、死刑廃止が人間の尊厳と人権の発展に資するとし、次のように述べる。

1　自由権規約の当事国に、死刑廃止条約の批准を考慮するよう呼びかける。

2　死刑存置国に、自由権規約と子どもの権利条約の下では、もっとも重大な犯罪のみに死刑を科すことができ、一八歳未満には死刑を科すことができないことを強調する。
3 死刑存置国に、死刑に直面する者の権利保護決議を遵守するよう呼びかける。
4 死刑存置国に、死刑該当犯罪の制限を呼びかける。
5 死刑存置国に、死刑廃止を目指して執行停止するよう呼びかける。
6 国連事務総長に、世界の死刑に関する法と実務における変化を五年毎の報告書に年次追加するよう要請する。
7 死刑存置国に、情報公開を呼びかける。
8 人権委員会五四会期でも同じ議題の下で継続審議する。

これに対して、四月二一日、シンガポールがまとめた修正案が一三カ国連名で提出された。
1 原案前文のうち自由権委員会が死刑廃止を示したとする部分を、自由権規約はもっとも重大な犯罪にのみ死刑を科しうるとしていると差し替える。
2 原案の代りに、その社会に適合的な法制度を決定する国家の主権を再確認すると加える。
3 原案の4の「呼びかける」を「促す」に差し替える、
4 原案の5を削除する。
二つの決議案をめぐって討論が行なわれ、一六カ国が発言した。

イタリアは、原案が事前に広く配布されたことを理由とする批判は受け入れられない、原案の精神は死刑廃止という結果ではなくその解決に至る速度に関心をもつ、修正案は容認できないので、原案支持を求めるとした。

デンマークは、安保理が旧ユーゴスラヴィア国際法廷やルワンダ国際法廷に死刑を用意しなかったことに注目をした。

アイルランドは、原案提案者がその見解を他者に押しつけるとの意見には与しない、原案は説得的であるとした。

ブラジルは、共同提案国であり、修正案は原案を破壊するものだとした。

ネパールは、死刑廃止を最終日標とする原案賛成であるとした。

カナダは、共同提案国ではないが、イタリアの努力に感謝を表明し、国内法は国際法に従うべきとした。

コロンビアは、修正案は原案の精神に反するとした。

インドは、原案の精神に反対ではないが、インドでは例外的なケースでのみ死刑を科しており、死刑正当化の特別な理由がある、原案はバランスを欠いているので修正案に賛成である、二年前に国連総会で否決された議題を人権委員会に持ち込むのは不適切であるとした。

アメリカ合州国は、死刑が厳格に制限されるべきとの考えには賛成するが、死刑存廃は各国が民主的手続きで決めるべき問題であるとした。

チリは、修正案は原案に重大な影響を及ぼすので反対であるとした。

アルジェリアは、死刑廃止の代りに国内で執行猶予を実施している、修正案に賛成であるとした。

エジプトは、原案はバランスを欠くので賛成できないとした。

日本は、原案には反対である、死刑存廃は国別に慎重に検討すべきであり、個別状況を考慮せずに一律に死刑を廃止しようとするのは不適切とした。

韓国は、国家は死刑存廃を決する主権をもつとした。

バングラデシュは、イタリアの努力は尊重するが現実世界に合わない、死刑を必要としない状況はいつか到来するがまだその時でないとした。

中国は、原案はバランスを欠くので修正案に賛成であるとした。

議長国を除いた人権委員会構成国五二カ国による投票結果は、賛成が二七カ国、反対が日本を含む一一カ国、棄権が一四カ国で、原案が採択され、修正案は否決された(7)。

コンセンサス方式を比較的多用する人権委員会で、白熱した議論のうえに投票が行われたことは注目を浴びた。決議が採択されたことは一歩前進である。しかし、死刑廃止の目標からすれば、まだまだ課題は多い。反対したアジア諸国とアメリカ合州国の社会状況と法意識を変えない限り目標達成は難しいからだ。

2　人権委員会五四会期

一九九八年四月三日、ジュネーヴの国連欧州本部で開催された人権委員会第五四会期において、再び「死刑に関する決議」が採択された。

三月三〇日に公表された決議案(8)は、イタリアがまとめたもので、六一カ国の連名で提出された。そのうち委員国は二二カ国である。人権委員会は五三カ国で構成しているので、半数に迫る二二カ国が提案している以上、採択されるのは間違いなかった。

前年にも提出され採択されていたから、関心の的となったのは、賛成票、反対票、棄権票の動向であった。また、前年にはシンガポールがまとめた反対案が提出され、廃止案と反対案の両方の投票が行なわれたが、今年は反対案は提出されなかった。案がまとまらなかったか、それとも反対案を提出しても意味がないので、廃止案への反対役票に絞ったのであろう。

決議の内容は次の通り。

1 世界の死刑に関する法と実務における変化についての情報を含む国連事務総局の報告書を歓迎する。
2 自由権規約当事国に、死刑廃止条約の批准を考慮するよう呼びかける。
3 死刑存置国に、自由権規約と子どもの権利条約の下では、もっとも重大な犯罪のみに死刑を科すことができ、一八歳未満には死刑を科すことができないことと、死刑に直面する者の権利保護決議を強調する。
4 死刑存置国に、死刑該当犯罪の制限、死刑廃止を目指しての執行停止、死刑に関する情報公開を呼びかける。
5 事務総局に世界の死刑に関する法と実務における変化を年次報告するよう要請する。
6 人権委員会第五五会期でも継続審議する。

このうち1は一九九七年決議の結果として提出された報告書に関するもので、今回初めて入った。2以下は一九九七年決議をまとめ直したもので、具体的内容は同じである。

最初に、提案国を代表してイタリアが、前年の決議で継続審議とされていたことに注意を喚起し、各国が死刑廃止条約を批准するべきであり、死刑存置国は死刑確定者の人権を保障するべきであるとして、なお死刑が行なわれているのでこの決議が重要であるとした。

パキスタンは、パキスタンでは死刑は例外的な刑罰であり、もっとも重大な犯罪に対してだけしか科していない、慎重かつ適正な刑事手続きが保障されている、決議案が投票に付されるなら反対投票するとした。

フィリピンは、決議には留保したい、執行猶予を求めている点は支持できない、フィリピン人民の意思としての憲法は重大犯罪に対する死刑を規定している、死刑存廃は各国人民が決定するべきであるとした。

アメリカ合州国は、死刑存廃は重要な問題であり、合州国でも議論が進められているが、民主社会では刑事司法制度については人民の自由に表明された意思に従うべきであり、合州国では死刑問題について自由な議論が継続され、開かれた民主的な議論の結果として死刑が強く支持されているとした。

チュニジアは、憲法は生命の不可侵を規定している、チュニジアでは死刑はもっとも凶悪な犯罪にしか科されないので事実上廃止されている、一九九二年以来死刑執行はない、もし投票になればチュニジアは棄権するとした。

ブータンは、ブータンでは死刑は一九九八年以来執行されていないが、死刑問題は国家の主権に委ねられるべきであるから、決議は支持できないとした。

マダガスカルは、刑法は国家の安全にかかわるような特に重大な事情のある場合に死刑を限定している、死刑判決が言渡されているが、減刑や恩赦により実際には適用されていないとした。

日本、中国、シンガポールなど一九九七年に反対演説をした国の動きが注目されたが、特に発言はしなかった。言うべきことは前年に言ったということだろうか。

決議は、ロール・コール投票にかけられ、賛成二六、反対一三、棄権一二（欠席二）で採択された。

賛成は、アルゼンチン、オーストリア、ベラルーシ、ブラジル、カナダ、ケープベルデ、チリ、コンゴ、チェコ共和国、デンマーク、エクアドル、フランス、ドイツ、アイルランド、イタリア、ルクセンブルク、メキシコ、ネパール、ペルー、ポーランド、ロシア連邦、南アフリカ、ウクライナ、イギリス（大英連邦）などである。

反対は、バングラデシュ、ブータン、ボツワナ、中国、コンゴ民主共和国、インドネシア、日本、マレーシア、パキスタン、韓国、ルワンダ、スーダン、アメリカ合州国である。

棄権は、キューバ、エルサルバドル、グァテマラ、ギニア、インド、マダガスカル、モロッコ、フィリピン、セネガル、スリランカ、チュニジア、ウガンダである。

賛成が若干減っているが、大きな変動はない。二年目ということで前年ほどの盛り上がりはなかった。投票の際、イタリアはなかなか返事をせずに会場の笑いを誘い、ロシア連邦は「ダー。ニェット。ダー」と紛らわしい返事をしたため事務局が反対票に数えて、後に訂正した。ロシアは提案国であり、当然賛成である。妙に余裕のある会議だった。このまま単なる年中行事とならないよう、NGOの活動強化が必要であろう。

3　人権委員会五五会期

一九九九年四月二八日、国連人権委員会は「死刑に関する決議」を賛成三〇、反対一一、棄権一二で採択した。

賛成は、アルゼンチン、オーストリア、カナダ、コンゴ、ケープベルデ、チリ、コロンビア、チェコ共和国、エルサルバドル、エクアドル、フランス、ドイツ、アイルランド、イタリア、ラトビア、ルクセンブルク、モーリシャス、モザンビーク、メキシコ、ネパール、ニジェール、ノルウェー、ペルー、ポーランド、ルーマニア、ロシア連邦、南アフリカ、イギリス（大英連邦）、ウルグアイ、ベネズエラ。

反対は、バングラデシュ、ボツワナ、中国、インドネシア、日本、パキスタン、カタール、韓国、ルワンダ、スーダン、アメリカ合州国。

棄権は、ブータン、キューバ、コンゴ共和国、グアテマラ、インド、リベリア、マダガスカル、モロッコ、フィリピン、セネガル、スリランカ、チュニジア。

一九九七年の最初の決議のときは、賛成二七、反対一一、棄権一四であり、一九九八年は賛成二六、反対一三、棄権一二（欠席二）であった。

人権委員会は国連加盟国のうち五三カ国からなる。その構成国に変化があるため、投票結果の単純な比較はできないが、今回は当初提案されたものに修正が加えられた結果として賛成国が増えたと思われる。

「死刑に関する決議案」(9)は今回もイタリアが提出した。前文では、世界人権宣言、自由権規約六条、子どもの権利条約、相次ぐ国連総会決議、経済社会理事会決議、および一九九八年の人権委員会決議に言及し、国際刑事裁判所規程に死刑のないことを歓迎し、近年の状況として死刑存置国でも猶予の例が出ていることを重視し、「恣意的処刑」特別報告者の報告書を歓迎し、次のように求めている。

1 世界の死刑に関する国連事務総長報告書を歓迎する。

2 自由権規約の当事国であるすべての国家に死刑廃止条約の批准を呼びかける。

3 死刑存置国に、自由権規約、子どもの権利条約で、死刑はもっとも重大な犯罪のみに科されること、独立公正な裁判手続きによらなければならないこと、一八歳未満の者や妊娠した女性に科されてはならないことを求め、もっとも重大な犯罪とは重大な結果を伴う故意犯にかぎられ、非暴力的財産犯、宗教犯、良心の表明には適用できないことを確認し、死刑に直面する者の権利に関する国連決議を想起し、心身に「障害」のあるものには適用できないことを訴える。そして、国際的法手続きや国内法的手続きが進行している間は死刑を執行しないよう求める。

4 死刑存置国に、厳しい制限を課すこと、廃止に向けた猶予を準備すること、情報公開を利用できることを求める。

5 死刑存置国への送還を拒否するよう求める。

6 事務総局に次会期にも報告書を提出するよう求める。

7 次会期にも同じ議題を取り上げる。

以上の決議案だったが、人権委員会では修正案が提出された。内容は、決議案のうち3の法手続き進行中は死刑を執行しないという条項、4の死刑廃止に向けた猶予の確立条項、5の送還拒否条項の三点を留保するというものである。これらの留保は残念であるが、留保によって決議への賛成が期待できるとの判断だったのであろう。

修正案の投票結果は、賛成が二七、反対が一三、棄権が一一であった。

修正案の採択の後に行なわれた決議案の投票は冒頭に記した通りである。その間の変動は次のようなものであった。

修正案に賛成した国はいずれも決議案にも賛成した。修正案に反対したうちインド、キューバ、モロッコが決議では棄権に回った。修正案に棄権したうちコンゴ、ニジェール、モザンビークが決議では賛成に回った。インドネシアは決議では反対に回った。

修正案による留保の結果として、これまでで最大の賛成三〇という数字が確保されたことになる。

主な発言は次の通りである。

イタリアは、死刑廃止のために闘ってきたことを強調し、決議案採択に向けて協力してきたドイツに感謝を述べ、死刑猶予に向けた問題が公開性と協調の精神で議論されたことに満足を表明した。

エルサルバドルは、決議案は非常に積極的なイニシアティブによるもので、個人の尊厳を述べており、国家には個人の尊厳を保護する責務があると述べた。

インドは、修正に至る過程は必ずしも公開性があったとはいえない、国際社会はまだコンセンサスに至っていない、このことを認識することが前進のために必要である、インドではもっとも例外的な場合にのみ適用しており、妊娠女性への死刑執行を止めるようにしたと述べた。

アメリカ合州国は、適正手続きを確保すれば死刑は国際法にも国内法にも違反しない、多くの見解が死刑に反対し、アメリカにも反対があるが、大多数は賛成している、この状況が変われば法も変わるだろうと述べた。

ドイツは、修正案は国家主権を侵害しないように注意深く書かれたものであるから、賛成であると述べた。

フィリピンは、死刑に関する国際社会のコンセンサスはできていないとして棄権した。

チュニジアは、事実上は死刑を廃止している、もっとも重大な場合のみ適用していると述べた。

日本政府は、一九九七年に決議に反対して意見を表明したが、一九九八年に続いて今回も特に発言はしないで反対投票をした。

この間、一貫して反対を続けているのは、バングラデシュ、日本、中国、韓国、アメリカである。

4　人権委員会五六会期

二〇〇〇年四月二七日、国連人権委員会は「死刑問題に関する決議」を賛成二七、反対一三、棄権一二で採択した(10)。

人権委員会は、世界人権宣言や自由権規約を想起し、一九七七年の死刑に関する国連総会決議や、数度にわたる経済社会理事会決議を想起し、国際刑事裁判所規程がその刑罰から死刑を除外したことを歓迎し、最近死刑を廃止した諸国や、死刑を存置しているが執行を猶予している諸国を念頭に置き、いくつかの諸国では死刑に直面する者の権利の保護が考慮されていないことに関心を持って、次のように決議した。

1　死刑、および死刑に直面する者の権利保護に関する事務総局報告書が提出されたことを歓迎する。

2　自由権規約の当事国で死刑廃止条約を批准していない国に批准を呼びかける。

3　死刑存置国に次のことを促す。

a　自由権規約や子どもの権利条約に応じて、死刑はもっとも重大な犯罪のみに用いられ、一八歳未満の者や妊娠している女性には適用しないこと。

b　もっとも重大な犯罪とは故意犯で極度に重い結果を引き起こす犯罪であり、非暴力犯罪は含まれないこと。

c 自由権規約六条は生命権保護の最低限のルールを確認したものであり、これを反対解釈しないこと。

d 死刑に直面する者の権利保護に関する国際的責務を守ること。

e 精神病等の罹患者に死刑を科したり執行したりしないこと。

f 国際的であれ国内的であれ、関連する法手続きが進行中の者に死刑を執行しないこと。

4 死刑存置国に次のことを呼びかける。

a 死刑を課しうる犯罪を徐々に制限すること。

b 死刑廃止を念頭において執行猶予を確立すること。

c 死刑に関する情報を公開すること。

5 死刑を科される恐れのある者を死刑存置国に送還しないよう各国に要請する。

6 死刑に関する報告書を人権委員会に提出するよう事務総局に要請する。

7 五七会期にもこの議題を取り上げる。

以上の決議案のうち、最初に、3f、4b、5だけを取り上げて投票が行なわれた。賛成は二六カ国である。アルゼンチン、ブラジル、カナダ、チリ、コロンビア、コンゴ、チェコ共和国、エクアドル、エルサルバドル、フランス、ドイツ、イタリア、ラトヴィア、ルクセンブルク、モーリシャス、メキシコ、ネパール、ノルウェー、ペルー、ポーランド、ポルトガル、ルーマニア、ロシア連邦、スペイン、イギリス、ベネズエラ。

反対は、一五カ国である。バングラデシュ、ボツワナ、中国、キューバ、インド、インドネシア、日本、ナイジェリア、パキスタン、カタール、韓国、ルワンダ、スーダン、スワジランド、アメリカ合州国。

棄権は、一一カ国である。ブータン、ブルンジ、グアテマラ、マダガスカル、モロッコ、ニジェール、フィリピン、セネガル、スリランカ、チュニジア、ザンビア。

次に決議案全体が投票にかけられた。

賛成は、二七カ国。第一回投票の二六カ国に、ニジェールが加わった。

反対は、一三カ国。第一回投票の反対のうちキューバとインドが棄権に回った。

棄権は、一二カ国。

投票後に、ロシアは、ロシアでは死刑に関する国際人権基準を厳格に順守している、決議の共同提案者であり賛成した、と確認した。

アメリカ合州国は、国際法は死刑の使用を禁止していない、国内法が死刑を科すか否かは各国が判断すべき問題であり、決議には反対である、と述べた。

人権委員会の死刑決議はこれで四度目である。一九九七年（賛成二七、反対一一、棄権一四）、一九九八年（賛成二六、反対一三、棄権一二、欠席二）、一九九九年（賛成三〇、反対一一、棄権一二）ときて、今回は上記の結果である。人権委員会構成国に変動があり、投票権を行使しない議長国が変動し、決議案の重点の置き方も変化しているので、賛否の数字を単純に比較することはできない。

今回のポイントとしては、第一回投票と第二回投票とで、賛否に一部の移動があるが、大きな動きとはなっていないこと、中国、日本、韓国、アメリカ合州国のかたくなな姿勢には変化がないことを指摘できよう。

日本に関しては、第一回投票にも反対したことは特筆しておきたい。決議3ｆは、関連する法手続き進行中の者について死刑を執行しないことである。日本政府は、個人通報を定める自由権規約第一選択議定書を批准していないから、関連する法手続きとは、端的に言って再審請求と人身保護請求ということになる。再審請求や人身保護請求の結果を待たずに死刑を執行したいとの意思表示ということであろうか。４ｂは、将来の死刑廃止を念頭に置いた猶予の確立である。死刑執行停止法案等への法務省の拒絶意思であろうか。５は、死刑の恐れのある者を死刑存置国に送還しないという趣旨である。これにもあえて反対する理由はなんであろうか。議会で決めたわけでもないのに、官僚が勝手に決めてよいのだろうか。

来年も同じ議題で取り上げることが決まっているが、人権委員会での死刑決議も膠着状態になる可能性がある。今回のように、特定事項を特別の投票とする方式等で重点を徐々にずらしながら、少しでも死刑廃止に向けた議論の接点を確保するやり方が効を奏することを願いたい。

5　人権委員会五七会期

二〇〇一年四月二五日、国連人権委員会は「死刑問題に関する決議」を賛成二七、反対一八、棄権七で採決した(11)。

全体の趣旨は前年までと同様だが、異なる箇所もある。概要は以下の通り。

1　死刑、および死刑に直面する者の権利の保護に関する事務総局報告書が提出されたことを歓迎する。

2　国連人権小委員会の二〇〇〇年八月一七日の決議（次節参照）を歓迎する。

3　自由権規約の当事国で死刑廃止条約を批准していない国に批准を呼びかける。

4　死刑存置国に次のことを促す。

　a　自由権規約や子どもの権利条約に応じて、死刑はもっとも重大な犯罪のみに用いられ、一八歳未満の者や妊娠している女性には適用しないこと。

　b　もっとも重大な犯罪とは、故意犯で極度に重い結果を引き起こす犯罪であり、非暴力犯罪は含まれないこと。

　c　自由権規約六条は生命権保護の最低限のルールを確認したものであり、これを反対解釈しないこと。

d 死刑に直面する者の権利保護に関する国際的責務を守ること。
e 精神病等の罹患者に死刑を科したり執行したりしないこと。
f 国際的であれ国内的であれ、関連する法手続きが進行中の者に死刑を執行しないこと。

5 死刑存置国に次のことを呼びかける。
a 死刑を科しうる犯罪を徐々に制限すること。
b 死刑廃止を念頭において執行猶予を確立すること。
c 死刑に関する情報を公開すること。

6 死刑を科される恐れのある者を死刑存置国に送還しないよう各国に要請する。

7 死刑に関する報告書を人権委員会に提出するよう事務総局に要請する。それには特に犯行時一八歳未満の者に対する死刑に関する情報が含まれるよう要請する。

8 五八会期でもこの議題を取り上げる。

投票は前年同様に4f等をめぐる第一回投票と、全体に関する第二回投票に分けられたが、第二回投票で前年よりも反対票が増加した。

賛成は、二七カ国である。アルゼンチン、ベルギー、ブラジル、カナダ、コロンビア、コスタリカ、チェコ共和国、コンゴ民主共和国、エクアドル、フランス、ドイツ、イタリア、ラトヴィア、モーリシャス、メキシコ、ニジェール、ノルウェー、ペルー、ポーランド、ポルトガル、ルーマニア、ロシア連邦、南アフリカ、スペイン、イギリス、ウルグアイ、ベネズエラ。反対は、一八カ国である。アルジェリア、ブルンジ、中国、インドネシア、日本、ケニア、リビア、マレーシア、ナイジェリア、パキスタン、カタール、韓国、サウジアラビア、スワジランド、シリア、タイ、アメリカ合州国、ベトナム。

棄権は、七カ国である。カメルーン、キューバ、グアテマラ、インド、マダガスカル、セネガル、ザンビア。

人権委員会構成国に変動があり、投票権を行使しない議長国も変動し、決議案の内容も毎回変化しているので、数字を単純に比較することはできないが、反対一八はこれまでになく多い。その原因の一つは決議の2と7にあるのではないだろうか。というのも人権委員会が「死刑決議」を重ねてきたのに続き、人権小委員会は一九九九年から「少年死刑決議」を行ない、少年に対する死刑は国際慣習法に違反するとして非難している。今回の決議2は人権小委員会決議を歓迎するとし、決議7は少年に関する死刑情報の調査を要請している。この点が前年との相違であり投票結果に反映したのではないか（ただし政府発言記録からは確証を得られなかった）。

投票に当たり、六カ国が発言した。

インドは、国際共同体はまだ死刑問題についてコンセンサスに達していない、決議案の目標のいくつかに賛成であるが、インドでは死刑の適用は例外中の例外であり社会の良識にショックを与える憎むべき犯罪にしか科されていない、死刑は例外である。インドでは死刑判決は上級裁判所によって確認されなければならない、被告人には上訴権があるとした。

アメリカ合州国は、国際法は死刑を禁止していない、国内法で死刑を許容するべきか否かについて民主的手続きを通じて各国が決定するべきである、アメリカでは開かれた議論が行なわれている、アメリカ人民は死刑が行なわれる場合には適正手続きによるべきであると考えている、この決議案に反対投票するとした。

リビアは、国連に加盟しているのは、国連がもともと国家主権原理を支持していたからである、いまや国家主権原理が侵食されつつあり、国際法で人道的介入が行なわれている、これは議論すべき問題である、決議案は殺害された被害者の尊厳を無視している、死刑は司法制度の問題であって人権問題ではない、人権を促進しようとすれば被害者の権利を考慮しなければならない、リビアでは死刑はもっとも重大な犯罪にしか科されない、それゆえ決議案に反対であるとした。

アルジェリアは、決議案文は普遍性を求めているが、自国の国内法を促進する国家主権と相容れない、注目しなければならないのは制裁（国際的な経済制裁のことか？）による子どもや大人の死である、この状況は国際共同体によって残された死刑である、様々の死刑観念がある、このような問題は武力によっては解決しない、アルジェリアはテロリズムに対処しなければならない特別な状況にあるが、死刑執行猶予を採用することに決めたとした。

タイは、政府は一九九九年に死刑問題に関する公聴会を行なった、タイ人民は犯罪抑止手段並びに被害者・家族の権利保護として死刑を存置する必要があると考えていることが判明した、民主国家として政府は人民の判断を守らなければならない、タイでは死刑の適用はもっとも重大な犯罪（強姦、殺人、麻薬、反逆など）に限られる、一八歳未満の者や妊婦は死刑とされない、執行方法に関しては銃殺に代えて注射を採用しているとした。

サウジアラビアは、数十の国家を代表して発言する、これらの国家はＥＵ諸国の死刑に関する決議案とは関係をもたない、時間の制約があるので、サウジアラビア政府の声明を回覧するとした。

日本政府は特に発言はせず、反対投票した。

（「救援」三三七号、三四九号、三六二号、三七四号、三八六号、一九九七～二〇〇一年）

三　少年に対する死刑

1　人権小委員会五一会期

一九九九年八月二七日、国連人権促進保護小委員会は「特に少年犯罪者に関する死刑」の決議を採択した。プレス・リリースには決議が採択された事実が記載されているだけで投票結果は不明である。国連人権高等弁務官のホームページには、採択された決議が掲載されているが、説明は付されていない。

小委員会の委員は二六人だが、議長（今会期は日本政府推薦の波多野里望委員）を除いた二五人が投票する。

決議案を提出したのは次の一三人の委員である。ベンゴア（チリ）、ボスユイ（ベルギー）、ディアス・ウリベ（コロンビア）、アイデ（ノルウェー）、フィクス・ザムディオ（メキシコ）、グーネセケレ（スリランカ）、ギセー（セネガル）、ハンプソン（イギリス）、ジョワネ（フランス）、モト（ルーマニア）、オロカ・オンヤンゴ（ウガンダ）、ピンヘイロ（ブラジル）、シク・ユエン（モーリシャス）。二五人のうち一三人であるから決議は採択される見通しであったが、小委員会は白熱の大激論となった。

決議案の内容はおおよそ以下の通りである。

小委員会は自由権規約六条、死刑廃止条約、欧州人権条約第六選択議定書、米州人権条約等の死刑廃止に向けた発展を再確認し、一九九七年から一九九九年にかけての三回の人権委員会決議を想起し、国際基準に違反したり、少数者を差別して死刑が用いられていることに留意し、精神疾患に悩む者を死刑にしてはならないとの人権委員会の見解を想起し、死刑存置国でも死刑適用犯罪が制限されてきたことを歓迎し、死刑執行猶予が利用されるようになってきたことを歓迎し、自由権規約六条五項、子どもの権利条約三七条（a）、子どもの権利・福祉アフリカ宣言五条等が一八歳未満の者の死刑を禁止していることを再確認し、「決議案付録」にあるように、イラン、ナイジェリア、パキスタン、サウジアラビア、アメリカ合州国、イエメンで、一九九〇年以来一八歳未満の者が一九人処刑され、そのうち一〇人がアメリカで処刑され、しかも一九九八年に少年を処刑したのはアメリカだけであることに留意し、

1 犯行特に一八歳未満の者の死刑適用と執行をはっきりと非難する。
2 これらの国に一八歳未満の者への死刑の廃止を呼びかける。
3 兵役拒否者に死刑を課している国に良心的兵役拒否者に死刑を科さないよう呼びかける。
4 死刑存置国で猶予制度のない各国に、二一世紀を迎えることを記念して、一九九九年一二月三一日までに死刑判決を終身刑に減刑し、二〇〇〇年を通じて死刑猶予を行なうよう呼びかける。
5 二〇〇〇年の国連人権委員会に、一九九九年決議を再確認するよう要請する。
6 事務総局に次会期までの少年の死刑の数を小委員会に報告するよう要請する。
7 来年の会期でもこの問題を取り上げることを決定する。

一九九八年までの人権小委員会は、できるだけ全会一致で決議を採択しようとする傾向があった。そのため決議案は比較的穏健なものになる。全員一致だから意義が高いという見方もでき

るが、誰も反対する必要のない無難な決議はあまり意味がないという意見もある。ところが一九九九年の人権小委員会は激論につぐ激論、修正案が乱れ飛び、何度も採決を行なう「荒れる小委員会」となった。少年犯罪者への死刑決議案も大激論の末に採択された(12)。

今回は先進国推薦の委員たちが押し切ったと言えようか。人権委員会でも人権小委員会でも言えることだが、先進国側がリードして決議案がまとめられる場合、発展途上国側からの反発が生じる。死刑廃止決議や少年事件の死刑に関する決議も、「先進国対発展途上国」という対立図式が前面に出てしまう。委員たちもそうだが、傍聴しているNGOにとっても、この対立図式があまりに強く出ると、かえって先進国側のゴリ押しであるかのような印象を与えてしまいかねない。そうならないような形で、理性的な議論を経て死刑廃止や漸減を求める決議を重ねていく必要があるようだ。

2 人権小委員会五二会期

二〇〇〇年八月一七日、国連人権促進保護小委員会は「少年犯罪者に関する死刑」という決議を全会一致で採択した。

決議の内容は、人権小委員会は、自由権規約や死刑廃止条約、さらには欧州死刑廃止条約、米州死刑廃止条約によって死刑廃止に向けた発展が見られることを確認し、人権委員会が一九九八年、一九九九年、二〇〇〇年と死刑廃止決議を行なっていることを想起し、死刑が国際基準にいう公正さを満たさないまま科されたり、人種的少数者や宗教的少数者に不平等に適用されていることに留意し、死刑存置国が死刑適用犯罪を制限するようになってきていることを歓迎し、多くの死刑存置国が執行猶予を採用するようになっている事実を歓迎し、人権委員会がなんらかの精神疾患に悩む者に死刑を科してはならないとしていることを想起し、犯行当時一八歳未満の者に対する死刑は自由権規約六条五項、子どもの権利条約三七条（a）、子どもの権利・福祉アフリカ宣言五条三項、ジュネーヴ諸条約選択議定書で禁止されていることを確認し、一八歳未満の者に対する死刑は国際慣習法に違反することを確認して、次のように決定する。

1　犯行時一八歳未満の者に対し死刑を科したり執行することを明確に非難する。

2　少年犯罪者に対する死刑存置国に、犯行時一八歳未満の者についての死刑をできる限り早く法律で廃止し、それまでの間、少年犯罪者に対して死刑を科すことは国際法違反であることを裁判官に注意するよう、呼びかける。

3　子どもの権利条約を批准し、少年犯罪者に死刑を科すことを廃止することが国内法に効力を発生してもなお犯行時一八歳未満の者に死刑を科しているすべての国に、少年犯罪者に死刑を科すことは国際法違反であり、かつ国内法違反でもあることを裁判官に注意するよう呼びかける。

4　人権委員会五七会期で、人権委員会決議二〇〇〇／六五を再確認するよう要請する。

5この問題を人権小委員会五三会期で同じ議題の下で検討することを決定する。
6人権委員会に次の決議案を採択するよう勧告する。

〈人権委員会は、「死刑問題に関する決議」一九九八／八（一九九八年四月三日）、決議一九九九／六一（一九九九年四月二八日）、決議二〇〇〇／六五（二〇〇〇年四月二七日）を想起し、人権小委員会の「特に少年犯罪者に関連する死刑に関する決議」一九九九／四（一九九九年八月二四日）を想起し、人権小委員会のこの「少年への死刑に関する決議」（二〇〇〇年八月一七日）を考慮し、少年に関して死刑を科すことに関する国際法では、犯行時一八歳未満の者に死刑を科すことは慣習国際法違反であることが明確に確立していることを確認する。〉

提案者は、ベンゴア、ダエス、アイデ、ファン、フィクス・ザムディィオ、グーネセケレ、ギセー、ハンプソン、ファン・フーフ、ジョワネ、カルタシュキン、オゴツォフ、オロカ・オンヤンゴ、ピンヘイロ、ロドリゲス・カルドス、シク・ユエン、パク、ワルザジ、ワイスブロット、イメール、横田洋三、ゼロウギ委員である。

この決議は全会一致で採択されたので、いささか驚いた。というのも昨年の人権小委員会は、「特に少年犯罪者に関する死刑」の決議をめぐって紛糾し、激論の末、反対案を否決し、決議案を賛成多数で採択するという経過を経ていたからである。今回も同様の決議案が提出されるという情報がかなり早くから流れていたので、「去年と同じ内容か、さらに踏み込むのか。また激論になるのか」と関心を集めていた。

ところが、今回は激論にはならなかった。ハンプソン委員による決議案の紹介の後、賛成の発言がいくつか続いた。どの発言も去年の紛糾には言及せず、今回の決議案への賛成を表明していた。なかにはマルティネス委員のように「提案者の中になぜ私の名前がないのか。私も賛成なのに」といった発言をして、会場の笑いを誘う一幕も見られた。まったく平穏な全会一致の採択であった。その理由はいくつもある。例えば、昨年の議長には議事進行能力があまりなく、いたずらに紛糾する結果となったことも指摘しておかなければならない。しかし、重要なのは次の点である。

第一に、決議案の内容であるが、昨年とは異なって「特定情報」が掲載されていない。昨年の決議には、少年を処刑したアメリカ他の国名が決議案本文に記載されていた上、処刑された少年たちの名前や処刑日のリストが末尾に掲載されていた。今回はそうした情報はすべて削除されている。

第二に、やはり決議案の内容であるが、昨年の決議に見られたいくつかの条項が姿を消している。例えば、「兵役拒否者に死刑を課さないように呼びかける」、「二一世紀を迎える記念に死刑存置国も死刑を猶予するよう呼びかける」といった条項はなくなっている。

第三に、以上の結果と思われるが、提案者が上述のように二三名である。人権小委員会は委員数が二六人であり、議長を除くと決議に加わるのは二五名である。そのうち二三名が提案者となっているのだから採択されるのも当たり前である。

前年の決議推進の中心だったハンプソン（英国）、ジョワネ（フランス）、アイデ（ノルウェー）、ギセー（セネガル）。猛反対したワルザジ（モロッコ）、ファン（中国）。沈黙していたが、死刑存置国のワイスブロット（米国）、パク（韓国）、横田（日本）。彼らが揃って提案者に名を連ねたのである。

このことは、しかし、決議内容を薄める結果となったように思われる。前年の決議推進者たちが、廃止国側の委員が強引に事を進めて採択を強行するよりも、内容を多少トーンダウンしてでも全会一致の決議を積み重ねるほうが望ましいと考えたのであろう。人権小委員会は、人権委員会の下部機関として人権法の理論的提言をする任務をもっているから、反対意見を強引に押し切って決議をしても、その後の発展に結びつかない面もある。その意味では現実的な選択であろう。傍聴者にとっては、いささか歯痒い決議ではあったが。

（「救援」三六六号・三七七号、一九九九年・二〇〇〇年）

四　女性に対する死刑

『年報・死刑廃止九九』に「テキサスで女性死刑囚執行」として、一九九八年二月三日のカーラ・フェイ・タッカーの執行が紹介されている。「一八六三年以来、テキサス州では初の女性死刑囚の執行が行われた。米国全土で見れば、一九七六年に米国最高裁判所が死刑は合憲であるとの決定を出して以来、二人目の女性死刑囚の執行となる」(13)。テキサスでの前回の執行は、チピタ・ロドリゲスが馬飼い人殺人のかどで吊るされたもので、米国ではオペラ、詩、数冊の著作で知られる。テキサスの執行方法は一九二三年に電気殺となり、一九七七年に注射に変わった。テキサスは執行が非常に多い州だが、九八年にタッカーが女性としては一三〇年もの空白の後に執行された。

タッカーは、「一九八四年に二人をピッケルで殺した罪で死刑判決を受けていたが、その後、キリスト教に入信し、非行少年や他の受刑者へのカウンセラーとして働くなど、その更正はめざましかった」という。しかし、タッカーの執行の日、五〇〇人もの見物人が現れ、巨大スクリーンにタッカーを映し出し、群衆は歌ったり踊ったりしていたという。下町の商店では「カーラ・フェイ・タッカー記念セール」を宣伝していた。「注射ではなくピッケルを使え」との意見まで出た。死刑支持の群衆は、この日一日、タッカーの執行を「消費」しつくしたようである。

タッカーは、一九八四年から一四年間の獄中生活の上で執行された。テキサスには、タッカーの他に、パメラ・ペリーロ（一九八〇年収監）、ベティ・ルー・ビーツ（八五年）、フランス・エレーヌ・ニュートン（八八年）、キャシー・リン・ヘンダーソン（九五年）、エリカ・シェパード（九五年）、ダリー・ルーティエ（九七年）、ブリタニー・ホルバーグ（九八年）が死刑囚として収監されている。

　キャスリーン・オシェア『合州国における女性と死刑（一九〇〇年〜一九九八年）』[14]は、表題通りアメリカにおける女性の死刑に関する四〇〇頁に及ぶ詳細なレポートである。著者は序文を「一九九八年七月現在、合州国の死刑囚監房には四七人の女性がいた。この年、カーラ・フェイ・タッカー（テキサス）とジュディ・ブエノアノ（フロリダ）が執行されたが、アーカンサス、イリノイ、テキサスで三人の女性が死刑を言い渡された。合州国の歴史においても死刑囚監房の女性数としては最大の数である。平時にこれほど女性死刑囚がいた先進国はない」とはじめている。

　本書は全米の女性死刑囚に関する徹底調査である。最初に「歴史と女性の執行」として、例えば、一六〇八年から一九九一年の研究までの全執行のうち女性は二・五％であるとか、一八八六年までの女性死刑の七六％が殺人、七％が魔女であったとか、一九世紀までは女性に対するリンチも続いていたとか、最初のリンチ犠牲女性は一六三二年のジェーン・チャンピオンであったといった情報から、今日の死刑状況までの総括である。

　次に、各州の情報を、アラバマ＝電気殺、アリゾナ＝ガス／注射、アーカンサス＝電気殺／注射、カリフォルニア＝ガス／注射、コネティカット＝注射、デラウェア＝注射／絞殺、連邦、フロリダ＝電気殺、ジョージア＝電気殺、アイダホ＝注射／銃殺、イリノイ＝注射、インディアナ＝注射、ケンタッキー＝電気殺、ルイジアナ＝注射、メリーランド＝ガス／注射、マサチューセッツ＝死刑はない、ミシシッピ＝ガス／注射、ミズーリ＝注射、ネバダ＝注射、ニュージャージィ＝注射、ニューヨーク＝注射、ノースカロライナ＝ガス／注射、オハイオ＝ガス／注射、オクラホマ＝注射、ペンシルバニア＝注射、サウスカロライナ＝注射、テネシー＝電気殺／注射、テキサス＝注射、バーモント＝死刑はない、バージニア＝注射、とまとめている。

なお、マサチューセッツには死刑がないが、その死刑廃止のプロセスが紹介され、そして一九一二年にルナ・クスマノという女性が夫殺害で死刑を言い渡されたが、後に減刑されたといった情報が出ている。バーモントでも一九〇五年にメリー・マーベル・ロジャースが執行され、一九六五年に死刑廃止となったとある。

各州でのそれぞれの女性に関する情報、つまり、いつ、どこで、どのような事件をなぜ引き起こし、死刑を言い渡されたのか、彼女たちが獄中でどのような人生をすごしたのかが本書の柱である。数百頁に及ぶ本書の中に数多くの女性たちの希望や願望や、不安や恐怖や失望の「物語」が描き込まれている。死刑問題に関心のある読者はもちろんだが、死刑問題自体には関心が薄い読者にとっても「全米におけるもう一つの女性史」として意義ある著作と言えよう。巻末の付録「一九九八年の死刑囚監房の女性」「州の死刑判決と女性」「獄中期間」「一九〇〇年以来の女性の死刑判決」「一九九八年の死刑囚監房の女性の年齢」一覧も参考になる。文献リストも充実している。

日本の女性死刑囚に関して、本書に比肩しうるような研究はないのではないだろうか。むしろ一般向けに猟奇趣味的なものや煽情的なものが多かったと思われる。女性死刑囚自身による表現としては、永田洋子『十六の墓標（正・続）』『私生きてます』『獄中からの手紙』（いずれも彩流社）が知られる。また、最近の女性の執行例は、九七年八月の日高信子（一九八四年の保険金目当て放火殺人事件）である。現在の獄中の女性死刑囚は永田洋子の他に諸橋昭江（夫殺人、再審請求中）、藤波知子（旧姓・宮崎、富山・長野二女性殺人、真犯人は別と主張）がいる（『年報・死刑廃止九九』参照）。過去・現在を含め、「日本におけるもう一つの女性史」としての女性死刑囚研究は現れるだろうか。

（「救援」三七〇号、二〇〇〇年二月）

註

（1）『年報・死刑廃止九六――「オウムに死刑を」にどう応えるか』、『年報・死刑廃止九七――死刑・存置と廃止の出会い』、『年報・死刑廃止九八――犯罪被害者と死刑制度』、『年報・死刑廃止九九――死刑と情報公開』、『年報・死刑廃止二〇〇〇―二〇〇一』（いずれもインパクト出版会、一九九六年～二〇〇一年）参照。なお、前田朗「死刑問題の議論を呼びかける」自由法曹団通信七三三号（一九九三年）、同「死刑廃止を実現しよう」思想運動四七七号（一九九三年）、同「死刑廃止を求める刑事法学者のアピール」こもれび一七号（一九九四年）。

（2）足立昌勝『刑法学批判序説』（白順社、一九九六年）。

（3）平川宗信「死刑制度と憲法理念」ジュリスト一一〇〇号・一一〇一号（一九九六年）

（4）石塚伸一『刑事政策のパラダイム転換』（現代人文社、一九九六年）。
（5）宗岡嗣郎『法と実存』（成文堂、一九九六年）。
（6）E/CN.4/1997/L.20.
（7）HR/CN/97/35.
（8）E/CN.4/1998/L.12.
（9）E/CN.4/1999/L.91.
（10）E/CN.4/RES/2000/65.
（11）E/CN.4/2001/L.93.E/CN.4/RES/2001/68.
（12）焦点となったのは九〇年代に少年を処刑した六カ国の名前が並べられたことと、付録に処刑国、処刑された少年の名前、処刑日がリストアップされたことである。ワルザジ委員（モロッコ）やファン委員（中国）は猛反対した。これに対して提案側からはジョワネ委員、ギセー委員、アイデ委員、ハンプソン委員らが攻勢をかける。委員名指しで痛烈な批判をするかと思えば、冗談を言いながらチクリとやったり。委員が興奮して発言すると、通訳まで興奮していた。委員が反対と叫んでいるのに、議長は「それでは全会一致で採択しましょう」などと、采配能力を喪失した状態であった。

　白熱の議論の結果、まず「六カ国の名前を削除する」というワルザジ委員の修正案が投票にかけられた。賛成一二、反対一二、棄権一で、修正案は多数を得られず、否決された。無記名投票なので正確なことはわからないが、提案者から一人が棄権に回ったものと思われる。次に「国名だけでなく該当段落を全文削除する」というファン委員の修正案が投票にかけられ、賛成一一、反対一四で否決された。

　ここで時間切れとなり、議長が「八月一三日（月）午前に投票を継続する」と告知した。ところが提案者の一人のアイデ委員は、いったん帰国しなければならず、どうしても二三日には出席できない。ジョワネ委員やハンプソン委員が「小委員会の投票はいつも水曜と金曜にやってきたし、今回もその予定になっていたのだから、水曜にやるべきだ」と提案する。これに対してワルザジ委員は「中断するのはよくないから続きを月曜にやるべきだ」と反論する。またまた激論の末、火曜の夜に続けることになった。しかし、他の討論や採決も長引いて、二四日にも二五日にも回ってこなかった。結局、二七日にずれこんだ（筆者は二六日の航空便で帰国した）。

国連人権高等弁務官事務所のプレス・リリースに冒頭の記録が出ている。二〇日の終わりの時点では、ファン修正案の次に「本文には手をつけないが末尾のリストを削除する」という修正案を投票にかけて、最後に決議案そのものを投票にかけるという予定になっていた。審議がかなり荒れたので、二五・二六日にはほかの決議案を処理して、最終日の二七日に再開し、「末尾のリスト削除」案が多数の支持を得て決着した。九〇年代に少年事件で死刑を適用し処刑した六カ国の名前の入った決議である。

（13）『年報・死刑廃止九九』（インパクト出版会、一九九九年）一九一頁。

（14）Kathleen A. O'shea, Women and the Death Penalty in the United States, 1900-1998. Praeger,1999. なお、アメリカにおける死刑論議については、例えば、Austin Sarat (ed.), The Killing State.Capital Punishment in Law, Politics, and Culture.Oxford University Press,1999. Austin Sarat, When the State Kills, Capital Punishment and the American Condition, Princeton University Press, 2001.参照。

第四章　女性に対する暴力

一　認識の高まり

一九九三年一二月二〇日、国連総会は「女性に対する暴力撤廃宣言」を採択した。宣言採択に至るまで、世界のフェミニズム運動は多彩な取り組みを行った。その節目を確認すると、まず一九七九年の女性差別撤廃条約の採択、一九八五年のナイロビ世界女性会議と「ナイロビ将来戦略」、そして一九九三年のウィーン世界人権会議をあげることができる。すなわち、六〇年代に始まる第二波女性解放運動の盛り上がりによって、女性たちは「国連女性年」を実現し、女性差別撤廃条約を獲得し、ナイロビに参集した。「ナイロビ将来戦略」は様々の女性の権利実現を到達目標に掲げたが、その中に「虐待されている女性」という項目を設け「性を特定した暴力は増えつづけており、政府は女性の尊厳の確認を優先的に行うべきである」とし、避難施設、援助、法的サービス等の救済措置をとること、社会問題としての認識を高めること、暴力の原因を突き止め、暴力を防ぎ、加害者に教育を行うことを明示した。

しかし、女性差別撤廃条約と「ナイロビ将来戦略」にもかかわらず問題は解決するどころか、いっそう重大であることが判明した。「女性に対する暴力問題は八〇年代後半に主要問題となった。暴力被害者についての関心の増大や変化の必要性は国連によってもNGOによっても表明された」(1)。九〇年代に入ると、事態はますます深刻であることが意識されるようになった。最初に意識されたのは、セクシュアル・ハラスメント、殴打女性、強制売春、つまり社会における暴力である。「北でも南でも活動家や研究者による関心は、家族外での性暴力、すなわち職場その他におけるセクシュアル・ハラスメント、強制売春および人身売買に向けられた。続いて家庭内の女性に対する暴力である。おそらく家庭内暴力がそれまで愛好されてきた家庭の普遍的イメージを変化させ、家庭内の女性に対する暴力が女と男の平等関係のもっとも基本的な例となったので、女性に対する暴力が焦点となった」(2)。九〇年代には、これと並行して、世界各地の国際的・国内的な武力紛争における女性に対する暴力問題が浮上してきた。旧ユーゴスラヴィアやルワンダをはじめとして、武力紛争地の至るところで「女性の身体の上での男たちの戦い」が繰り広げられていた。こうした様々の問題を「性暴力」「女性に対する暴力」と総称し、調査・研究・討論・対策が続けられるなかで、それまで見えなかった多くの問題が明るみに出てきた。そこで女性たちは「女性の権利は人権である」の合言葉のもと、一九九三年六月のウィーン世界人権会議に集結し「ウィーン宣言・行動計画」に「女性の平等な地位と人権」を盛り込むとともに、国連人権委員会に「女性に対する暴力」特別報告者を設置させることに成功した。「行動計画」は「公的生活及び私生活における女性に対する暴力の撤廃」をうたい、「女性に対する暴力に関する宣言」の作成を求めた。これをうけて一九九三年一二月に「女性に対する暴力撤廃宣言」が実現した。

次の画期は一九九五年一〇～一一月の北京世界女性会議であった(3)。「北京行動計画」は「ナイロビ将来戦略」よりもはるかに詳細に「女性に対する暴力」に関する戦略目標を掲げた。また、一九九四年の国連人権委員会はラディカ・クマラスワミ（スリランカ）を「女性に対する暴力」特別報告者に任命した。クマラスワミ特別報告者は一九九五年以降、精力的に報告書を提出し続けている。

こうした経過を踏まえて、本章ではクマラスワミ「女性に対する暴力」特別報告者の報告書の概要を紹介し、「女性に対する暴力」問題の全体像を明らかにした上で、この問題が刑事法に提起している問題点のいくつかについて私見を述べることにする(4)。

二　クマラスワミ報告書

1　クマラスワミ報告書とは

一九九四年の国連人権委員会第五〇会期において「女性に対する暴力、その原因と結果に関する特別報告者」に任命されたラディカ・クマラスワミは、一九九五年の予備報告書を手始めに、次々と報告書を提出してきた。提出順に列挙すると次のようになる。

①予備報告書（E/CN. 4/1995/42）
②家庭内暴力報告書（E/CN. 4/1996/53）
③日本軍「慰安婦」問題報告書（E/CN. 4/1996/53/Add. 1）
④家庭内暴力立法モデル報告書（E/CN. 4/1996/53/Add. 2）
⑤社会内暴力報告書（E/CN. 4/1997/47）
⑥ポーランド人身売買・強制売春報告書（E/CN. 4/1997/47/Add. 1）
⑦ブラジル家庭内暴力報告書（E/CN. 4/1997/47/Add. 2）
⑧南アフリカ社会内強姦報告書（E/CN. 4/1997/47/Add. 3）

⑨追加――通知書式（E/CN. 4/1997/47/Add. 4）
⑩国家による暴力報告書（E/CN. 4/1998/54）
⑪戦時ルワンダ報告書（E/CN. 4/1998/54/Add. 1）
⑫家庭内暴力報告書（E/CN.4/1999/68）
⑬諸政府との情報交換報告書（E/CN.4/1999/68/Add.1）
⑭アメリカ合州国刑事施設報告書（E/CN.4/1999/68/Add.2）
⑮インドネシア・東ティモール調査報告書（E/CN.4/1999/68/Add.3）
⑯リプロダクティヴ・ライツ報告書（E/CN.4/1999/68/Add.4）
⑰人身売買・移住者報告書（E/CN.4/2000/68）
⑱諸政府との情報交換報告書（E/CN.4/2000/68/Add.1）
⑲キューバ調査報告書（E/CN.4/2000/68/Add.2）
⑳ハイチ調査報告書（E/CN.4/2000/68/Add.3）
㉑パキスタン・アフガニスタン調査報告書（E/CN.4/2000/68/Add.4）
㉒経済政策・社会政策影響報告書（E/CN.4/2000/68/Add.5）
㉓武力紛争時の国家による暴力報告書（E/CN.4/2001/73）
㉔諸政府との情報交換報告書（E/CN.4/2001/73/Add.1）
㉕バングラデシュ・ネパール・インド調査報告書（E/CN.4/2001/73/Add.2）

一見して明らかなように、クマラスワミ報告書は、テーマ別報告書と国別報告書から成り立っている。テーマ別報告書は分類すると次の通りである。家庭内暴力（②、④、⑫）、社会内暴力（⑤、⑰）、国家による暴力（③、⑩、㉓）、なお、①の予備報告書はこれら全体を扱っている。⑨の通知書式は特別報告者への書式である。クマラスワミ報告書は以上の三つのテーマからなる。日本ではこのことを理解していないため、見当違いの論評がなされたりしてきた。また、背景や全体の関連を無視して特定の論点だけを断片的に論じても、大きな誤解を招きかねない。この三つのテーマは女性に対する暴力撤廃宣言の体系に基づいているのである(5)。従って、少なくとも「女性に対する暴力」問題の発展経過を踏まえ、その問題領域を射程に入れた立論が必要である。刑事法分野で言えば、強姦罪の解釈論や堕胎罪をめぐる立法論をはじめとして「女性に対する暴力」問題の論点がすでに幾度も検討されてきているが、多くはそれぞれの個別問題の中での扱いに終わっている。以下では、各テーマの柱である家庭内暴力報告書（②）、社会内暴力報告書（⑤）、国家による暴力報告書（⑩）の概要を簡潔に紹介する。

2　家庭における暴力

一九九六年の国連人権委員会第五二会期に提出された報告書は、家庭内における暴力を扱う(6)。報告書によれば、家庭は静穏と調和の聖域であるという神話からすれば、ドメスティック・バイオレンスという用語はまぎれもなく不調和であり、形容矛盾である。暴力は家の平穏なイメージが提供する安全を損なう。それでもドメスティック・バイオレンスは、国家や社会を越えて世界規模で記録されてきた。それは普遍的現象である。ここでの家庭とは、国家が法律によって定義した客観的定義における家庭ではなく、本人が「彼らは自分の家族である」と感じる単位、親密な人間関係の場といった主観的定義に従っている。家庭内暴力とは「その領域の女性の役割ゆえに女性を目標とするドメスティック領域において行われた暴力」であり、私的行為者によっても公的機関によっても実行されうる。ドメスティック・バイオレンスは「権力的な抑圧手段」であり、女性を抑圧する社会の本質的要素である。女性に対する暴力は支配的なジェンダー・ステレオタイプに由来するだけでなく、逆にステレオタイプを支える家庭において女性を統制する。

報告書は「人権侵害としてのドメスティック・バイオレンス」として次のように整理する。

①適当な注意違反。ドメスティック・バイオレンスは私的行為者によっても国家行為者によっても行われる。犯行者を処罰するのが国家の任務であるにもかかわらず、国家が処罰しなければ、それは国家が暴力を永続化させることである。国家による暴力と、国家による見逃し、不処罰のいずれも国家の責任である。国家が、他人の人権を奪おうとする私的行為者からの保護を与えることに組織的に失敗している場合は、国家は行為者と共犯関係にあることになる（女性差別撤廃委員会一般的勧告一九、女性に対する暴力撤

廃宣言四条参照）。

①法の平等保護。自由権規約二条・三条や女性差別撤廃条約二条に明らかなように、ジェンダーに基づく差別は人権侵害である。

①拷問等の禁止。ドメスティック・バイオレンスは拷問等禁止条約一条における「拷問又は残虐な、非人道的な、及び品位を傷つける取り扱い」にあたることがある。

①差別禁止。ドメスティック・バイオレンスは、一連の権利を剥奪する意図で、集団として服従することを維持させる意図で女性に向けられる。こうした暴力が世界規模で組織的に普及していること自体が差別である。

こうした理解の上で、報告書はドメスティック・バイオレンスの今日の世界における諸現象を取り上げる。ジェンダーに基づく暴力は女性の全人生において家庭内で親しい者により行われる。息子を選択する文化では、誕生以前に性選択による中絶、および女嬰児殺しがなされる。少女への暴力には強制的栄養失調、医療の不平等、虐待、近親姦、女性器切除等がある。女性は殴打、夫婦間強姦、ダウリー（持参金）暴力、殺人、妻の殉死、強制妊娠等の被害者となる。

報告書はこれらの諸現象に関する最近の世界各地の情報を取り上げた後、法的機構の分析を試みる。かつては法はドメスティック・バイオレンスにほとんど対処してこなかった。伝統的法制度としては、①刑法、②民事救済、③家族法がある。多くの刑法には、ドメスティック・

バイオレンス規定がなくても、暴行や殺人その他の規定がある。しかし、執行機関の不介入政策により、犯行者はほとんど処罰されていない。また、家庭内における事件のため、被害者本人以外に証人のいないことが多く、立証の困難がある。

検討されるべき制度としては、①必要的逮捕、②保護命令、③不法行為、④離婚、⑤特別のドメスティック・バイオレンス立法(7)等があげられる。

最後に報告書は勧告をまとめている。国内レベルでの勧告である。

①各国はすべての国際人権文書を批准すべきである。
②各国は人権文書に関する留保をするべきでなく、留保は撤回するべきである。
③各国は人権文書の報告制度に従うべきである。
④各国はドメスティック・バイオレンス立法を行うべきである。
⑤各国は暴力被害者のカウンセリングのための特別組織や手続きを設けるべきである。
⑥各国は女性に対する暴力に対する警察権限を文書で定義すべきである。
⑦女性に自分の権限を知らせるために、各国は法リテラシーのためのキャンペーンを行うべきである。
⑧各国は家族法、身分法、女性に対する暴力に関する法を系統的にするべきである。
⑨各国は女性の経済的エンパワーメントを保証するべきである。

⑩加害者と被害者とを分離するため保護命令等を実行するべきである。
⑪女性は、必要な場合には安全保護のための出国が認められるべきである。
⑫ドメスティック・バイオレンスとホームレスには関係があるので、国家が家を提供するべきである。
⑬警察や検察は社会の弱者や底辺のために努力するべきである。
⑭難民法はジェンダーに基づく被害者の要求に見合う必要がある。
⑮国家はＮＧＯとの協力を促進するべきである。
⑯息子選択の慣行が存在する場合、国家はその慣行を止めさせなければならない。
⑰家族領域の権利等に関する国家の政策は文書ですべての市民に入手できるようにするべきである。
⑱女性器切除を犯罪とし、予防すべきである。
⑲近親姦の犯行者を訴追・処罰すべきである。
⑳夫婦間強姦を犯罪とするべきである。
㉑移民労働者の権利に関するＩＬＯ諸条約を批准すべきである。

国際レベルでの勧告は、女性差別撤廃条約の選択議定書の採択、「女性に対する暴力撤廃条約」を検討すること、女性の人権の国連全機構への統合(8)、等々である。

3　社会における暴力

一九九七年の国連人権委員会第五三会期に提出された報告書は、社会（コミュニティー）における暴力を扱う(9)。報告書によれば、社会は女性に社会的空間を享受するための場を提供し、女性の生活を条件づける価値を決定する。社会は家族の外の空間であるが、国家による完全な統制下にはない。地域の団体、私的団体、宗教団体、労働組合、専門団体等々、社会は市民社会と呼ばれるものの基礎を提供する。他方、社会は女性のセクシュアリティを制限する場でもある。多くの場合、女性はそのセクシュアリティと性的行動を理由に制裁を受ける。しかし、社会は女性が国家から救済を求めるときに、社会的支援と連帯を提供する。社会的組織は暴力や差別との闘いをリードしてきた。つまり、社会は女性にとって二面的である。

報告書は、社会における暴力についての国家の責任をとりあげる。かつては人権法の解釈は厳格で、国家に責任のあるのは国家自身の行為についてのみであったが、今日では、国家が人権侵害を予防しなければ国家に責任が問われる。社会における暴力について国家責任が発生するということは、ジェンダーに基づく暴力を根絶する努力において決定的に重大な貢献である。

報告書は「性暴力（強姦及びセクシュアル・ハラスメントを含む）」において、性暴力は普遍的であり、国境や文化を越え、すべての国家や社会で女性の品位を下げ、女性を攻撃する武器として用いられるとする。報告書は強姦について、あるＮＧＯの分類を紹介する。すなわち

①地域の強姦、②暴漢の強姦、③政治的強姦、④少数者の強姦、⑤夫婦間強姦、⑥軍隊の強姦、警察の強姦、⑦病院や刑事施設等の施設の強姦、⑧経済的に独立した環境における強姦、⑨政治組織内での強姦。

その上で報告書は、刑事司法制度、法的構成、セクシュアル・ハラスメントについて検討する。

第一に、刑事司法制度については、まず警察文化が女性に差別的であることが確認できる。その結果、女性は被害を受けても、なかなか警察に届けない。こうした警察文化を変えるための法執行訓練が必要である。また、警察にも病院にも「一時避難所」が必要である。事件が法廷に持ち込まれても、女性に対して不合理な証拠要求がなされる。被害者の過去がさらけだされ、被害者がどれだけ抵抗したかが問題にされる。有罪判決の量刑は非常に低い。そして、裁判が長引くことでトラウマはいっそうひどくなる。

第二に、法的構成については、強姦が伝統的に「道徳に対する罪」とされてきたが、今日では「人格または身体的完全性に対する罪」と定義されるようになってきたことが確認される。強姦の定義に同意のない膣貫通が含まれることで、被害者が受けた暴力被害への焦点がぼけてしまう。男性基準は女性被害者の行為を裁く。同意を基準としているが、実際の裁判で意志と真実性の争いに押し戻される。同意が犯罪の統合部分であるなら、訴追側が同意のなかったことを合理的な疑いを越えて証明しなければならない。同意を正当化抗弁とすれば、証明責任は被告人に転換される（一九八三年インド法）。いくつかの国では、セクシュアル・ハラスメントから強姦までを含んだ性暴力に関する段階的なシステムの立法が行われている。強姦処罰から性暴力まで多彩な法形態がある(10)。

第三に、セクシュアル・ハラスメントについては、それが女性に対する連続的な性暴力であり、女性の身体の完全性、教育及び移動の自由を侵害し、女性の従属的な地位を維持するものであるとする。最近は対策立法もつくられているが、犯罪とはしていない。多彩な形態はあるものの、アメリカ合州国の判例等で「対価型（代償型）」と「職場環境型」に分類されたように、主な型は明らかとなっており、欧米では様々の対策がとられている。刑法、民法、労働法など多面的な対策が必要である。

報告書は女性売買・強制売春についても世界各地の情報をもとに詳細な論述をしている。近年の人身売買の増大の原因として、①人種主義、性差別、エスノセントリズムによる需要、②強制売春からの搾取によって得られる巨大な利益、③被害者の出身国における女性の貧困化、④旅行産業の発展、⑤国際人身売買ネットワークに対する効果的な国際体制の欠如、⑥非正規女性移住労働者に対する売春要求、を示している(11)。

最後に報告書は勧告をまとめている。

①各国は女性の人権に関する国際文書を留保なしに批准すべきである。

②各国は人権条約の報告義務を遵守すべきである。
③各国は性暴力に関する最新研究成果に合わせて刑法を改正すべきである（強姦を被害者の立場から定義、量刑の見直し）。
④各国はセクシュアル・ハラスメントを犯罪とするべきである。
⑤証拠法則をジェンダー観点で見直し、女性差別的な法則は改正すべきである。
⑥強姦被害者のプライヴァシーを法的に保護すべきである。
⑦警察および司法のすべてでジェンダーに敏感になるように訓練すべきである。
⑧女性に対する暴力と闘うために教育課程を改正すべきである。
⑨各国はシェルター、法的援助、カウンセリング等に予算配分すべきである。
⑩国際社会は人身売買・売春に関する新しい国際基準の準備をすべきである。
⑪人身売買根絶のため各国の情報交換等の協力をすべきである。
⑫出入国管理政策は女性差別のないようにすべきである。
⑬女性が別の職業に就けるように社会政策を確立すべきである。
⑭警察・司法が人身売買にきちんと取り組むべきである。
⑮エイズについての知識を高め、教育プログラムを強めるべきである。
⑯移住労働者家族権利保護条約を批准すべきである。
⑰送出国は移住労働者にオリエンテーションをすべきである。

⑱受入国は女性虐待雇用主を訴追すべきである。
⑲受入国は人種差別的法律を改正すべきである。
⑳宗教、慣習、伝統によって女性に対する暴力を正当化してはならない。
㉑女性の人権を侵害する伝統的な慣行は各国が廃止すべきである。
㉒リプロダクティヴ・ライツを認識し保証すべきである。
㉓差別的な息子選択中絶を廃止すべきである。
㉔技術革新が女性に対する暴力に及ぼす影響を研究すべきである。
㉕ある種のポルノグラフィは女性に対する暴力にあたるので、社会がこうした表現を容認しないようにすべきである、等。

4　国家による暴力

一九九八年の国連人権委員会第五四会期に提出された報告書は、国家による暴力を扱う(12)。報告書は、武力紛争時における女性に対する暴力、女性に対する拘禁暴力、難民女性および国内難民女性に対する暴力、からなる。

武力紛争時における女性に対する暴力について、報告書は、数世紀にわたって広く絶えまなく行われてきた、書かれざる遺産であるとする。最近までこの問題は「保護」と「名誉」という用語で表現されてきた（一九四九年ジュネーヴ文民条約二七条）。「名誉パラダイム」は女の純潔や貞節と結びつく。暴力犯罪であるにも関わらず、象徴的な行為として行なわれている。

報告書は、一五カ国の事例を列挙してる。アフガニスタンやアルジェリアにおける宗教的急進主義による女性に対する暴力、ボスニア・ヘルツェゴヴィナやルワンダやインドネシア（東ティモール）における少数者（少数民族）に対する暴力、グアテマラやハイチやペルーにおける政治的少数者に対する暴力、韓国における米軍による暴力等である(13)。

報告書はこれらに関する法的枠組みとして、条約、国際慣習法、国際戦争犯罪法廷の慣行をとりあげる。条約としては、まず国際人道法に属する、一九〇七年のハーグ諸条約のうちハーグ陸戦規則四六条、一九四九年のジュネーヴ諸条約の共通三条および第四条約（文民条約）二七条、一四七条、一九七七年のジュネーヴ条約追加議定書が列挙される。次に国際人権法に属する、拷問等禁止条約、ジェノサイド条約、女性差別撤廃条約等が指摘される。適用の実際としては、ニュルンベルク、東京、旧ユーゴスラヴィア、ルワンダの戦争犯罪法廷があり、特に人道に対する罪が重要とされる。旧ユーゴスラヴィア国際法廷の実践例が詳しく検討される。また、国際刑事裁判所にも言及している(14)。

報告書は次のように勧告をまとめている。第一に、国際的には、①国際人道法基準の見直し、②平和維持部隊にジェンダー問題の訓練を行い、平和維持部隊による犯罪を国際犯罪として裁き、再建とリハビリテーション、人権と民主的統治の訓練を行い、③非国家的行為者の責任を明らかにし、不処罰にしない。第二に、国際刑事裁判所について、ジェンダー・バランスをとり、実体法にも手続法にもジェンダー観点を導入する。第三に、国内的には、①戦時における性暴力犯罪の予防、訴追、処罰を確保し、②被害者救済を提供し、③被害者支援を行なう。また、各国は国際人権法及び人道法文書を批准すべきである。戦争犯罪法廷での訴追に協力する。証拠手続きが女性差別とならないように法改正する。軍人にジェンダー問題の訓練を行うべきである。第四に、非国家行為者についても、国際人道法と人権法の枠組みが適用されるべきである。第五に、NGOは以上の勧告に照らして必要な行動を取るべきである。

次に報告書は、女性に対する拘禁暴力を取り上げる。ここでは主に警察拘禁、刑事施設拘禁が取り上げられる。アルバニア、バーレーン、トルコ等の拘禁施設における拷問や強姦の事例が報告されている。拘禁暴力に対処するための国内法制度として刑法や行政処分、国際的基準として拷問等禁止条約や各種の特別報告者制度（拷問、恣意的処刑、法律家の独立、失踪等）が指摘される(15)。

最後に勧告が次のように述べられている。

①各国は被拘禁者処遇最低基準規則を完全に遵守すべきである。
②「保護拘禁」を廃止すべきである。
③被疑者の権利を侵害する法や規則を廃止する。
④拘禁暴力の救済制度をつくり、犯行者の責任を問うべきである。

⑤警察官や施設職員にジェンダー問題の訓練を行う。
⑥女性差別的な証拠法則を廃止する。
⑦女性のための法的リテラシーを提供する。
⑧逮捕・拘禁した場合は即座に弁護士をつける。
⑨拘禁施設における女性に対する暴力につき男性に対する暴力と同等の扱いをする。

5　まとめ

以上、ごく大雑把ではあるが、クマラスワミ報告書の柱を紹介した。数多くの論点が提起されている。報告書の勧告は、国際人権法規範のレベルから、各国の努力に関するもの、注釈や立法に関するもの等多岐にわたる。刑事法についても様々の批判、見直しの必要性が指摘されている。しかし、そうした論点を全体の文脈から引き離していきなり既存の刑事法の文脈に置き直して検討すると、本来の問題点が見失われる恐れがある。ここで確認しておく必要があるのは「女性に対する暴力」問題の全体像であり、提起されている問題の本質である。例えば、強姦罪の法的性質や解釈についての問題提起を取り出して、既存の刑法一七七条の既存の解釈論の中に持ち込んであれこれ検討を加えても、論理のすれ違いが生じかねない。そもそもパースペクティヴの違いがあるためである。そして「女性に対する暴力」が突きつける問題提起は、そのパースペクティヴの新しさゆえに、拒否されたり、折衷的に取り込まれて変質させられたりすることになる。しかし、問われていたのは、既存の法体系と既存の法解釈の基盤となっているパースペクティヴが大前提とされているのは、なぜ、どのような権利でなのか、ということである。

三　刑事法への問題提起

クマラスワミ報告書は女性に対する暴力撤廃宣言の体系に従って、今日の世界における女性に対する暴力の諸現象を整理し、これに関する国際人権法や既存の国内法を検討し、数々の問題点を指摘し、勧告を提示した。そこには刑事法解釈論にとっても検討すべき個別具体的な解釈問題が含まれている(16)。個別具体的な解釈問題の重要性はいうまでもないが、その前に「女性に対する暴力」問題が突きつけるもっとも根源的な問題を確認しておこう。

1　近代刑事法の根拠

「女性に対する暴力」問題が刑事法に突きつける問題としてまず何よりも重視しなければならないのは、それが近代刑事法の存立根拠そのものに対して疑問を提起していることである。それはフェミニズムが近代社会思想に突きつけた問いと同質の問いである。

近代市民革命の所産として形成された近代刑事法は、市民社会と国家の二元論を理論仮説としてもつ。自由・独立・平等の個人を法的主体として仮設した近代法は、もっとも「具体的な」レベルに基点を置く、私的所有法・商品交換法の世界を構築した。同時に近代市民革命の起動力となった人権思想・啓蒙思想は、例えばフランス人権宣言において「人および市民の権利」を高らかに宣言し、個人の自由や権利への国家の介入に一定の制約を課した。人権の普遍性が掲げられた。刑事法においても、犯罪主体としての自然人たる個人の自由意思とそれに応じた責任、犯罪と刑罰の対応・均衡といった観念を基点に近代刑事法の理論領域を仮設し、最低限の人権保護のための罪刑法定原則、責任原則、無罪の推定、拷問等の禁止、防御権・弁護権等々の枠組みを配備した(17)。これにより近代刑事法は、前近代の刑事法に対する優越を唱えることができた。それは刑事法の近代化、人間化、市民化等々の表現を与えられてきた。その後、近代刑事法の諸原則には、時代の変遷とともに、様々の修正が要請されてきた。それらは近代刑事法の現代的変容といった表現を与えられてきた。そこでは近代刑事法の諸原則が変質させられ空洞化されたり、逆により実質化するための方策が練られたりしてきた。一方で、近代市民法の階級性への批判は、商品交換法としての近代法が資本主義法として現実化する論理過程を追求した。近代刑事法の階級的性格も批判対象とされた。とはいえ、近代刑事法の普遍性と階級性という認識は、現実の階級性を制約し、あるいは乗り越えるための普遍性という了解のもとで鉾を収めることになった。いずれにしても、刑事法学は近現代刑事法をおおまかには共通のイメージで語ってきた。

しかし「女性に対する暴力」問題は、その近代刑事法の存立根拠そのものに問いを差し向ける。近代刑事法が予定した自由・独立・平等の法的主体としての抽象的個人とは果たしていかなる理論的存在であったのか、と。フランス革命における近代的人権が実は女性の権利を排除することで存立したように(18)、近代刑事法も男性の論理で構築されていたのではないか、と。

言うまでもなく、これらはフェミニズムが当初より提起してきた問題であった。しかし、刑事法学の領域で見ても、長い間これらの問題提起は顧みられることがなかった。刑事法学での問題設定といえば「女性犯罪」であり「女性収容者の処遇」であった。あるいは強姦罪や堕胎罪などの個別の、しかも特定の解釈問題であった。女性に対する暴力撤廃宣言やクマラスワミ報告書に結実した今日的問題状況は、刑事法がその存立根拠に遡ってジェンダー観点での見直しを行うよう要求している。

注意を要するのは、近代刑法原則がもっとも抽象的なレベルで定式化されているため、罪刑法定原則を例に見ても、その抽象的な定式に関する限りはなんら問題を孕んでいないように見えることである。「女性に対する暴力」問題を考慮に入れても罪刑法定原則の定式には変更の必要はない、と感じられるのが実情だろう。しかし、抽象的な定式の表現は同じであっても原則の含意は異なりうることを想定しておくべきである。

2 解釈論

刑事法解釈における問題としては、強姦罪や堕胎罪が代表的な問題である。

強姦罪（刑法一七七条）については、①暴行・脅迫の要件解釈、②被害者の同意の存否、③被害者の落ち度の考慮、④夫婦間強姦の成否等が検討されてきた。いずれも保護法益をどのように理解するかと関連する。また、⑤客体の女性への限定問題、⑥法定刑の軽さ、宣告刑の軽さ、⑦暴力が日常化した場合の強姦罪の成否、などが議論されてきた(19)。⑧証拠法則における実質的な女性の不利、⑨告訴期間の制限、⑩警察・検察の対応の問題（セカンド・レイプ）も幾度も指摘されてきた。これらは立法論につながる。さらに、⑪起訴・裁判情報の被害者への開示、⑫被害者の性的経験の暴露とプライヴァシー保護、⑬トラウマの無理解、⑭強姦事件等に対処する女性警察官の設置(20)など運用上の問題も様々である。

堕胎罪（刑法二一二条以下）については、①保護法益をどう見るか（母体と胎児）、②堕胎罪と優生保護法（女性の自己決定権）が議論されてきた。今日ではリプロダクティヴ・ライツの議論として展開されている(21)。その意味では議論は立法論に発展している。

ドメスティック・バイオレンスも、刑事法に則していえば、暴行罪、傷害罪、強姦罪、強制わいせつ罪等々の成否が問題となる。しかし、ドメスティック・バイオレンスが暴行罪で立件されるということはほとんどなかったし、夫婦間強姦の正否についても争いがある。ここでは

「法は家庭に入らず」原則が障害となっているが、もともと「法は家庭に入らず」原則は民事不介入の原則であり、家庭内であっても刑事事件であればこの原則は適用外のはずである。原則自体の再検討も含めた歴史的研究が必要である。

セクシュアル・ハラスメントも、暴行罪、傷害罪、脅迫罪、強要罪、名誉毀損罪等々の対象となりうる。

もっともドメスティック・バイオレンスにしてもセクシュアル・ハラスメントにしても、むしろ立法論での検討が主たる課題とされてきた。そして、日本でもドメスティック・バイオレンスについては二〇〇一年四月に立法（配偶者からの暴力の防止及び被害者の保護に関する法律）が実現した。

3　立法論

「女性に対する暴力」が提起する立法論も数多い。

実体法に関しては、強姦罪も含んだドメスティック・バイオレンス立法・性暴力立法が提唱されている。すでに数十の立法例があるという(22)。クマラスワミ報告書も立法モデルを提示して、各国での立法を勧告している(23)。セクシュアル・ハラスメントについても立法提案がなされている(24)。セクシュアル・ハラスメント一般を包括するような刑事立法は困難と思われるが、雇用主の監督責任を労働刑法として構成することは検討の余地があるのではないか。

性暴力被害事件での証拠法則や被害者・証人保護の提案も数多くなされている。①セカンドレイプを防ぐため警察等のジェンダー観点での訓練、②「性暴力診断キット」「強姦危険ユニット」等の設置、③「一時避難センター」の設置、④裁判における被害者保護（被害者の性体験の暴露の制限、傍聴制限、被害者特定情報の公開の制限、クローズド・サーキットのＴＶシステムでの証言）等である。

4　日本軍「慰安婦」問題

「女性に対する暴力」は国際的にも多大の関心を集めてきたが、今日特に強い関心を呼んでいるのが戦時における組織的強姦・性奴隷問題であり、日本軍「慰安婦」問題である(25)。「慰安婦」問題への日本の刑事法学からの反応はごく限られている。しかし「慰安婦」問題は、韓国挺身隊問題対策協議会が当初から被害者への謝罪・補償と並んで責任者処罰を掲げていたように、刑事法の問題である。

一九九六年のクマラスワミ・日本軍「慰安婦」問題報告書は、「慰安婦」は性奴隷であるとして、有名な六項目勧告を示したが、その第六番目が責任者処罰であった(26)。一九九八年のクマラスワミ報告書も、先に紹介したように、性暴力犯罪の予防、訴追、処罰を勧告している。

人権促進保護小委員会（かつては差別防止少数者保護小委員会）でも同様である。一九九六年八月の差別防止少数者保護小委員会に提出されたリンダ・チャベス「武力紛争時における組織的強姦・性奴隷・奴隷類似慣行に関する特別報告者」報告書(27)も、性奴隷について、奴隷禁止、強制労働条約、戦争犯罪、人道に対する罪の適用対象として取り上げていた。一九九八年八月のゲイ・マクドゥーガル「武力紛争時における組織的強姦・性奴隷・奴隷類似慣行に関する特別報告者」報告書は、日本軍「慰安婦」問題に関する日本政府の法的責任を詳細に分析して、責任者処罰を勧告した(28)。

ＩＬＯ条約適用専門家委員会も、一九九六年の勧告以来数度にわたり「慰安婦」問題を取り上げ、この性奴隷が強制労働条約違反であり、日本政府が被害者救済をなすべきとしつつ、処罰問題にも言及した(29)。

このように国際人権機関では「慰安婦」問題に関する責任者処罰の必要性が強く指摘されている。しかし、日本国内では被害者救済すら承認されず、まして責任者処罰はほとんど議論されてこなかった。

一九九八年春に始まったのが、「慰安婦」問題を裁くための民間法廷運動である。日本の女性、アジアの被害各国の女性、そして世界の女性が連携しながら準備し、二〇〇〇年一二月に東京で開催された「日本軍性奴隷制を裁く女性国際戦犯法廷」は、二〇〇一年一二月にオランダのハーグで最終判決を出した(30)。

「慰安婦」問題は、国際法的には、奴隷禁止の国際慣習法違反、強制労働条約違反、人道に対する罪等として理解されよう（国際法では戦争犯罪につき時効は適用されない）。国内法でも、強姦罪、監禁罪、暴行罪、傷害罪、誘拐罪等の成立がありえた（国内法については時効）。朝鮮半島の女性をアジア太平洋の各地に送出した場合には、国外移送目的誘拐罪（刑法二二六条）が成立した(31)。刑事法からの検討はなお不十分である。

近代刑事法を人権論を機軸に発展させる努力を続けてきた民主主義刑事法学は、戦後半世紀にわたって多くの理論的成果と実践的成果を獲得してきた。近代刑事法原則の歴史的再検討、憲法的刑事法学の構築、様々の悪法反対闘争がそれである。これらの成果はもちろん維持・継承・発展させていく必要がある。

しかし、同時に「女性に対する暴力」を中心とするフェミニズムからの根底的問題提起に、民主主義刑事法学もまた十分に答えてきてはいない。「女性に対する暴力」は、しばしば誤解されるが「女性問題」ではない。それは「女性—男性関係問題」であり、本来ならば当初から近代刑事法の内在的な基本観点でなければならなかった問題である。今日「女性の人権」の観点からあらゆる問題が見直されているが、刑事法も、個別の解釈論にとどまらず、全面的な見直しを迫られている。その出発点に立つことを確認して本章を閉じたい。

（庭山英雄先生古稀祝賀『民衆司法と刑事法学』一九九九年）

（1） From Nairobi toBeijing. Second Review and Appraisal of the Implementation of the Nairobi Forward-Looking Strategies for the Advancement of Women. Report of the Secretary-General. UnitedNations, 1995. Chap2, sect, D, para. 4.

（2）Ibid.,para,5.

（3）北京会議については、松井やより『北京で燃えた女たち』（岩波書店、一九九六年）、アジア女性資料センター編『北京発、日本の女性たちへ』（明石書店、一九九七年）など参照。

（4）本稿は直接には前田朗「クマラスワミ報告書とは何か」法学セミナー五二六号（一九九八年）をもとに加筆を施したものである。また、その基礎資料として、前田朗「女性に対する暴力―クマラスワミ報告書の紹介（一）～（七）」あごら二三五号、二三六号、二三七号、二三九号、二四〇号、二四一号、二四二号（一九九八年）参照。クマラスワミ報告書は理論研究ではなく、第一に各国政府からの情報提供、第二に世界のNGOや国際機関からの情報提供、第三に訪問調査に基づいて書かれた報告書であり、「女性に対する暴力」問題の最先端の実践的報告である。個々の論点に関してはほかに優れた理論研究も見られるが、問題全体を文字通り全世界的規模でまとめあげている点で他の追随を許さない。

（5）女性に対する暴力撤廃宣言二条は次のように規定する。

「女性に対する暴力には以下のものが含まれると理解される（ただし、これに限定されない。）

1　家庭内で発生する身体的、性的、心理的暴力で、殴打、世帯内での女児に対する性的虐待、持参金に関連する暴力、夫婦間強姦、女性器切除およびその他の女性に有害な伝統的慣行、非夫婦間の暴力および搾取に関連する暴力。

2　社会内で発生する身体的、性的、心理的暴力で、職場、教育施設およびその他の場所における強姦、性的虐待、セクシュアル・ハラスメント・脅迫、女性売買・強制売春。

3　発生場所に関わらず、国家によって行われた、又は見逃された身体的、性的、心理的暴力。」

なお、宣言の訳例として、渡辺和子編『女性・暴力・人権』（学陽書房、一九九四年）巻末資料参照。宣言についても、米田真澄「女性に対する暴力撤廃宣言の意義と課題」同書参照。

（6）E/CN.4/1996/53 (5 Feb 1996), Report of the Special Rapporteur on violence against women, its causes and consequences, Ms.Radhika Coomaraswamy, submitted in accordance with Commission on Human Rights resolution 1995/85.　なお、この表題は他のクマラスワミ報告書にも基本的に共通である。クマラスワミ報告書の翻訳として、ラディカ・クマラスワミ『女性に対する暴力――国連人権委員会特別報告書』（明石書店、二〇〇〇年）。

（7）E/CN.4/1996/53/Add.2(2 Feb 1996).　ドメスティック・バイオレンスに関する最近の重要文献として「夫（恋人）からの暴力」調査委員会『ドメスティック・バイオレンス』（有斐閣、一九九八年）、吉広紀代子『殴る夫逃げられない妻』（青木書店、一九九七年）、波田あい子＝平川和子編『シェルター』（青木書店、一九九八年）、日本弁護士連合会両性の平等に関する委員会＝子供の権利委員会『家族・暴力・虐待の構図』（読売新聞社、一九九八年）、鈴木隆文・石川結貴『誰にも言えない夫の暴力』（本の時遊社、一九九九年）。法律学では、戒能民江「ドメスティック・バイオレンスと法」法の科学二一号（一九九三年）、同「ドメスティック・バイオレンスと性支配」『岩波講座現代の法11巻ジェンダーと法』（岩波書店、一九九七年）、岡田久美子「日常的被虐待者による殺人と正当防衛」一橋論叢一一八巻一号（一九九七年）、同「ドメスティック・バイオレンスに関する刑事法的問題」アディクションと家族一五巻三号（一九九八年）、角田由紀子『性差別と暴力』（有斐閣、二〇〇一年）参照。

（8）女性の人権の国連システムへの統合については、E/CN. 4/1997/40 (20 Dec 1996), Integrating the human rights of women throughout the United Nations system. Report of the Secretary-General　参照。

（9）E/CN. 4/1997/47 (12Feb 1997)

（10）報告書は日本の強姦について次のように述べている。日本では、性暴力と強姦について見かけは適切な法があるにも関わらず、裁判所の解釈は法の効力をまったく失わせてきた。刑法一七六条と一七七条は、性暴力と強姦を「暴力を用い、脅迫し、又はその両方」と規定している。暴力および／または脅迫の程度を決定するために、裁判所は、被害者の恐怖の程度よりも被害者の抵抗の程度に焦点を当ててきた。さらに一九九五年の山口地裁判決によれば、通常の性交も一定程度の実力行使で行われるとしているので、強姦を証明することを困難にしている。一九五九年の先例に基づいて、一九七八年の広島高裁判決は、「通常の性交」を超えた有形力行使の証拠がないという理由で、強姦の訴えを却下した。さらに、民法は、妻が強姦された夫に、強姦犯に賠償を求める権利を規定し、それにより女性の身体は夫の所有物であるという伝統的考えを成文化している、と。

（11）クマラスワミ報告書は子ども買春・子ども売買については詳しく論述していない。これは、人権委員会に「子ども買春・売買・ポルノに関する特別報告者」制度があり、別の報告書が出ていること、国連事務総局からも報告書が出ていることによる。E/CN. 4/1997/95 (7 Feb 1997), E/CN. 4/1997/97 (2 Apr 1997), A/51/456(7 Oct 1996)　参照。また、武力紛争が子どもに与える影響にも国際的関心が高まっている。E/CN. 4/1997/96 (13 Mar 1997), A/51/306(26 Aug 1996), A/51/306/Add.1 (9 Sep 1996)　参照。日本の子ども買春・子どもポルノ規制法については、森山真弓『よくわかる児童買春・児童ポルノ禁止法』（ぎょうせい、一九九九年）、園田寿『解説児童買春・児童ポルノ処罰法』（日本評論社、一九九九年）参照。なお、平井佐和子「子ども買春に対する法的規制について」九大法学八〇号（二〇〇〇年）。

（12）E/CN. 4/1998/54 (26 Jan 1998).

（13）報告書は日本軍「慰安婦」問題を取り上げて、日本政府の「アジア女性基金」の状況を紹介し、最後に「しかし、日本政府は法的責任を認めていない。おそらくは国内裁判での六件の裁判の判決を待っているのであろう」としている。六件とは、在日、韓国（二件）、フィリピン、オランダ、中国であるが、報告書以降に三件の一審判決が出た。一九九八年四月二七日のいわゆる「関釜訴訟」に関する山口地裁下関支部判決（被害事実を詳細に認定して、立法不作為につき損害賠償を命じた）、同一〇月九日のフィリピン訴訟に関する東京地裁判決（事実認定を回避し、賠償請求の法的根拠を否定）、同一一月二六日のオランダ元捕虜等（「慰安婦」を含む）訴訟に関する東京地裁判決（事実認定を行いつつ、賠償の法的根拠を否定）である。その後も判決が続いている。また、台湾の被害女性らの提訴も続いている。なお、「慰安婦」以外における戦地強姦、性暴力についても「中国山西省訴訟」が提起された。『訴状・中国・山西省性暴力被害者損害賠償等請求事件』（中国における日本軍の性暴力の実態を明らかにし賠償請求裁判を支援する会、一九九八年）参照。フィリピンの状況について、Indai Lourdes Sajor (edited), Common Grounds. Violence against women in war and armed conflict situations. Asian Center for Women's Human Rights (ASCENT),1998.

（14）報告書の後、一九九八年七月に国際刑事裁判所規程が採択された。芝原邦爾「国際刑事裁判所設立条約の成立」法学教室二一九号（一九九八年）、「特集・国際刑事裁判所の設立」ジュリスト一一四六号（一九九八年）、東澤靖「二一世紀に向けた国際刑事裁判所」自由と正義五〇巻一号（一九九九年）参照。規程の翻訳は、ＩＣＣ研究会「国際刑事裁判所規程（仮訳）」國学院法学三七巻二号（一九九九年）・三七巻四号（二〇〇〇年）。なお、設立にいたる経過や文献については、戦争犯罪法研究会「人類の平和と安全に対する罪の法典草案及び註解」関東学院法学七巻三＝四号、八巻一号（一九九八年）参照。

(15) 拷問その他の残虐又は非人道的取扱が女性に対する暴力となるという点につき、日本では主に代用監獄における処遇や、取調べにおける自白強要が問題とされてきた。手塚千砂子『留置場　女たちの告発』（三一書房、一九八九年）以下の問題提起が先駆的であった。主要文献につき、前田朗・矢野功『劇画代用監獄』（三一書房、一九九三年）参照。その後の重要文献として、村井敏邦他『刑事施設と国際人権』（日本評論社、一九九六年）、刑事立法研究会『入門監獄改革』（日本評論社、一九九六年）、大倉一美編著『拷問等禁止条約とは何か』（創史社、一九九八年）等参照。

(16) 刑事法分野における比較的まとまった論稿として、瀬川晃「フェミニスト犯罪学の挑戦」、森本益之「『女性の人権』の視点と刑事司法」いずれも『中山研一先生古稀祝賀論文集第四巻』（成文堂、一九九七年）があり、関連重要文献も両者に註記されている。

(17) 近代刑事法の論理仮説と基本原則については、桜木澄和「初期市民刑法における自由と人権の諸規定」『資本主義法の形成と展開1』（東京大学出版会、一九七二年）、前田朗『鏡の中の刑法』（水曜社、一九九二年）、足立昌勝『国家刑罰権力と近代刑法の原点』（白順社、一九九三年）、内田博文『刑法学における歴史研究の意義と方法』（九大出版会、一九九七年）参照。

(18) 辻村みよ子『女性と人権』（日本評論社、一九九七年）、オリヴィエ・ブラン『女

の人権宣言』（岩波書店、一九九五年）参照。

(19) 強姦に関する見直しの試みは刑事法学でも多い。瀬川・前掲、森本・前掲参照。最近のものとして、森川恭剛「強姦罪について考えるために」琉大法学六〇号（一九九八年）、谷田川知恵「性的自由の保護と強姦処罰規定」法学政治学論究（慶応大学大学院）四六号（二〇〇〇年）参照。なお、森川恭剛「多文化主義とフェミニズムの対立？――犯罪論で差別を問題にする方法」琉大法学六一号（一九九九年）。

(20) 女性警察についてはすでによく知られているが、クラマスワミ報告書（E/CN. 4/1997/47/Add. 2）は、ブラジルへの訪問調査に基づいて最近の状況を報告している。

(21) リプロダクティブ・ライツに関して、さしあたり江原由美子編『フェミニズムの主張3／生殖技術とジェンダー』（勁草書房、一九九七年）、リード・ボーランド『性と生殖に関する権利』（明石書房、一九九七年）。

(22) 吉広紀代子・前掲書によると、四四か国で立法されているという。韓国の性暴力立法について、『女性学』Vol.4（一九九七年）参照。

(23) 日本弁護士連合会両性の平等に関する委員会『国際化時代の女性の人権』（明石書店、一九九七年）。なお、日本弁護士連合会は一九九八年九月一八日に開催した人権擁護大会において「妻への暴力、子供への虐待をなくすための対策を求める決議」を採択した。

(24) 中下裕子他『セクシュアル・ハラスメント』（有斐閣、一九九二年）、小野和子編『京大・矢野事件』（インパクト出版会、一九九八年）、養父知美・牟田和恵『知っていますか？セクシュアル・ハラスメント』（解放出版社、一九九九年）、秋田セクシュアル・ハラスメント裁判Aさんを支える会編『セクハラ神話はもういらない』（教育史料出版会、二〇〇〇年）、大谷恭子・牟田和恵・樹村みのり・池上花英『セクシュアル・ハラスメントのない世界へ』（有斐閣、二〇〇〇年）。セクシュアル・

ハラスメントに関する文献は膨大だが、刑事法への問題提起にまで立ちいったものはまだ少ない。民法や労働法が中心である。山崎文夫『セクシュアル・ハラスメントの法理』（総合労働研究所、二〇〇〇年）、水谷英夫『セクシュアル・ハラスメントの実態と法理』（信山社、二〇〇一年）。刑事法研究者によるものとして、新谷一幸『セクシュアル・ハラスメントと人権』（部落問題研究所、二〇〇〇年）。

(25)「慰安婦」問題に関する文献も多いが煩瑣になるため、省略する。国連人権委員会等の動きについては、前田朗『戦争犯罪と人権』（明石書房、一九九八年）、同『戦争犯罪論』（青木書店、二〇〇〇年）等参照。英文文献も増えつつある。Maria Rosa Henson, Comfort Women. Slave of Destiny. Philippine Center for Investigative Journalism. 1996. War Crimes on Asian Women. the case of the Filipino Comfort Women, Asian Women's Human Rights Council (AWHRC), 1998. 国家と性暴力に関連して、江原由美子編『性・暴力・ネーション』（勁草書房、一九九八年）、井桁碧編『「日本」国家と女』（青弓社、二〇〇〇年）。

(26)「第二次大戦中に慰安所への募集および収容に関与した犯行者をできる限り特定し、かつ処罰すること」クマラスワミ『女性に対する暴力』前掲書二六四頁。

(27) E/CN. 4/Sub. 2/1996/26. 前田朗『戦争犯罪と人権』前掲書一〇三頁以下参照。

(28) E/CN. 4/Sub. 2/1998/13 (22 Jun 1998). Report on the issue of systematical rape, sexual slavery and slavery-like practice during armed comflict.　邦訳は　VAWW-NET Japan　『戦時・性暴力をどう裁くか』（凱風社、一九九八年）。報告書の意義や採択にいたる経過については、同書解説及び前田朗「国連差別防止少数者保護小委員会—日本政府に勧告」マスコミ市民三五七号（一九九八年）、内容が重複するが、同「女性に対する暴力—マクドゥーガル報告書の紹介」あごら二四四号（一九九八年）参照。二〇〇〇年に追加提出された「アップデイト」も加えて、VAWW-NET Japan『戦時・

性暴力をどう裁くか・二〇〇〇年増補版』（凱風社、二〇〇〇年）。

(29) International Labour Conference 83rd Session 1996,Report of Committee of the Application of Conventions and Recommendations. ここでは「慰安婦」は性奴隷であり、被害女性は賃金や賠償を受ける条約上の権利があったもので、救済は日本政府のみが与えうるとされていた。International Labour Conference 84 th Session 1997. Report of Committee of Experts on the Application of Conventions and Recommendations.ここでは、条約の戦時適用除外を唱えた日本政府の反論を検討して、戦時適用除外は緊急時に切迫した危険に対処する場合に適用されるもので、「慰安婦」はこれに該当しない。強制労働条約二五条は違反行為を刑事犯罪としている、強制わいせつ罪や強姦罪にも該当するとされている。

(30) 女性国際戦犯法廷の文献として、ＶＡＷＷ ＮＥＴ Ｊａｐａｎ編『戦犯裁判と性暴力』『加害の精神構造と戦後責任』『「慰安婦」戦時性暴力の実態』（いずれも緑風出版、二〇〇〇年）、同『裁かれた戦時性暴力』（白澤社、二〇〇一年）参照。

(31) 前田朗「国外移送目的誘拐罪の共同正犯」季刊戦争責任研究一九号（一九九八年）［同『戦争犯罪論』前掲書に収録］。

第五章　人種差別と刑事法

一　日本の人種差別

1　日本政府報告書

二〇〇〇年一月一三日、日本政府は人種差別撤廃委員会に報告書を提出した。第一回報告書だが、締切りを大幅に過ぎたため二回分の報告書となっている。Ａ四版で英語（八一頁）と日本語・仮訳（六〇頁）で、標題は「人種差別撤廃条約第一回・第二回定期報告（仮訳）」である。

報告書の構成を順に見ていこう。

「総論」では、憲法における基本的人権の尊重、国土に関する情報、人口に関する情報、アイヌの人々の現状、在日外国人の現状、在日外国人の人権、在日韓国・朝鮮人、難民の状況、について述べている。

「第二条」では、国家および地方の公の当局および機関による差別の禁止、私人間における差別の禁止、差別法の撤廃。「第三条」では、アパルトヘイトの禁止。「第四条」では、日本政府の留保について、および流布、扇動、暴力の処罰化、情報分野における規制等、扇動団体の活動の禁止。「第五条」では、裁判所、その他すべての裁判および審判機関、身体の安全および国家による保護についての権利、在日外国人の安全の権利、政治的権利、移動、居住の権利、出入国の権利、国籍の権利、婚姻並びに配偶者の選択、相続および財産についての権利、思想・良心・信教の自由、集会・結社および表現・言論の自由、職業選択の自由、労働条件等、労働組合の結成・加入、住居、公衆の健康、医療、社会保障、社会サービス、教育、文化的な活動、公衆の使用を目的とする場所またはサービス。「第六条」では、人権侵害の場合の救済、保障措置、人権擁護機関の仕組み、人権擁護機関の活動。「第七条」では、教育および教授、人権教育のための国連一〇年、文化、について述べている。

日本政府は各種の条約委員会に報告書を提出してきたが、委員会の審議での指摘や、NGOからの厳しい批判を受けてきた。NGOは報告書の不備・不足を「ごまかし」と批判してきた。

こうした批判を意識して、日本政府も以前の報告書より前進した報告書を作成した。都合のよいことだけではない記述があちこちに見られる。委員会審議が報告書に反映している面もある。代用監獄や死刑に関する勧告に対しては公然と反発する日本だが、改善姿勢を見せる努力もしているようだ。しかし、まだ批判すべき点が多い。

例えば在日朝鮮人について、植民地化による国籍の押し付けや、昭和天皇の勅令による一方的な国籍剥奪の歴史を無視して「自由意思で国籍選択している」ことになっている。日本が「朝鮮籍」を符号と称して差別してきた事実も隠している。参政権や、入国の自由以外の基本的人権は外国人にも保障されている、と簡単に述べているのには驚かされる。報告書は「再入国許可の有効期間の特例」として特別永住者への特例を挙げている。しかし指紋押捺拒否者に対する報復措置については沈黙している。教育についても差別なく扱っているとしている。

「韓国・朝鮮人学校」については、「その殆どが各種学校として都道府県知事の認可を受けている」とある。文部次官通達が「朝鮮人学校は、わが国の社会にとって、各種学校の地位を与える積極的意義を有するものとは認められないので、これを各種学校として認可すべきではない」として徹底差別してきたことを隠している。朝鮮学校卒業生の大学受験資格差別問題については「大学への入学資格は与えられていない」と正直に書いている。人権委員会や人権小委員会にNGOが報告してきたテーマである。子どもの権利委員会でも厳しい質問を受けたのは記憶に新しい。

社会的差別に関して、就労については「差別的取扱いは禁止されている」と建前論の後に「就労、入居等に関する差別、差別言辞や差別落書き事案等、日常生活において依然私人間での差別」「本名を名乗ることによって起こる偏見や差別」とあるのは一応評価できる。だが、これは単なる「私人間での差別」問題ではない。政府の差別政策が社会に差別を温存してきたのである。

一九九四年と一九九八年のチマ・チョゴリ事件についても人種差別撤廃条約四条との関連で報告しているが、法務省の人権擁護機関の活動についての記述は疑問である。「情報の収集に努める」と書いているが、一九九八年の事件の際に法務省人権擁護局に質問した時、担当者は「新聞のスクラップをしてます」としか答えられなかった。「関係者等から事情聴取を行う」とあるが、朝鮮学校関係者への聞き取りはしていなかった。一九九四年も一九九八年もである。私たちが法務省人権擁護局に行ったことを「関係者等」の「等」への「事情聴取」にしたのだろうか。啓発活動として「差別防止を呼びかけるリーフレット等の配布や啓発ポスター」とある。これはほとんど嘘である。問題のリーフレットやポスターは「人権を大切に」「子どもの人権」という一般的なものしかなく、朝鮮人は登場しない。チマ・チョゴリの「チ」も出ていない(1)。

日本政府報告書は「司法機関による救済」の部分で、日立・就職差別事件判決、大阪・入居差別事件判決を紹介している。四半世紀にこの二つしかないことを自己暴露していることになる。浜松・外国人お断り事件で裁判所が人種差別撤廃条約を活用したことを追加報告することになるだろう。

報告書の記載全体としては、以前の諸報告と比べればずいぶん良くなったようだが、差別の実態に積極的に言及しているのは社会的な差別の部分であって、政府による差別ではない。マンション入居差別、プール利用差別、中間搾取、強制労働、チマ・チョゴリ事件等。つまり「政府は差別撤廃の努力をしているが社会的差別は残っている」というのである。これは疑問である。政府の外国人差別の実態をきちんと報告する必要がある。特に、代用監獄や入管における外国人に対する暴力やセクシュアル・ハラスメントについて一言も触れていない。

人種差別撤廃委員会での審査を充実させるには、NGO報告書が重要である。委員会には締約国の報告書が続々と届く。政府報告書しか読まなければ委員は何も質問できない。NGOが差別の実態を報告することで、委員もその情報を活用することができる。NGOの報告書をつくるための議論はすでにはじまっている。アイヌ、在日朝鮮人、来日外国人、被差別部落などの人権NGO間の連絡も進められている。委員会審査は二〇〇〇年八月か二〇〇一年三月の見込みである（二〇〇一年三月に行われた）。

（「救援」三七一号、二〇〇〇年三月）

2　人種差別撤廃委員会の審査

石原発言は人種差別

二〇〇一年三月二〇日、人種差別撤廃委員会（以下「委員会」）は、二〇〇〇年四月九日の石原慎太郎都知事の「三国人発言」は人種差別撤廃条約（以下「条約」）に違反する人種差別発言だと指摘した。

「13・委員会は、高い地位にある公務員による差別的発言、これに対して条約四条cの違反の結果として当局がとるべき行政上の措置も法律上の措置もとられていないこと、当該行為が人種差別を扇動し助長する意図がある場合にのみ処罰されうるという解釈に懸念をもって留意する。日本に対し、かかる事件の再発を防止するための適切な措置をとること、とくに公務員、法執行官および行政官に対し、条約七条に従い人種差別につながる偏見と闘う目的で適切な訓練を行うよう求める。」

これは石原都知事のことである。委員会の審査で名前が出た差別者は石原都知事だけだからである。

「石原発言は、三国人差別であり、外国人は犯罪者とする。残念ながら日本政府は何の対応もしなかった。それはなぜなのか。」（ロドリゲス委員）

「表現の自由と人種差別処罰は両立する。表現の自由は人種的優越思想の表現の自由ではない。こうした行為を野放しにしているように見える。石原都知事の差別発言に対応が講じられていない。」（ディアコヌ委員）

「石原発言には非常に傷ついた。政府が見過ごすべきではない。中国帰国者もいる。多くの外国人が日本に行きたがる、そのもとで差別が起きるのはどの社会でもあることだが、大切なことはどのように対応するかである。日本は条約四条を留保している。言論の自由は保障しなければならないが、人種差別との闘いの問題は別である。これは表現の自由の問題ではない。表現を通じた他者への侵害である。言論の自由などというが、社会に多くの混乱を起こし、ア

ジアの労働者が排除された。経済的な損害と精神的損害が実際に発生している。表現の自由の問題ではない。」（タン委員）

こうした質問に対して日本政府（人権人道課長）は次のように回答した。

「三国人という言葉は特定の人種を指していない。外国人一般を指したものであり人種差別を助長する意図はなかった。『不法入国した三国人、外国人が凶悪な犯罪を繰り返しており、災害時には騒擾の恐れがある』との言葉だが、都知事には人種差別を助長する意図はなかった。」

現に差別発言をしたことが問われているのに「差別する意図はなかった」という弁解である。後になって「差別する意図はなかった」と言えばよいのなら、あらゆる差別発言が許されることになってしまう。このため、さらに次のような指摘を受けることになった。

「石原発言は単に差別であるだけではなく、外国人を犯罪者扱いしようとしたものであり、驚きを禁じえない。公の発言で外国人一般に対する表現を使っている。こうしたことは決して初めてのことではない。社会の中で歴史の中で、外国人、移住者がやってくれば必ず起きてきた問題である。例えばスペインの国会議員が冗談で『ムーア人は国に帰るべきだ』と発言して役職を辞任した。人種差別宣伝流布は、表現の自由を侵害する主な要因である。ある集団を傷つける表現は、表現の自由を侵害する。これに対策を採ることが表現の自由を侵害するということはない。表現の自由を保障するためにこそ四条を適用するべきである。」（ユーティス委員）

こうした審査の結果として冒頭の「最終所見」がまとめられたのである。その直後、石原都知事は記者会見において、委員会を誹謗する発言をして、自分の差別発言を正当化した。日本政府も「最終所見」の勧告を実施するつもりはないと表明している(2)。

日本政府報告書審査

一九六五年、国連総会はこの条約を採択した。六〇年代初頭に、西ドイツでネオナチが台頭し、ユダヤ人に対する差別が吹き荒れた。これに危機感を抱いた欧州各国が中心となって条約をつくったのである。

日本はこの条約をなかなか批准しなかったが、一九九五年、アメリカが批准した直後に慌てて批准し、一九九六年一月に発効した。政府は条約批准後一年以内に最初の報告書を委員会に提出し、審査を受けることになっている。日本政府報告書の締切りは一九九七年一月であったが、大幅に遅延して二〇〇〇年一月に提出した。二〇〇一年三月八日と九日、委員会は、日本政府報告書の審査を行った(3)。

条約一条は「人種差別」を定義しているが、定義は一般的なものであるため、解釈の必要が生じる。アイヌ、沖縄、被差別部落、中国帰国者などが適用対象であるか否かが問題になる。日本政府はアイヌが適用対象になることは認めるが「沖縄、被差別部落、中国帰国者については適用対象ではない」という。わたしたち「人種差別撤廃条約NGO連絡会」のNGOレポートは、すべて適用対象にあたると主張した。委員会でもこの点に注目が集まった。
「政府報告書に含まれていないが部落民がいる。部落地名名鑑があるという。雇用の権利が閉ざされている。自殺している例もある。国外でも周知の事実なのに隠そうとする態度は理解できない。政府報告書は沖縄住民にも触れていない。沖縄住民は別個の民族、独立国家だった。差別的政策を強制したのではないか。」（ロドリゲス委員）
「アイヌを先住民と認めているのに、なぜ沖縄は認めないのか。部落民についても聞きたい。世系、祖先の系列にかかわるからインドのカーストに条約適用のあることが参考になる。政府はどういう措置を講じようとしているのか。部落地名名鑑による企業の採用差別は本当か。沖縄の独自の言語からみて先住民であると認識するべきではないか。」（ディアコヌ委員）
こうした質問を受けて日本政府は次のように回答した。
「条約一条の世系は、民族的出身に着目したものであり、社会的出身に着目した概念ではない。従って部落民は条約の対象ではない。沖縄住民は人種であるとは考えられず対象とはならない。沖縄には特色豊かな文化・伝統があるが、日本各地にそれぞれ特色豊かな文化・伝統があるのと同じである。中国帰国者は、第二次大戦前に日本から中国に移住した日本人が中国に残留した後に帰国したもので、日本民族であり、適用対象とはならない。」
解釈の誤りを指摘されても、同じことを繰り返した。そこで委員たちが再び発言した。
「部落民は条約の適用対象であると考えられる。カースト制を参照できる。」（ユーティス

委員）

「条約一条は定義をできる限り明らかにしようとしている。インドの状況を参照するべきである。社会的な差別で職業の内容によるものは条約の適用対象である。」（ソーンベリ委員）

以上の討論を踏まえて「最終所見」は、次のようにまとめられた。

「7・次回報告書において、朝鮮人マイノリティ、部落民および沖縄人集団を含む、条約の適用対象となるすべてのマイノリティの経済的社会的指標に関する情報を提供するよう勧告する。沖縄住民は、独自の民族集団であることを認められるよう求め、現状が沖縄住民に対する差別行為をもたらしていると主張している。」

「8・委員会は、日本とは反対に、世系という文言は独自の意味をもち、人種や種族的出身、民族的出身と混同されてはならないと考える。部落民を含むすべての集団が、差別に対する保護、および条約五条に規定されている諸権利の完全な享受を確保するよう勧告する。」

アイヌは先住民

日本政府は「アイヌは日本人より歴史的に先に住んではいたが、先住権のある先住民かどうかは判断できない」という奇怪な主張をしていた。

「アイヌについて人口構成はどうか。伝統的差別があってアイヌと名乗れない、日本名を使用せざるをえず、同化政策もある。アイヌについて具体的成果を知りたい。先住民と認めてい

ないのか。」（ロドリゲス委員）

「差別的状況が実際にあるのはなぜか。土地所有権を保障し、民族性を維持し、国際基準に照らして権利を保障するべきである。」（ディアコヌ委員）

「日本政府報告書には『アイヌのプログラム』とあるが、マイノリティが問題の根源であるという考えが問題を隠蔽することになる。支配的文化者がマイノリティを取り上げることの意味を考えるべきである。『アイヌ問題』ではない。」（パティル委員）

これに対して日本政府はあくまでも「アイヌ問題」と呼んで、次のように回答した。

「歴史の中では和人との関係で北海道に先住し、独自の文化、言語、固有の文化を発展させてきた民族である。しかし先住民族の定義が国際的に確立していない。先住権との関係で様々な議論があるので、先住民であるか否かは慎重に検討する必要がある。」

これに対して次のような指摘がなされた。

「国際法に先住民の定義がないというが、だからといって標準を明らかにできないというものではない。事実に即して物事を考えることが重要である。定義がないから従わないというのではなく、国家が先住民概念を承認して適用していくことが定義をもたらすことに繋がる。」（ソーンベリ委員）

こうした討議の結果として「最終所見」がまとめられた。

「5・委員会は、アイヌ民族をその独特の文化を享受する権利を有する少数民族であると認定した最近の判決を関心をもって留意する。」
「17・日本が先住民族としてアイヌ民族が有する権利を促進するための措置をとるよう勧告する。土地権の承認・保護、失われたものに対する原状回復と賠償を求める『先住民族の権利に関する一般的勧告二三（五一）』に注意を喚起する。」

在日朝鮮人

日本政府報告書は在日朝鮮人については当然取り上げており、チマ・チョゴリ事件にも言及しているが、これは社会的な差別であって、政府には責任はなく、しかも政府が事件予防に積極的に取り組んでいるかのように描いている。NGOは、チマ・チョゴリ事件ではほとんど犯人が検挙されていないこと、政府とメディアに問題があること、民族教育の権利が保障されていないこと、同化政策のもと日本国籍取得にあたっては日本的氏名が強制されていることなどをアピールした。

「外国人の三分の一を占める朝鮮人の法的地位に関する討論の促進や、特別な入国管理法が必要ではないか。法的地位を強化する必要もあるのではないか。日本社会で朝鮮人への理解が深まることを期待する。」（ロドリゲス委員）

「日本国籍を有していない在日朝鮮人は国籍を取得できるのか。国籍取得申請に際して朝鮮名使用ができない現実があるのか。チマ・チョゴリ事件では、マスコミによる核疑惑騒動によって事件が発生しているが、逮捕は一六〇件のうち僅か三件というが本当か。日本人への教育が必要である。こうした現象に対する全国規模での対応が必要ではないか。公立学校でのハングル教育はなぜ認められないのか。さらなる改善を期待する。」（ディアコヌ委員）

「特別永住は韓国との間だけである。朝鮮とはどうなのか。」（レチュガ・ヘヴィア委員）

「在日朝鮮人は、多くが市民的政治的権利を制限されている。次回はもっと詳細に報告されることを期待する。」（タン委員）

「在日朝鮮人について日本政府報告書はマイノリティという言葉を用いていないがなぜか。民族名の重要性を指摘したい。差別されることを恐れて民族名を隠して日本名を使用する例が多いという。バイリンガルな教育を受ける権利が認められるべきである。人種差別への対策には適切な法システムが必要であるが、日本は不十分ではないか。人種差別を撤廃する努力をしているというが、撤廃プログラムは法律なしにできるのか。」（ピライ委員）

これに対して日本政府は次のように回答した。

「法的地位は報告書にある通りである。入管特例法が制定され、一九九一年以降日韓で協議している。朝鮮人学生に対する人種差別行為は、法務省が日頃から様々な啓発活動をしている。嫌がらせや暴行は、法務省職員や人権擁護委員が児童・生徒の通学路や交通機関で冊子を配布したり、拡声器で呼びかけをしている。警察も警戒強化をしている。学校その他の関係機関との協力連携を行って未然防止に努めている。一九九四年の検挙は三件である。一九九八年八月から九月には六件を認知したが検挙に至っていない。」

このうち啓発活動や冊子等の配布については、一九九八年のチマ・チョゴリ事件の際に在日朝鮮人・人権セミナー（筆者）と在日朝鮮人人権協会とが協力して、法務省人権擁護局に実態の説明を求めたが、ほとんど実体のない活動に過ぎないと思われた。二〇〇一年二月二七日の政府とNGOの意見交換会において、政府は配布したボールペンを初めて提示したが、在日朝鮮人の人権保障とはおよそ無縁のボールペンにすぎない。

委員会の「最終所見」は次のようにまとめられた。

「14・委員会は、朝鮮人（主に子どもや児童・生徒）に対する暴力行為の報告、およびこの点における当局の不十分な対応を懸念し、政府が同様の行為を防止し、それに対抗するためのより断固とした措置をとるよう勧告する。」

「16・朝鮮人マイノリティに影響を及ぼす差別を懸念する。朝鮮学校を含むインターナショナル・スクールを卒業したマイノリティに属する生徒が日本の大学に入学することへの制度的な障害のいくつかのものを取り除く努力が行われているものの、委員会は、とくに朝鮮語による学習が認められていないこと、在日朝鮮人の生徒が上級学校への進学に関して不平等な取扱いを受けていることを懸念する。日本に対して、この点における朝鮮人を含むマイノリティの差別的取扱いを撤廃し、公立学校におけるマイノリティの言語による教育を受ける機会を確保する適切な措置をとるよう勧告する。」

「18・日本国籍を申請する朝鮮人に対して、自己の名前を日本流の名前に変更することを求める行政上または法律上の義務はもはや存在していないことに留意しつつ、当局が申請者に対しかかる変更を求め続けていると報告されていること、朝鮮人が差別をおそれてそのような変更を行わざるを得ないと感じていることを懸念する。個人の名前が文化的・民族的アイデンティティの基本的な一側面であることを考慮し、日本が、かかる慣行を防止するために必要な措置をとるよう勧告する。」

また、日本政府報告書は、来日する外国人労働者の在留資格や就業における問題を取り上げているが、ＮＧＯはこれでは不十分であるとして独自の報告書を提出した。審議の結果、「最終所見」は、外国人の教育や難民の保護も取り上げている。

人種差別禁止法

日本政府は条約を批准した際に、条約四条ａｂの適用を留保した。条約四条ａｂは、人種差別助長煽動を犯罪として処罰することを義務としている。条約四条ｃは、公務員による差別を禁止している。四条ｃの適用は留保していない。審議では、人種差別助長扇動に日本政府がどのように対処するのか、なぜ人種差別禁止法を制定しないのかに重点が置かれていた。

「法律制定のみではなく実効性こそが必要である。日本刑法は一般的な性格のものでしかなく、条約は人種差別流布に対する個別規定をつくることを求めている。チマ・チョゴリ事件を見れば立法の必要性が高い。差別団体禁止措置がまったく存在しない。暴力を用いた場合に限らず差別団体を規制するべきである。四条留保を撤回するよう要請する。」（ロドリゲス委員）

「条約は締約国は人種差別撤廃努力をすると明言している。日本国憲法には第一四条しかない。これで十分といえるのか。レストラン、飛行機での差別行為にどのような法律が適用されるのか。犯罪行為には実際の制裁が必要である。犯罪は処罰されるというが、暴力や名誉毀損を処罰しているだけで、人種差別を処罰していない。人種差別は法律で処罰するべき犯罪である。四条を留保している国でも人種差別処罰法がある。例えば、フランスやイタリアである。神奈川県警ポスターのように外国人嫌悪ポスターが放置されている。在日朝鮮人誹謗パンフレットが配布されている。外国人嫌悪思想の流布、意図的扇動がなされれば、裏にある意図が何であれ犯行者を起訴するべきだ。日本社会がどのように差別を撤廃するのか知りたい。みんなでお祈りするのか。自信をもてばなんとかなるのか。人種差別撤廃は社会に課された責任である。」（ディアコヌ委員）

「日本法は人種差別や流布を犯罪にしていない。人種主義的動機による暴力を犯罪としていない。四条は人種差別団体を取り扱っているが政府報告書には言及がない。憲法一四条では不十分である。象徴的な意味での特別立法をつくることは社会においてあるべき価値観を表明することである。」（デ・グート委員）

「人種差別表現が見られる。在日中国人や日系人についてもそうである。悪質な行為は法的規制するべきである。神奈川県警の中国人差別ポスターには驚いた。『携帯電話を使う中国人を見たら一一〇番』。明らかに人種差別であり、許せない。四条を施行すればこうした差別発言に法律的に対応できる。」（タン委員）

「人種差別のない社会をつくるには立法が必要である。条約は憎悪言論を禁止している。絶対的な表現の自由は四条を否定するものなので、日本政府は真剣に検討して欲しい。」（シャヒ委員）

これに対して日本政府は次のように回答した。

「処罰立法を検討しなければならないほどの人種差別の扇動は日本には存在しない。憲法は表現の自由を保障している。表現行為の制約には、制約の必要性と合理性が求められる。優越的表現や憎悪の活動の行きすぎは刑法の個別的な罰則で対処する。現行の法体系で十分な措置である。」

これに対して、再度、委員から次のような指摘が続いた。

「四条は、意図の善し悪しにかかわらず、すべての国に拘束力をもつ。予防的性格も重要である。人種差別の流布宣伝はあっという間に広まる。従って予防的性格が重要になる。表現の自由と暴力行為に関して団体規制法がない。日本政府は人種差別団体が存在すると認めているが、処罰はない。しかし、特定の人に対する差別行為や文書流布も暴力行為に匹敵する。他の人々の存在を否定する言論は、物理的暴力よりも激しい暴力となることがある。」（ユーティ

ス委員）

「人種差別禁止法を制定し、処罰と予防と教育を行うべきである。法律は象徴的な意味もあり、社会において無視すべきでない価値観を示すことができる。人種差別宣伝流布が今は行われていないとしても、外国人が増加しているので外国人嫌悪による行為が行われるようになるかもしれない。」（デ・グート委員）

「問題は人種差別に国家がどのように対処するのかである。国家が社会の背後に隠れることは許されない。これは将来重大な問題に発展するかもしれない。」（ディアコヌ委員）

最終所見も禁止法を要請

日本政府は再度回答した。

「人種差別行為を処罰しないということではない。人種差別行為は様々の形で行われるので、それに対応して処罰している。差別的暴力は処罰対象である。現行法で十分担保している。量刑では人種差別的側面も考慮をしている。暴力の動機が人種差別であれば被告人に不利な事情として考慮される。人種的優越・憎悪流布・扇動助長団体という概念は非常に広い概念であり、法的規制は表現の自由にかかわり、処罰することが不当な萎縮効果をもたないか、罪刑法定主義に反しないかという考慮をしなければならない。絶対的な表現の自由を認めるのかとの指摘があったが、表現の自由を絶対化しているわけではない。」

「最終所見」は次のようにまとめられている。

「10・委員会は、関連規定が憲法一四条しかないことを懸念する。条約四条・五条に従い、人種差別禁止法の制定が必要である。」

「11・条約四条ａｂに関して日本が維持している留保に留意する。当該解釈が条約四条に基づく日本の義務と抵触することに懸念を表明する。四条は事情のいかんを問わず実施されるべき規定であり、人種的優越・憎悪に基づくあらゆる思想の流布の禁止は、意見・表現の自由の権利と両立する。」

「12・人種差別それ自体が刑法において犯罪とされていないことを懸念する。条約の諸規定を完全に実現すること、人種差別を犯罪とすること、人種差別行為に対して権限のある国内裁判所等を通じて効果的な保護と救済措置を利用する機会を確保することを勧告する。」

差別の諸相

これ以外にも委員会では重要な指摘がいくつもなされた。その一部を紹介しておこう。

「条約は国連の最初の重要な人権条約であるが、日本は批准に三〇年かかった。その理由を知りたい。」（アブル・ナスル委員）

日本政府に三〇年もの怠慢を許してきた法律家・市民・メディアの反省が必要である。

「人権侵犯事件の調査対象には人種差別も含まれる。強制力のない調査は現実的とはいえな

い。結果として人権侵犯があった場合、加害者に反省させる措置は効果をあげたのか。実際に反省したのか。」（ロドリゲス委員）

石原都知事を見れば答えは明らかであろう。日本社会から責任や反省という文字が消失しつつあるようにすら見える。

「七条の意識啓発活動については、特に委員会のコメントを普及するべきである。裁判官、警察官、法学部学生、入管職員に徹底するべきである。」（ロドリゲス委員）

自由権規約委員会でも、日本の裁判官が国際人権法を学んでいないことが指摘されたことが思い起こされる。

「人種差別に関する意識を高めることは重要である。一部の日本人は人種的優越感をもっている。軍国主義日本がアジアを侵略したが、その気分が一部に残されている。一般国民への教育が大切である。積極的な措置を期待する。」（タン委員）

委員会の審査の直後、歴史を偽造する汚れた教科書が政治力を利用して強引に検定を通過した。中身も人種差別と偏見をあおる粗悪な教科書である。アジア諸国からの批判と、市民の反撃により、ほとんど採択はされなかったが、問題は解決していない。

「複合差別がある。本日三月八日が、女性デーであることも想起して言うのだが、ジェンダーによる人種差別を取り上げるべきである。在日朝鮮人女性への暴力被害も報告するべきである。女性が人身売買の被害にあっている。日本人と結婚した女性がドメスティック・バイオレンス

被害を受け、日本人配偶者の地位を失わないために被害届ができず沈黙している。」（ピライ委員）

ジェンダー差別と人種差別の複合的性格の解明と対策は、委員会でも議論が始まったばかりであり、日本政府の取組みが遅れていること自体はやむを得ないかもしれない。今後の重要課題である。

この点は「最終所見」にも取り入れられた。

「22・次回報告書に、ジェンダーと民族的・種族的集団ごとの社会・経済的データ、性的搾取や性暴力を含むジェンダー関連の人種差別を防止するためにとった措置に関する情報を含めるよう勧告する。」

人種差別撤廃について、日本はスタートしたばかりである。人種差別の克服にはまだまだ長い歩みが必要である。差別される側にとってはあまりに長い。いつまで待たなければならないのか、と溜息をつくような話になってしまうが、委員会の審査と「最終所見」を武器に、今度は国内で人種差別との闘いの戦線を組み、法律制定や制度改革を一つひとつ実現していくしかない。

「最終所見」は、次のように注文をつけている。

「26・日本政府報告書を一般の人々が容易に入手できるようにすること、報告書に関する委員会の最終所見も同様に公表することを勧告する。」

日本政府と日本社会が人種差別と闘う意思をもてるかどうかが試されている。次回の報告書締切りは二〇〇三年一月である。しかし、その前に、二〇〇一年八月三一日から九月七日まで、南アフリカのダーバンで、「人種差別・人種主義に反対する世界会議」が開催される。これに向けてアジアでも準備が始まり、二〇〇一年二月のテヘラン準備会議では、植民地支配への賠償を求めた「テヘラン宣言」も採択された。多くのNGOも準備を始めた。日本でも「人種差別撤廃条約NGO連絡会」と同様に、「ダーバン二〇〇一実行委員会」が発足した。次は「ダーバン二〇〇一」である（本章四節参照）。　　　　（「人権と生活」一二号、二〇〇一年六月）

二　朝鮮人差別と弾圧

1　朝鮮人治安維持法被害者

二〇〇一年三月二八日、朝鮮人治安維持法被害者が日弁連に救済申立を行った。申立人は、西宮市に在住する徐元洙（一九二四年生れ）、申立代理人は洪祥進（朝鮮人強制連行真相調査団朝鮮人側事務局長）である。

申立の主旨は、第一に、国連国際法委員会の報告等で明確に示されたように、日本による朝鮮植民地支配は当初から無効であり、日本国内法をもとに朝鮮人を逮捕したことは国際法上の違法行為である。第二に、治安維持法の実態は人道に対する罪に該当する。第三に、近年の国連人権委員会の研究では治安維持法被害者のような被害者を「重大な人権侵害被害者」と規定しており、加害国の責任として真相を究明し被害者に謝罪すべきとしている。日本政府は真相を明らかにし、国際法上の違反を認め、被害者に謝罪すべきである、というものである。

中立人は一九三三年（当時八歳）、母とともに日本で働いていた父を訪ね渡日した。日本で教育を受け、一九四三年二月からソウルの朝鮮総督府官房文書課で働いたが、日本の植民地支配下での差別政策を実感し、中学時代の同級生に朝鮮での耐えられない差別の状況を書き、なんとかして我々が立ち上がるべきではないかと記した手紙を送った。ところが元同級生が治安維持法違反で逮捕された。中立人はこれを知り、身の不安を感じて兵庫県西宮市の両親のもとに帰るが、一九四四年八月、特高警察に逮捕された。容疑は治安維持法違反であった。西宮警察署の独房に一ヵ月間留置され、満足な食事も水も与えられなかった。神戸刑務所に送られ政治犯として扱われた。独房に入れられ、食事は一番少ない「五等飯」で、匙で二、三回すくうと食器の底が見えたと言う。神戸刑務所に中立人の母が面会のために毎日のように訪ねたが、面会は一度も許されなかった。

一九四五年二月、検事は「このまま刑務所で爆撃にあって死ぬか、それとも戦地へ行くか」と迫った。中立人は刑務所から出る道を選び、懲役二年執行猶予三年の刑が決まってようやく釈放された。

日本政府は、朝鮮解放後五六年を経過した現在も、朝鮮植民地支配は「当時は合法」的で、植民地統治下での虐殺行為もすべて「適法」として被害国と被害者に謝罪も賠償も行っていない。このことは申立人の尊厳を現在も否定しており精神的・肉体的被害は継続している。

日本政府の法的責任については次のように考えられる。

第一に、日本による朝鮮植民地支配は当初から無効である。日本は一九〇五年、韓国保護条約によって朝鮮の外交権を奪って朝鮮統監府を設置した。一九一〇年韓国併合条約が結ばれ、朝鮮は完全に日本の植民地となった。しかし同条約は外交権を奪われた大韓帝国と奪った側の朝鮮統監・寺内正毅が署名している。国連国際法委員会の報告、国際法と南北朝鮮の歴史学者等の研究により一九〇五年条約は当初から効力のない条約であることが明らかになった。一九六三年、国連国際法委員会は、国家の代表者個人に強制または脅迫が加えられた無効な条約の、歴史上の四つの例の一つとして同条約をあげている。

第二に、東京裁判条例の人道に対する罪の定義は「殺人、せん滅、奴隷化、強制移送その他の非人道的行為、若くは政治的または人種的理由に基く迫害行為であって、犯行地の国内法違反たると否とを問わ」ないとしている。秋田県花岡での中国人の強制連行に関して人道に対する罪が適用されていた。人道に対する罪は普遍的内容を有しており、戦前・戦中においてその内容は国際慣習法ないし国際公序として成立していた。

第三に、国際法および慣習法違反により日本政府の国家責任が発生する。国家にはそれを解除する義務が生じる。国際法の国内法令に対する優越という観点からしても、国際法によって国家責任が認められる場合には、国家無答責の原則の適用は排除され、時効も問題とはされない。

以上のことから日本政府には被害回復義務がある。

重大な人権侵害については、国連人権小委員会の「重大人権侵害被害者の原状回復の権利」特別報告者は一九九三年八月に国連に最終報告を提出した（本書第六章参照）。同報告書は次のように指摘した。「人権の尊重を確保するための義務には、違反行為を防止する義務、違反行為を調査する義務、違反行為に対し適切な手段をとる義務、被害者に救済を提供する義務を含む」。

原状回復は、人権侵害の以前に被害者に存在していた状況を、可能な限り再現するために提供されるべきである。自由、市民権または住居、雇用もしくは財産の回復を必要とする。

賠償。①肉体的または精神的被害。②苦痛、苦しみおよび感情的苦痛。③教育を含め機会を喪失したこと。④収入および収入能力の喪失。⑤更生のための合理的な医療その他の経費。⑥財産または事業に対する被害。⑦社会的評判または尊厳に対する被害。⑧救済を得るための法的・専門的援助にともなう合理的な費用および報酬。

更生は、被害者の尊厳と社会的評判を回復するための諸措置と同様、法的・医学的・心理的その他のケアとサービスを含めて提供されるべきである。満足（謝罪）と再発防止保障も詳細に規定されている。

以上から、少なくとも次のような措置をとることが不可欠である。①事実の検証と真相の全面的公開。②事実の公的な認定と責任の受諾を含む謝罪。特にその根源となった朝鮮植民地統治の違法性と責任を明確に認めること。③被害者の肉体的および精神的被害に対する謝罪。④教育のカリキュラムと教科書に他民族に対する抑圧と治安維持法による弾圧に関する正確な記録を含めること。またその根源となった朝鮮植民地統治の違法性と責任を教科書に示すこと。⑤朝鮮半島および日本国内でこの法律により逮捕、拷問されすでに亡くなった被害者に対し追悼し、敬意を表明すること。

これまで日本国内と他の被害国から主に提起された問題は、被害を受けたという立場であったが、今回は新しい側面も持っている。植民地統治下でも「祖国の独立と解放のために闘った」との在日朝鮮人史のもつもう一つの側面からの問題提起である。こうした歴史を掘り起こしつつ、日本人犠牲者による被害賠償運動だけではなく、朝鮮人などの被害も含めた総体的な調査と被害回復の運動が必要である。

（「救援」三八五号、二〇〇一年五月）

2　民族教育差別に抗議アピール

一九九六年八月一二日、在日朝鮮人の看護学生の李善玉（リ・ソノ）が、ジュネーヴの国連人権小委員会第四八会期で、ＮＧＯの国際民主法律家協会を代表して発言した。

「在日朝鮮人は日本の朝鮮植民地支配と強制連行の結果として形成されたが、日本政府は戦後も朝鮮学校を弾圧し、一九四八年の阪神教育闘争では朝鮮人少年を射殺した。一九六五年の文部省通達で差別を制度化して以来、朝鮮学校を正規の学校として認めていない。朝鮮学校卒業生には国立大学受験資格が認められていない。多くの公立大学や私立大学は朝鮮学校の実績を認めているにもかかわらず、日本政府だけが頑なな態度である。

一九九五年の人権小委員会でもこの問題が提起されたが、日本政府はなんら差別を是正しようとしていない。このため朝鮮学校卒業生は看護学校の受験資格も得られない。私は看護学校受験資格を得るために、朝鮮学校に通いながら都立高校通信制に三年間在籍し、大検を通って看護学校に進学した。二重のハンディを克服しなければ看護婦になれない。

日本政府の差別政策は日本社会に反映している。近年くり返し発生しているチマ・チョゴリ事件は、日本政府の差別政策が助長している。戦後五一年を経た今日も差別が一貫して続いているのは重大な人権侵害である。」

以上が李善玉発言の要旨である。人権小委員会の大きなフロアーで、チマ・チョゴリの看護婦姿で発言する彼女は大輪の花と化して、差別に悩む後輩たちの思いを国際世論に訴えた。

八月一五日、日本の法律家らが構成する在日朝鮮人・人権セミナー（筆者）が、やはり国際民主法律家協会を代表して発言した。

「在日朝鮮人の子どもの権利に関して最近の三つの事例を紹介したい。①一九九六年春にもチマ・チョゴリ事件が続発した。『朝鮮人は出ていけ』などと言いながらチマ・チョゴリを切り裂く民族差別である。これまで人権小委員会で三回訴えてきたが、日本政府は効果的な措置をとっていない。②八月八日、梶山静六官房長官は『日本にある南北の民族団体が内紛状態になった時、日本軍はどう戦うべきか』と発言した。関東大震災時の朝鮮人虐殺を想起させる暴言である。③一九九五年一〇月、川崎市立看護短大は朝鮮学校卒業生を受け入れる決定をしたが、日本政府がこの決定を覆した。日本政府は、植民地支配時の組織的強姦について謝罪も賠償も拒否し、今でもその被害者たちの子どもの基本的権利を侵害している。」

以上が前田発言の要旨である。なお、川崎市立看護短大は翌年再び朝鮮学校卒業生を受け入れることを決定し、問題は解決した。

次代を担う子どもたちの教育がもつ重要な意味は誰も否定しない。ところが日本では、日本人の教育だけが論じられて、少数者の教育には関心が向けられない。アイヌ、朝鮮人、来日外国人。それぞれの教育の権利をきちんと保障すべきである。自由権規約や子どもの権利条約でも、少数者の権利は明示的に保障されている。少数者が自らのアイデンティティを形成・確立し、次代に伝えていくためには、その歴史、言語、生活慣習、文化を学び、身につけていく機会が十分に保障されていなければならない。少数者の教育の権利こそ重要である。

在日朝鮮人の場合、少数者の権利に加えて、歴史的特殊性も考慮する必要がある。朝鮮人はもともと日本社会の少数者だったわけではなく、日本の朝鮮植民地支配の結果として日本に定住することになったのである。その歴史的責任を考えながら、日本政府は在日朝鮮人を優遇するのが当然であろう。

ところが、日本政府の態度はまったく逆であった。入管法や外登法を利用して朝鮮人弾圧をくり返し、人間としての基本的権利を奪い、教育や社会保障の分野でも差別し続けてきた。

半世紀にわたる闘いの成果として多くの権利が在日朝鮮人の手もとに引き寄せられてきたが、決して十分とはいえない。とりわけ、民族教育の権利という観点からすると、朝鮮学校に対する差別政策とチマ・チョゴリ事件は致命的なダメージである。

日本政府の差別政策を転換させるために、さまざまの回路を通じて努力が積み重ねられてきた。人権小委員会での発言もその一環である。

人権小委員会では、戦時における組織的強姦と性奴隷問題をめぐる論戦が激しい展開を示していた。日本軍「慰安婦」の責任を追及する人権ＮＧＯと、逃げ切りを図る日本政府の議論の応酬のさなかに、在日朝鮮人の人権問題が浮上してくる。国際世論は、異様に根深い差別主義的な日本の姿に直面して驚嘆している。恥を恥とも思わない日本政府を変えていくためのいっそうの努力が必要だ。

（「救援」三二七・三二八号、一九九六年八月）

3　小平外国人登録原票閲覧事件

一九九六年一一月、小平市役所が長年にわたって外国人登録原票を公安警察官に違法に閲覧させてきたことが発覚した。

市民団体の調査で、警察が外国人転入・転出記録を、令状によらず警察手帳一つで閲覧していたことが判明した。「捜査関係事項照会書」には「外国人登録原票を閲覧」と明示されていた。記録係長は当初は「原票とありますが、実際には申請書の方なのです」と弁解したが、後に原票も見せたと認めた。市側は、警察官が毎年定期的にケースごとに自由に閲覧し、記録を取っていることを認めた。ただし警察手帳一つで閲覧することはなく、文書による、と。

市側は、一二月四日の朝鮮総聯の調査および一九日の「日・朝共同調査委員会」の調査に対し、閲覧させたのは原票ではなく、転入者の「登録原票請求書」、転出者の「登録原票送付書」であると説明した。原票を閲覧させるのは明らかに違法なので「原票は見せていない」と口裏を合わせてきた。

小平市役所の説明はデタラメ極まりない。

①警察官の原票閲覧を認めたが、後にこれを否定した。警察官は二名という。市民課長席の脇で在住外国人三一〇〇名のうち一五〇〇名分の請求書・送付書を閲覧したことになった。これはほとんどが朝鮮大学校の入学生と卒業生である。警察からの照会書には「原票」とあるの

に、請求書・送付書閲覧を認めたとは不可解だ。市はどのような判断で警察の閲覧を拒否して、別の処分をしたのか。

②警察手帳一つでの閲覧も、後にその事実はなかったことになった。

③また日・朝共同調査委員会の調査で、二人ではなく、警備課外事係の五人の警察官が閲覧したことが判明した。

結局、閲覧は公安警察五人、時間は午前一〇時から午後四時まで、場所は市民課長席の脇である。しかし、そんな空間はない。これも嘘の可能性が高い。職員が始終立ち合ったわけではない。見せたのは一九九五年八月から一九九六年八月までの請求書・送付書。請求書の項目は、①外国人登録証番号、②国籍、③氏名、④性別、⑤生年月日、⑥申請年月日、⑦移転年月日、⑧新居住地、である。閲覧させていた時期は正確には確認できないが、かなり以前からで一五年前の担当課長当時から行われていたという。

市側は、不特定多数の外国人の資料を資料ケースごと閲覧させていた対応には過ちがあったと認めた。請求書・送付書についても「外国人登録事務取扱要領」に照らして「不適切」であったという。

しかし、単に不適切という問題ではない。重大なプライヴァシー侵害である。連発した嘘についての責任はどうするのか。

小平警察は、少なくとも一五年間、違法に外国人登録原票を閲覧してきた。

「捜査関係事項照会書（様式第四九号）」は、冒頭に「捜査のため必要があるので、左記事項につき至急回答されたく、刑事訴訟法第百十七条第二項によって照会します。」と印刷してあり「照会事項」は次の通りである。「出入国管理及び難民認定法違反捜査のため、貴市内に外国人登録を有する者の外国人登録原票を閲覧したいのでご配慮をお願いします。」

①「出入国管理及び難民認定法違反捜査のため」というが、これでは何のことか不明である。同法には様々な罰則規定があるが、どの規定に違反するのか。捜査とは「犯罪があると思料するとき」（刑訴法一八九条）に行うものだ。犯罪の嫌疑があるからこそ刑訴法一九七条二項は、公務所等の捜査協力を規定している。「外国人登録事務取扱要領八三年版」も、司法警察職員等の公務員から「司法の規定に基づき」原票の閲覧請求等の照会があった場合には、これに応じるものとする、と規定する。小平警察は原票閲覧を請求してきた。犯罪の嫌疑と無関係に一五年もである。捜査を口実にした情報収集活動だ。

②「貴市内に外国人登録を有する者」。これではすべての外国人が含まれる。入管局登録課長の回答「外国人登録原票の閲覧について（一九七四年九月一三日）」は、特定個人の原票閲覧請求があった場合は、原則として応じないこととし、特に事情があると認められるものはその都度照会のこと、としている。これにも違反する。

③「原票を閲覧したい」。市側は途中から「原票は見せていない」と言い出した。また、一九九六年一二月九日、小平署警備課長は朝鮮総聯代表に「原票と書いてあるが、九月一七

日には原票は見ていない」と述べたという。しかし照会書に原票とあるのに、市側が独自に判断して請求書・送付書を閲覧させたとは考えられない。

小平警察の行為は、法令に基づかない違法な情報収集活動である。「職権を濫用して」市役所職員に「義務のないことを行わせ」たので公務員職権濫用罪（刑法一九三条）にあたる犯罪である(4)。

（「救援」三三四号、一九九七年二月）

4　朝鮮人に対する差別と犯罪

一九九八年九月、日本社会はまたしても朝鮮人に対するむき出しの差別と犯罪を繰り返した。八月三一日、日本政府が「朝鮮のミサイル発射」を発表し、制裁騒動を引き起こした。国会でも自民党から共産党までそろって朝鮮叩きと日本ナショナリズムの扇動に奔走した。

早くも九月一日には朝鮮中級学校生徒が下校時に傘で殴られた。「こらっ！朝鮮！」、「朝鮮人、悪いことばかりしやがって」、「今日、刺されるよ」、「フェスティバルで人が死ぬ」といった暴言事件が各地で続いた。女子生徒のランドセルが切られる事件も起きた。また、東京朝鮮高級学校に脅迫電話が集中した。「何でミサイル撃つんだ、この朝鮮野郎」、「朝鮮学校の水道タンクに青酸カリを入れた」、「女子高生を裸にして土手に捨てる」。

朝鮮総聯本部には連日のように右翼の街宣車が押しかけた。さらに朝鮮商工人に対する公安警察の不当捜査も繰り返された。その後も生徒に対する暴言・暴行が続き、朝鮮学校では制服のチマ・チョゴリの着用を中止せざるをえなかった。
一九八九年の「パチンコ疑惑」や一九九四年の「核疑惑」の際にもチマ・チョゴリ事件が頻発したが、それでも最後までチマ・チョゴリを着用した。しかし、今回の日本政府や各政党やメディアの「朝鮮=敵国」扱いは常軌を逸しており、朝鮮学校では生命に危険を感じてチマ・チョゴリの着用を控えた。

朝鮮人に対する差別や犯罪は、日頃から日本社会に根強い底流として存在している。それが時に激しく現われるのだが、そのメカニズムは共通している。朝鮮半島をめぐる政治的事件と緊張→日本政府や政治家の朝鮮叩き、蔑視、差別発言→メディアによる敵意の増幅→差別と犯罪。「パチンコ疑惑」、「核疑惑」、そして今回の「ミサイル騒動」である。

第一の責任は日本政府にある。未確認情報を振りまいて制裁騒ぎを引き起こしたのは、日本政府である。しかもアメリカ・ロシア・中国が「人工衛星打ち上げ(の失敗)」と発表しても、日本政府だけが根拠も示さずに「ミサイル」と騒ぎ、後には「ミサイルでも人工衛星でも同じ」という異常な主張を唱え始めた。

第二の責任は政党・政治家にある。「日本政府の発表は常に真実である」という前提なしにはありえない事態が続いた。共産党まで一緒になっての大政翼賛会状況である。

第三の責任はメディアにある。「朝鮮問題専門家」と称するデタラメ評論家が出所不明の情報を垂れ流し、騒動をますます大きくした。

日本政府・政治家・メディアの異常さは、相互主義すら理解していないことである。「朝鮮の人工衛星は日本の安全に脅威である。事前通告が必要だ」と言うのならば「日本の人工衛星は朝鮮の安全に脅威である。事前通告が必要である」となるはずである。しかし、今まで日本は六八回も人工衛星を打ち上げてきたが、朝鮮に通告したことがあるだろうか。あるいは、日本は韓国や中国の人工衛星について今回のような騒動を起こしたことがあるだろうか。

日本政府は「朝鮮は嫌いだ」と叫んでいるだけである。個人のレベルなら好き嫌いは自由であるが、政府の政策決定がこの程度のレベルというのは情けない限りだ。

メディアは差別と犯罪を増幅した一方で、朝鮮人の被害を報道し、日本社会に差別の危険性と被害者の苦痛を伝え、バランスをとる努力も多少は行った。だが、そこで使われた言葉は「朝鮮学校に嫌がらせ」というものだった。確かに多くの「嫌がらせ」が行われた。しかし、その実態は単なる嫌がらせではなく、悪質な差別と犯罪である。

脅迫電話や路上での暴言の中には脅迫罪（刑法第二二二条）に当たるものもある。傘で殴ったのは暴行罪（刑法第二〇八条）。路上で唾をかけたり、侮蔑的態度や身ぶりをとったものも、場合によっては侮辱罪（刑法第二三一条）。右翼の車が朝鮮総聯の門をふさいで出入りできなくしたのは威力業務妨害罪（刑法第二三四条）。ランドセルを切ったのは器物損壊罪（刑法第二六一条）。

このように、れっきとした犯罪が白昼公然と行われている。犯罪を取り締まるべき警察が、朝鮮人を敵視して不当捜査の対象としているのだから、犯罪は見逃されることになる。

また、これらの行為は悪質な差別であるという点も確認しておこう。一九九七年八月の人種差別撤廃委員会に報告されたノルウェーの例では、

①男性がパキスタン人所有店舗のガラスを割り、壁に「パキス」と書いた事件は「人種差別的言葉と結びついた暴行罪」。

②男性が黒人の頭を壁にぶつけ「俺たちの仕事をとりやがって」と言ったのは「人種差別的動機と結びついた暴行罪」。

③難民居住住居の近くで十字架を燃やして「ホワイトパワー」と叫んだのは暴力利用威嚇である。

デンマーク政府報告では、

④トルコ人住居近くの路上で十字架を燃やしたのは人種主義のプロパガンダ。

⑤被告人が自分の車に「パキスタン人、トルコ人、黒人は森の中に閉じこもっていればいいんだ」と書いたのは人種主義のプロパガンダ。

⑥移住者住居の戸に「ユダヤの豚」、ダビデの星を書いたのは人種主義のプロパガンダ。

以上はすべて実際に処罰された事件である。これと比べれば、日本は「差別天国」であることがわかるだろう。

（「救援」三五五号、一九九八年一一月）

5　激化する朝鮮人弾圧――朝銀事件強制捜査

日本政府の朝鮮敵視政策がなりふり構わぬ様相を呈してきた。

二〇〇一年八月に来日が予定されていた強制連行被害者、被爆者、元「慰安婦」など朝鮮の戦争被害者に対する入国拒否は「宣戦布告」だったのであろう。ナチスによる被害者の入国をドイツ政府が拒否する事態は想像の外である。

「新しい歴史教科書をつくる会」という反動グループの間違いだらけの歴史歪曲教科書を検定基準を捻じ曲げて無理矢理通過させ、教科書採択から現場教師の意見を排除し、教育委員会に圧力をかけて採択を実現しようとした（これは幅広い市民の批判によって実現しなかった）。

一方で、小泉首相はアジア諸国の批判をよそに靖国神社に参拝することでアジアの戦争被害者の感情を逆なでし、国家神道と軍国主義への誓いを内外に示した。「九・一一」以後の問答無用の参戦法づくりは、あたかも「予定通り」であったかのようである。

二〇〇一年八月に発覚した公安調査庁による外国人登録原票不正入手事件もこの文脈で見ると事件の本質が判明する。公安による外国人原票入手は一九九六年の小平事件の際に明らかになったように違法行為である。法務省の通達にさえ違反している。憲法や国際人権法にも違反する。在日朝鮮人のプライバシーを侵害してでも、公安調査庁が外国人登録原票の不正入手に手を染めたのは、次なる朝鮮人弾圧の手段だからである。

このように日本政府の朝鮮人敵視政策はますます悪質になっている。それに輪をかけたのが朝銀事件である。

二〇〇一年一一月八日、警視庁は数十人の捜査員を動員して朝銀東京信用組合本店に対する強制捜査を行い、四人の元職員・現職員を逮捕した。

一一月一四日、兵庫県警と神戸地検は在日本朝鮮信用組合協会や朝銀近畿本店、大阪支店、和歌山支店、奈良支店を強制捜査し、朝銀近畿の元役員らを逮捕した。

警察のリークによって、メディアは朝銀による悪質な犯罪が行われたかのように騒いだ。しかし、容疑は単なる「検査忌避」である。不良債権問題にすぎない微細な検査忌避という経済事犯に対してこれほど大々的な強制捜査が行われるのは理解しがたい。日本の都市銀行による検査忌避の場合には略式起訴で済ませている。朝銀に対してだけ大掛かりな強制捜査を行っている。

清水澄子（朝鮮女性と連帯する日本婦人連絡会代表）は「この度の検察・警察当局による朝銀信用組合に対する強制捜査に強い疑義と憤りを覚えている。日本経済の不況の波を真っ先にかぶって苦闘している朝銀信組に対して、日本の金融機関には行ったことのない検査忌避事由による、職員逮捕をともなう大掛かりな捜査と、さらにこれを朝鮮総聯なかんずく朝鮮に結び付けようとするマスコミ報道は、日本政府の戦争政策・朝鮮敵視政策と切り離せない民族差別・人権侵害である」と述べている。

一一月二九日、警視庁は朝鮮総聯中央本部等に対する強制捜査を行い、元財政局長を逮捕した。

ここでも容疑は基本的に不良債権問題である。不良債権が適正に処理されなければならないことは当然であるが、日本の都市銀行の不良債権問題では、強制捜査を行うどころか「公的資金の導入」などと称して税金を注ぎ込んで銀行を救済した。その日本政府が朝銀事件では朝銀信組だけではなく朝鮮総聯までも強制捜査したのである。それ自体が差別的な強制捜査である。

元財政局長に対する勾留決定は「罪証隠滅のおそれ」と「逃亡のおそれ」などとしている。古川健三（弁護士）は「元財政局長は病気入院中であり、足が悪くて歩くこともできないのに、一体どうやって逃げるというのか」と語っている。

「罪証隠滅のおそれ」についても不可解な事態が見られる。警察は元財政局長が犯罪行為に加担していた可能性があるとマスコミにリークしていた。このため従前からマスコミは元財政局長を鍵となる人物として扱っていた。その後に朝鮮総聯への強制捜査がなされている。もし警察が真剣に元財政局長が犯罪行為を行っていると考え、その証拠が朝鮮総聯にあると考えていたなら、このような経過を辿るはずがない。朝鮮総聯には証拠がないと知りながら強制捜査を行った疑いがある。

そして連日のように朝鮮総聯叩きの報道が続いた。朝鮮に対する疑惑報道と同様に、数々の疑惑を膨らませ、警察情報を垂れ流すことで、「朝鮮総聯＝悪玉」論を日本社会に定着させることが狙いであろう。

問題点を整理しておこう。

朝銀事件の文脈を全体的に見れば、第一に、日本の都市銀行ならば救済の対象となったはずの不良債権問題を口実として、公安当局（警察・検察・公安調査庁）が不正かつ違法な情報収集と強制捜査によって朝鮮総聯弾圧を強行したことが見えてくる。

第二に、朝銀は、日本の金融機関による民族差別のもとで在日朝鮮人が自ら必死につくりあげてきた金融機関である。朝銀が日本の不況の波をかぶって苦闘しているのを機に、警察力を動員して弾圧し、朝銀の経営権や資産に対して日本側が乗り込み、実質的に朝鮮人から奪い取る危険性が生じている。

第三に、朝銀事件のさなかに浮上したように、在日朝鮮人は朝銀を拠点に企業活動を行うとともに、生活を支え、民族教育を支えてきた。朝鮮学校が不良債権問題との関連でマスコミに登場させせられたが、これも転倒している。朝鮮人が自らの手で朝銀をつくり、自らの手で朝鮮学校を守ってきたのである。朝鮮人企業に日本の金融機関が融資をせず、朝鮮学校に日本政府や自治体が補助をしてこなかったためである。それが日本の不況の中で不良債権を抱え込み、困難に陥ったのである。朝鮮学校と不良債権をセットにして報道することは極めて差別的である。

最後に、ここが最大のポイントであるが、朝銀と朝鮮学校とは、在日朝鮮人社会を支えてきた柱である。経済活動と民族性の維持・涵養にとって、この二つは欠かせなかった。この意味で、公安当局による今回の弾圧は、在日朝鮮人社会そのものの圧殺をもくろむ国家権力の犯罪行為というべきである。

（「救援」三九三号、二〇〇二年一月号）

三　外国人と刑事司法

1　ある退去強制取消請求

いま福岡地裁に退去強制令書発布取消等請求事件が係属している。事件の経過は次のようなものだ。

A（中国人）はB（中国人）から日本への正規入国を勧誘され、契約したうえでBの指示に従って中国漁船と貨物船で出航し、日本領海内に到達して日本漁船に乗り換えて、一九九四年五月一八日、博多港で上陸したが、その日のうちに逮捕された。そして出入国管理及び難民認定法違反（密入国）の罪で起訴された。Aは公判で無実を主張したが、七月二九日、福岡地裁は有罪判決（懲役一年執行猶予三年）を言い渡した。Aは同日控訴した。ところが入国管理局は、刑事手続と平行して退去強制手続を進行させ、刑事手続の開始時にAに対して退去強制令書を発布し、一審判決が出るやAを大村入国管理センターに収容し、退去強制を執行しようとした。

そこでAは本件請求を行ったのである。すなわち、①主位的請求として、退去強制令書発布処分の取消請求、②予備的請求として、退去強制令書は刑事手続が確定するまで強制送還の部分はなしえない効力のものであることの確認請求。このうち①主位的請求は、Aの入国に関する事実経過の認定、密入国の故意の有無（Aは正規入国を要求し、そう信じていた）、故意を密入国の罪の要件とするか否か（行政処分たる退去強制の要件）、適法行為の期待可能性などを争点としている。

刑事手続と退去強制の関係が大きな問題である。

理論的にも実践的にも大いに注目すべきは、②予備的請求である。刑事手続の進行中に行政処分たる退去強制手続を進行させて、これを執行させることの可否をどのように考えるかである。この種のケースは実は全国で多数生じている。拘置所での劣悪な待遇を批判したことで著名なイギリス青年事件では、一審無罪判決に対して検察官控訴しておきながら、強制送還してしまった(5)。強制売春のラパーン事件では、事件の被害者（従って重要証人）のフィリピン女性を、しかも未払賃金請求訴訟も係属中に、強制送還してしまった。入管当局は、刑事手続であれ民事手続であれ、何ら配慮せずに退去強制手続を進行させてしまうのである。

民事手続が続いていることを理由に退去強制手続を停止させると、ともかく民事訴訟を提起しさえすればよいことになってしまうから、この点は慎重な検討が必要であろう。しかし、刑事手続の場合は事情が異なる。国家機関たる検察官が公訴提起を行ったことによって刑事手続が開始されているのだ。そうであれば、いったん開始された刑事手続が終了するまでは、行政処分たる退去強制手続の介入を認めるべきではない。これを認めると国家意思の分裂という事態が生じてしまう。退去強制手続を進行させたいのであれば、検察官は公訴を取り下げるべきである。現に入管法六三条二項は「退去強制令書が発布された場合には、刑事訴訟に関する法令の規定による手続きが終了した後、その執行をするものとする」と明示している。この明文規定を無視して「処罰（宣告）も退去強制も」という二律背反を同時に追求しているのが今日の行政当局である。

Aは刑事被告人（控訴人）として刑事手続に関わる主体的地位を有している。検察官の公訴提起に対して、防御権（より広く言えば応訴権）を持っている。「何人も、裁判所において裁判を受ける権利を奪われない」（憲法三二条）。「すべて刑事事件においては、被告人は、公平な裁判所の迅速な公開裁判を受ける権利を有する」（憲法三七条）。この裁判を受ける権利は当然外国人にも保障される。自由権規約一四条は、裁判を受ける権利に加えて、有罪判決を受けた者の上訴権も保障している。憲法と自由権規約という最高規範に従えば、Aの裁判を受ける権利は正当に保障されなければならない。

なお、日本は批准していないが移住労働者権利保護条約一八条は、平等裁判、公平な裁判所による公正審理、裁判への出席権、防御権、有罪判決を受けた者の上訴権を保障しており、この保障は正規に登録していない移住労働者にも及ぶものとされている。

刑事手続を開始しておきながら、退去強制手続によって刑事手続を暴力的に切断することは不当かつ違法である。さかのぼって考えると、刑事手続終了後に退去強制手続によって強制送還することを予定しているのだから、当局にとっても刑事手続はもともと「一応こなしておくべき手続」にすぎない。だからこそ平気でこれを切断したりもするのだ。こうした事態が続けば刑事手続そのものが茶番劇と化してしまう。二律背反に直面した時に分裂しない国家理性を持つことから始めなければならない（6）。

（「救援」三一四号、一九九五年六月）

2　拷問問題ロドリー報告書

国連人権委員会五五会期に提出されたナイジェル・ロドリー「拷問問題」特別報告者の報告書の日本関連部分を紹介する（7）。

特別報告者は、一九九八年一月二三日に次のような緊急アピールを出した。二七歳のイラン人サイード・ピレバーは一九九五年に強盗で有罪判決を言い渡され、はじめは黒羽刑務所、後に府中刑務所に収容された。現在、固形食料を消化できず急速に体重が減少しており、民間病院での特別治療が必要である。彼は処遇と拘禁条件に対する抗議のためにハンストを行なったが、その時に受けた点滴の方法に不備があった。点滴のために右足が腫れ上がり、無感覚となり、車いすが必要である。一九九七年一〇月に治療を受けたが、栄養不良が続いている。日本政府は一九九八年三月一〇日に次のように回答した。法と規則に従って適切な治療を行なっている。特別な治療を要する病状ではなく、現在、府中刑務所医務室で治療を受けている。摂食拒否に対して医師が食べるよう薦めてきたし点滴もしたが、本人が拒否している。ハンストは処遇への抗議ではなく、裁判への抗議である。もし病状が悪化したら医療刑務所か民間病院に移送する。

ロドリー報告書は、一九九五年に初めて日本の刑事施設における人権問題を取り上げた（本書第二章参照）。一九九六〜九八年は特に言及がなかったが、今回は日本について初めて緊急アピールを記録した点で重要である。報告書は全文一八二頁で九三カ国の情報を掲載しているが、日本に関しては三・五頁を費やしている。

①アメリカ人ケヴィンニール・マラは麻薬売買で一九九三年に四年半もの刑を言い渡されて府中刑務所に収容された。そこで施設規則に違反したとして、八人の看守に押し倒され、裸にされ、革手錠をかけられ、呼吸ができないほどきつく締められた。革手錠二〇時間、保護房二日間の懲罰である。彼は国賠訴訟を提訴していたが、処遇が悪化したのはその提訴以後のことであり、厳正独居拘禁に付された。一九九七年一二月に釈放され、帰国した。日本政府は彼が提訴した件が係属中であることを確認した。日本政府によると、マラは暴力的で反抗するため革手錠や保護房が必要であった。革手錠の使用は規則に従っており、適正手

続きが保障されているという。

②イラン人アリジャング・メヘルプーランは一九九四年六月二〇日に上野公園で逮捕され、翌日上野署で急死した。警察によれば、本人が移送中のバスの窓枠に頭をぶつけたもので、病院に送って治療し、署に戻した後に死亡したという。日本政府によれば、死亡は当局の行為によるものではないという。家族が裁判を起こしている。

③ネパール人ゴビンダ・プラサド・マイナリは一九九七年三月二三日に逮捕され、渋谷署に連行された。数日間の取調べで、服を引っ張られたり、殴られ蹴られ、壁に押し付けられたという。日本政府はそうした虐待はなかったとしている。日本政府は、裁判手続きが進行中なので詳細には言及できないとも言う。

④パキスタン人カリダ・ミルザは一九九五年二月一〇日に麻薬売買容疑で逮捕され、大崎署に連行された。問診の際、うつ病の病歴があることをうまく伝えることができなかった。四一日の代用監獄収容の結果、病状が悪化した。東京拘置所で独房となり、さらに悪化した苦しさから逃れるため有罪を認め、執行猶予判決が出てパキスタンに送還された。日本政府によると、本人は当時は不服を申し立てていなかったという。

⑤韓国人ソン・チェユとソン・ヨンジョンは大阪の西日本入管センターでの虐待を訴えている。一九九四年六月二九日、ヨンジョンが騒いだという理由で二人は、職員に殴られ顔と身体に怪我をした。適切な治療もないまま二人は送還された。大阪弁護士会に人権擁護中

立中である。大阪地裁は一九九八年五月七日に、当局に違法行為はなかったと判断した。ロドリー報告書は以上の五つの例の後に冒頭の緊急アピールを記載し、最後に所見をまとめている。所見では一九九八年の自由権規約委員会が日本政府に出した勧告を引用している。なおロドリー報告書は、代用監獄を「ｄａｉｙｏｋａｎｎｇｏｋｕ」、保護房を「ｈｏｇｏｂｏ」と表記している。

一方、人権委員会に初めて提出されたアスマ・ジャハンギル「恣意的処刑」特別報告者の報告書も日本情報を記録している。

①特別報告者は一九九八年一月一五日に次のような緊急アピールを出した。島津新治・井田正道・津田瑛・村竹正博・武安幸久は、捜査段階で弁護人の弁護を受ける権利を奪われたまま死刑執行に直面している。日本政府によれば、いずれも弁護権が保障されていたという。

②イラン人ムサビ・アバルベコウが東京拘置所で看守との争いの後に死亡した。日本政府の回答によれば、自分でひっくり返って床に頭をぶつけて死んだもので、看守による犯罪はなかったという。

ジャハンギル報告書は以上である。ロドリー報告書とあわせて外国人虐待が七件報告された。日本政府の回答は、法律に従ったという形式論や、自分でひっくり返って死んだという非常識な内容である。今後も継続的な監視と特別報告者への情報提供が必要である。

なお、一九九六年に代用監獄を取り上げたクマラスワミ「司法の独立」特別報告者は、今回は日本を取り上げていない。

（「救援」三六一号、一九九九年五月）

3　移住労働者の権利決議

一九九七年三月から四月にかけてジュネーヴの国連欧州本部で開催された国連人権委員会第五三会期において、移住労働者の人権と尊厳に関する議題の下で三つの決議が採択された(8)。

第一に、「女性移住労働者に対する暴力」決議の主な内容は次の通りである。人権委員会は女性移住労働者に対する暴力に関するこれまでの決議を想起し、差別防止少数者保護小委員会の九六年決議に注意し、発展途上国出身の多くの女性が貧困、失業その他の社会経済的条件の結果として困難を抱えていることに注意し、受入国の雇用主による虐待や暴力に関心をもち、①すべての形態の女性に対する暴力を予防し除去する、②家庭であれ職場であれ社会であれ、女性に対する暴力について国内法で刑事や民事の制裁を規定するよう奨励する、③女性に対する暴力を除去し、予防し、犯行者を訴追する効果的立法を行ない、被害者の補償などの救済を行なうよう奨励する、④特に送出国と受入国が中間搾取者に対する適切な法的措置をとるよう求める、⑤女性移住労働者の権利を保護し、健康や社会的サービスを確保するために言語的、文化的なアクセスを保障するよう繰り返す、⑥移住労働者家族権利保護条約および一九二六年の奴隷条約の署名・批准を各国に奨励する、⑦人権高等弁務官や女性に対する暴力特別報告者に、女性に対する暴力の中でも女性移住労働者に対する暴力問題に特に注意するよう要請する、

⑧一九九六年五月の女性移住労働者に対する暴力会議の主催国フィリピンに感謝する、等々。

第二に、「すべての移住労働者とその家族の権利の保護に関する国際条約」決議の主な内容は次の通りである。人権委員会は国際人権規範の原則・基準の妥当性を確認し、ＩＬＯが確立した原則・基準に留意し、移住労働者の他の社会構成員との間の調和と寛容の条件づくりの重要性を強調し、「ウィーン世界人権会議宣言・行動計画」を考慮し、①世界各地で移住労働者に対する人種差別、外国人嫌悪、その他の差別および非人間的取扱いが増加していることに深い関心を表明する、②警察や入国管理の職員に人権訓練コースを用意して過大な実力行使を予防するよう促す、③条約の状態に関する事務局の報告書に注意し、最近条約に加盟した国のあることを歓迎する、④すべての国連加盟国に条約に加盟するよう訴える、⑤条約の促進のためにすべての施設と援助を提供するよう事務局に要請する、⑥国連機関やＮＧＯに条約に関する宣伝をし、理解を促進するよう求める、等々。

第三に、「移住者と人権」決議の主な内容は次の通りである。人権委員会は、世界人権宣言がすべての人間が尊厳と権利において自由かつ平等に生れたものであり、人種、皮膚の色、国民的出身による区別なく権利と自由を保障されているとしたことを考慮し、世界各地において人種差別、外国人嫌悪その他の差別が増加していることに深く関心をもち、①世界人権宣言、自由権規約、人種差別撤廃条約、女性差別撤廃条約、子どもの権利条約の人権原則・基準が移住者に適用されることを認める、②各国にそれぞれの憲法体系と国際人権規範に従って、すべての移住者の基本的人権を効果的に促進し保護するよう要請する、③人権委員会第五四会期において一〇日間を費やして次の作業部会を行なうことを決定する。ⓐすべての移住者の人権の効果的かつ完全な保護を妨げるものについての研究。ⓑすべての移住者の人権の効果的かつ完全な保護を確保するための最小限基準と政策ガイドラインの策定。ⓒ移住者の権利の保護のための措置、移住者と社会の間の相互理解の促進を推奨する。ⓓ作業部会に人権委員会第五四会期に報告書を提出するよう要請する。

三つの決議はいずれも第三世界諸国の提案であり、全会一致で採択された。しかし、移住労働者の受入国である先進国は決議には賛成したが、実際に移住労働者の権利をしっかり保障しようとは考えていないようだ。現に移住労働者家族権利保護条約の批准国はまだ少ない。

日本政府も拘束力のない決議には賛成するが、条約には反対し、批准していない。それどころか一九二六年の奴隷条約すら批准していない。日本軍「慰安婦」は性奴隷であると言う時、概念規定の根拠は奴隷条約であるが、日本には奴隷条約を直接に適用することができないのだ。これは驚異的な事態である。そして今日の日本における移住労働者の権利状況も大きな問題を抱えている。低賃金、不当解雇、危険な職場、人種差別・蔑視、監禁・強姦・強制売春。差別を防止する責任のある政府機関による差別も社会問題となっている。警察や刑事施設や入管における差別と暴力はその典型である。

（「救援」三三八号、一九九七年六月）

4　非・国籍者の権利

一九九九年八月二日〜二七日に開催された国連人権促進保護小委員会（差別防止少数者保護小委員会が名称変更）の議題三「人種差別撤廃問題の包括的検討」において、デヴィッド・ワイスブロット委員が、一九九八年の人権小委員会の決定に従って「非国籍者の権利（The rights of noncitizens）」に関する作業報告書を提出した(9)。ワイスブロット委員はアメリカ合州国推薦の人権小委員で、ミネソタ大学教授であり、国際刑事人権法分野で著名な人物である。表題は直訳すれば「市民でない者の権利」であり「自分が居住する国の市民でない者」と説明されている。日本では「国籍のない者」、「日本国民でない者」を指す。日常用語では「外国人」である。人種差別に関する議論では、少数者、先住民、難民などさまざまなカテゴリーが用いられてきたが、これらと並行して非・国籍者についても検討されてきた。今回は一九九七年三月の人種差別撤廃委員会のミヒャエル・バントン議長の要請を受けて、人権小委員会でまとめたものである。報告書はA四版三五頁である。以下、要点を紹介する。

まず、関連する条約である。

人種差別撤廃条約一条の人種差別の定義は、国民的出身による差別の禁止を含むが、同時に国籍者と非・国籍者の間の区別を認めている。条約は国籍付与のあり方には言及していない。したがって、条約は非・国籍者の権利をとりたてて明示していない。人種差別撤廃委員会は非・

国籍者の権利を承認するよう勧告しているので、さらに関心を払う必要がある。

国連憲章一条の非差別条項はすべての者におよぶ。世界人権宣言二条は国民的出身による差別を禁じているし、すべての者について人種差別を禁じているので、非・国籍者にも当てはまる。世界人権宣言一五条は国籍の権利も明示している。自由権規約はすべての個人についての差別の禁止をうたっている。自由権規約委員会は一九八六年に「外国人の権利」について勧告を出しており、これは非・国籍者に当てはまる。社会権規約は、労働権、労働条件、労働組合権、食料などの生活条件の権利、健康権、教育権などについて、国籍とは関係なくすべての者に権利を保障している（ただし発展途上国については二条の例外規定がある）。

国連総会が一九八五年一二月に満場一致で採択した「自分が居住する国の国民でない個人の人権に関する宣言」[10]は、生命権、プライヴァシー、裁判を受ける権利、思想・宗教の自由、言語・文化・伝統の維持、社会権などについての保護を規定する。自分が居住する国の国民でない個人には、移住労働者、難民、登録外国人、非登録外国人、無国籍者が含まれる。

宣言採択後、一九八六年に自由権規約委員会は一般的勧告一五で、国籍などにかかわらない一般的な権利保障を提案し、国民と外国人の区別を制限した。人種差別撤廃委員会も九〇年代に各国の報告書の審査を通じて多数の所見を明らかにした。さらに子どもの権利条約、移住労働者家族権利保護条約、女性差別撤廃条約が続き、一九九七年には国連国際法委員会が国家継承に際しての個人の国籍に関する草案で個人の権利を強調した。

欧州諸国ではさらにいくつもの前進が見られる。欧州人権条約、一九九四年の欧州評議会主催の平等セミナー、地域言語・少数言語欧州憲章、欧州国籍条約、外国人地方自治参加欧州条約などの発展である。

以上の発展でも不十分な点として、たとえば、非・国籍者の間の区別が今なお明確でないこと、人権文書に用いられている非・国籍者の権利も普遍的保護がないこと、ジプシー／ロマは外国人ではないのに国籍がない場合があること（九〇年代に入って欧州評議会・欧州地方自治体の会議「ジプシーと欧州」が開催され、重要な決議が出ている）、一九八五年宣言が女性と子どもの人身売買を考慮に入れていないこと（女性差別撤廃条約、子どもの権利条約、ＩＬＯの調査活動などを有機的に結びつける必要がある）、出入国の権利が規定されているが、実現していないことなどの問題が指摘される。

非・国籍者に対する差別慣行が続いているのは、効果的な人権基準がないからである。各国に一九八五年宣言を守るよう奨励すべきである。

人種差別撤廃委員会は非・国籍者の権利に関する一般的勧告を準備すべきであり、人権小委員会はそれに協力すべきである。

人種差別撤廃委員会は非・国籍者の権利を尊重し、その保護に努めるべきである。自由権規約委員会は一般的勧告一五で非・国籍者の権利を承認してきたが、人種差別撤廃委員会の努力と自由権規約委員会の努力を結合する必要がある。非・国籍者の権利は、ダーバン二〇〇一（「人種主義、人種差別、外国人排斥および関連のある不寛容に反対する世界会議」）において明示的に取り扱われるべきである。最後に、必要があれば、さらに本格的な研究を行う準備があることが示されている。

以上がワイスブロット報告書の内容である。

日本における非・国籍者の代表は、在日朝鮮人と来日外国人労働者ということになる。前者の多くは歴史的特殊性から永住権を認められているものの、政治的理由で迫害されたり、人種主義的理由で差別されたりしてきた。それゆえ在日朝鮮人の権利獲得運動の歴史も長い。そして国際人権活動の舞台でも、在日朝鮮人の人権運動が日本の人権運動をリードしている感がある。

後者は短期滞在のため「不法労働」に追い込まれ、基本的人権を否定されてきた。外国人労働者の権利擁護、ひいては生活者としての外国人の権利運動も近年では豊かな成果を得てきている。しかし、日本国憲法に基礎をおく憲法学は非・国籍者の権利を十分に保障してはこなかった。現場の人権状況と国際人権の水準の両面からの見直しが急務である。

（「救援」三六五号、一九九九年九月）

四　反人種差別モデル立法

二〇〇一年八月三一日から九月七日にかけて、南アフリカのダーバンで反人種主義世界会議が開催される。これまで「南アフリカ二〇〇一」と呼ばれていたが、最近の国連人権高等弁務官のホームページには「ダーバン二〇〇一」と略称されている。人種主義・人種差別・外国人排斥に反対するための世界会議である。

この会議では、人種主義等に反対する闘いの検証、反人種主義の国際基準・文書の適用の検討、反人種主義教育などが行われるが、その中で、人種主義は社会悪であり、禁止され、処罰される行為であることを各国が法律で定めることを推奨することになる。そのため国連は「人種主義と闘う一〇年（第二次）」の一環として反人種差別モデル国内法を準備した(11)。

モデル国内法は全三部四四項目からなる。第一部は「定義」である。

「2　この法律において、人種差別とは、人種、皮膚の色、世系（門地）または国籍もしくはエスニック的出身に基づくあらゆる区別、排除、制限、優先または不作為であって、国際法上認められた人権および基本的自由を承認し、平等にこれを享受し、または行使することを、直接または間接に、妨げまたは害する目的または効果を有するものをいう」。

定義は基本的に、人種差別撤廃条約の定義を採用している。「世系」は聞き慣れない語だが、日本政府訳である。「門地」の方が適切である。なお、差別是正のためのアファーマティブ・アクションは人種差別には含まれない。

第二部は「一般原則と措置」で、次の四節からなる。

A　一般原則。ここでは「人種差別は法律上犯罪である」、「すべての人間は、人種差別に対抗し平等の保護を受ける法律上の権利を有する」、「国家は人種差別に反対する政策とプログラムを促進する措置をとる」としている。

B　制裁と補償。人種差別犯罪を訴追することを定め、被害者には「公正かつ適正な賠償その他の満足を受ける権利」があるとする。制裁は、刑事施設収容、罰金、公職停止、社会奉仕命令である。

C　中立手続き。個人や集団は人種差別の苦情を司法機関その他の国内的救済手続きに申立てることができる。国際機関への申立もできる。

D　反人種差別国内当局。独立した国内委員会を設置し、人種差別に関するあらゆる事柄を検討し決定する。この法律の実施、審査、勧告的意見、法律実施の行動綱領、情報と教育、年次報告、苦情中立受理、調査、仲介、訴訟提起を行う。

第三部は「犯罪と制裁」であり、七つの節からなる。

A　言論・表現の自由の行使として犯された人種差別犯罪。

「23　人種差別または憎悪を生じさせ、あるいは生じさせる企てと合理的に解釈される言葉または行動によって、個人や集団を脅かし、侮辱し、あざけるなどの侵害行為、または個人や集団に対するこうした行為の扇動は犯罪とされる」。人種的理由に基づく個人または集団の名誉毀損も犯罪とされる。

「26　人種差別を扇動する目的の考えや理論を表明または含意するものを、出版、放送、展示その他の社会的意思伝達手段で広報しまたは結果として広報することは、犯罪である」。但し、私的な住居内で起きた行為は犯罪とはされない。

B　暴力行為と人種暴力の扇動。これも犯罪とされる。

C　人種主義団体と活動。

「30　個人または集団に対し人種差別を促し、扇動し、宣伝しまたは組織する団体は、違法と宣言し、禁止されるものとする」。

人種差別団体の事務局長は犯罪を犯したものとみなされる。但し、無知に基づく場合はこの限りでない。人種差別団体の活動への故意の参加や、人種差別団体への財政支援も犯罪である。

D　公務員が犯す人種差別犯罪。公務員が人種を理由として個人または集団の権利を否定するのは犯罪である。

E　場面別人種差別行為。「雇用」「教育」「住居」「商品、施設およびサービス」に分けられ、それぞれ犯罪規定が列挙されている。

雇用における人種差別では、人種を理由とする雇用の拒否、労働・訓練機会や昇進の拒否、解雇を犯罪としている。教育における人種差別では、教育の否定や制限、質の劣る教育、分離教育を犯罪としている。住居に関する人種差別では、不動産の賃貸借・購入・売買の否定や制限を犯罪としている。商品・施設利用・サービスの否定も犯罪である。ホテルなどの宿泊施設、銀行・保険会社、娯楽・余暇の施設が、特に列挙されている。

F　その他の人種差別犯罪。

G　被害者の保護と司法の妨害。

日本には人種差別禁止法がない。人種差別的動機による暴力犯罪の刑罰を加重する刑法もなければ、人種差別表現行為を規制する刑法もなければ、人種差別団体を規制する法律もない。人種差別は野放しである。

憲法上の表現の自由が最大の理由とされる。日本政府は、人種差別表現の規制を定めた人種差別撤廃条約第四条を留保して、これを適用しないとしている。日本政府が人種差別撤廃委員会に提出した報告書も、人種差別表現の規制は憲法違反なので、できないとしている。

しかし、これは奇妙な話だ。欧米各国には多数の人種差別禁止法がある。あらゆる人種差別禁止法が無条件に表現の自由に違反するとは言えないはずだ。

国際的にも、人種差別行為の規制が世界人権宣言や自由権規約に違反するとは考えられていない。表現の自由を確保しつつ、悪質な人種差別行為を規制することは可能なはずだ。モデル国内法をそのまま日本に取り入れる必要はないかもしれないが、少なくとも人種差別行為の規制について本格的な議論を行うべきである(12)。（「救援」三八二号、二〇〇一年二月）

五　ダーバン二〇〇一――人種差別反対世界会議

新しいスタート

「われわれは出来事が荒れ狂う海の中に、それぞれの岬を見つけ出し、予期した出来事にも予期していなかった出来事にも創造的に対応しなければならなかった。春に咲き誇る花のように、新しいスタートと新しい道路地図に合意を与えた。奴隷制と植民地主義による略奪が、黒人に非人間的で衰退させる影響を与えてきたことを確認した。奴隷制が人道に対する罪であること、被害を被った者の尊厳と人間性を回復するために、金銭補償ではないが、謝罪が必要であることが合意された」。

ダーバン二〇〇一のズマ議長は、二〇〇一年九月八日、閉会に当たって新しいスタートに立ったことを宣言した。

「ダーバンは始まりであって、決して終わりではない。フォローアップがなされなければならない。ここで合意した文書は、諸政府が実施しなければ意味のないものになる。市民社会は諸政府と協力してこの仕事を行い、ダーバンでの公約が尊重されるようにしなければならない。実に消耗する九日間であったので、休憩がみんなのためになるだろう。だが、長すぎてはいけない。私たちの前にはなすべきたくさんの任務があるのだから」。

会議事務局長のロビンソン国連人権高等弁務官も、ダーバンからの長い道への新しいスタートを強調した(13)。

ダーバンへの道

国際共同体は一九四八年に世界人権宣言を採択して、人種主義との闘いを開始した。それ以来、国際的にも各国国内でも人種主義を克服するために数々の条約や法律がつくられた。人種差別撤廃宣言(一九六三年)、人種差別撤廃条約(一九六五年)、人種差別撤廃国際デーの決定(一九六六年)、アパルトヘイト条約(一九七三年)、第一回人種主義と闘う一〇年(一九七三年—八二年)、第一回人種差別反対世界会議(一九七八年)、第二回人種差別反対世界会議(一九八三年)、第二回人種主義と闘う一〇年(一九八三年—九二年)、第三回人種主義と闘う一〇年(一九九三年—二〇〇三年)——半世紀に及ぶ人種主義との闘いの歴史の頂点の一つが、南アフリカのアパルトヘイトの克服であった。しかし、世界を人種憎悪から解放する企図は途の半ばにとどまっている。

テクノロジーの発展は新しい人種差別や外国人排斥をもたらし、恐怖支配や民族浄化を生み出している。インターネットを通じて新しい人種優越思想が流布されている。グローバリゼーションが人種間の排除と不平等を拡大している。

一九九七年、この現状に対処するために、国連総会は人種差別に反対する世界会議を開催することを決議した。アパルトヘイトを克服した南アフリカのダーバンで、二一世紀における人種主義との闘いのため新しい世界のヴィジョンをつくる会議が開催されることになった。

二〇〇〇年になって、具体的な準備会議が始まった。二〇〇〇年五月から八月にかけて三回開催された準備会議を通じて、会議の議題や会議規則が準備され、宣言案と行動計画案も作成が進められた。

地域別の専門家セミナーも相次いだ。ジュネーヴ、ワルシャワ、バンコク、アディスアベバ、サンティアゴで、それぞれの地域が抱える諸問題の洗い出しが行われた。テーマ別の専門家セミナーも続いた。難民、多民族国家、被害者救済、少数者保護、移住労働者、人身売買、民族紛争等である。さらに、地域別政府間会議が、ストラスブール（欧州）、サンティアゴ（米州）、ダカール（アフリカ）、テヘラン（アジア）で開催された。世界各地のＮＧＯが多彩な準備活動をしたことは言うまでもない。

こうしてまとめられた主要なテーマは次の五つである。

①人種主義・人種差別・関連のある不寛容の源泉、原因、形態、現代的現象。

②人種主義・人種差別・関連のある不寛容の被害者。

③人種主義・人種差別・関連のある不寛容の根絶に向けた予防・教育・保護の手段。

④効果的な改善・償還・救済・［補償compensatory］（この用語については合意が得られないまま用いられている）その他の手段。

⑤国際協調や国連の強化などの完全かつ効果的な平等を実現する戦略。

ロビンソン人権高等弁務官が繰り返した「ダーバンへの長い道」は、人種差別に苦しむ世界各地の人々に大きな期待と成果への不安を抱かせながら、その日を迎えることになった。

フェスティバルの影で

政府間会議に先立って、ＮＧＯ主体の「ＮＧＯ社会フォーラム」（八月二六日―九月一日）が開催された。

ダーバンの澄んだ青空の下、アフリカ全土五三カ国から結集した人々は、サボ・ムベキ南アフリカ大統領の開会宣言に、喚声をあげながら期待していた。何かが変わろうとしている。世界各地から参集した先住民たちは、ロビンソン人権高等弁務官の演説に耳を傾け、喝采した。ズールーの歓迎の音楽と舞踊が華やかに響き渡り、ステージを盛り上げる中、植民地支配、奴隷制、人種差別、人種主義、外国人排斥の被害に悩んできた人々が、新しい世紀のスピリットをつくりあげる歴史的場面に立ち会えた喜びを満面に湛えて、社会フォーラムの開会に酔っていた。

社会フォーラムは、連日の会議で宣言と行動計画をまとめあげる作業を行った。会議場では、あらゆる被害者たちが次々と登壇して被害を証言し、加害を糾弾し、謝罪と補償を求めた。ステージでは夜毎にコンサートが開かれ、ＮＧＯの連帯に寄与した。

インドのニューデリーに本拠を置くＮＧＯグループが連日公刊した新聞『人権記事』は、開会式のお祭り騒ぎの影で、言及されなかった問題に注意を喚起した。例えば、ポスト・アパルトヘイトの人種差別である。制度としてのアパルトヘイトは克服されたが、南アフリカにおける貧富の差が著しいことは初めて訪れた者にも手に取るように明らかであった。水道の民営化によって困窮地域には上水道が停止されコレラが流行したという。黒人の中でも、南アフリカ出身者とそれ以外の出身者とで差別があるとの指摘もあった。

ＮＧＯ宣言と行動計画の作成も混乱した。世界のありとあらゆる人種主義・人種差別を取り上げるのだからやむをえないが、相互の利害対立があるテーマでの調整は難航した。採択された宣言は、既存国際法にはなじみのない用語が用いられたり、政府を糾弾する表現が多用されたりしていたため、ロビンソン人権高等弁務官は受理を拒否した。『人権記事』は「ＮＧＯは政府間会議にモデルを提供することに失敗した」と結論づけた。

中東問題

政府間会議が始まると、事前に予想された通り、中東問題と過去の補償問題における対立が顕在化した。

中東問題では、イスラエルを非難するアラブ諸国が攻勢に出た。「シオニズムは人種主義・人種差別である。イスラエルは人種差別国家である」と宣言に盛り込むよう主張して、会議を席捲した。

アラファトPLO議長は、「イスラエル政府は、キリスト教の聖地もイスラム教の聖地も破壊した。水を盗み、人々を難民にして、自分の故郷に帰る権利も奪っている。今や軍事的にエスカレートし、アメリカの武器を用いて民間人や民間施設を攻撃している」として、イスラエルによる侵略と人種主義を厳しく非難した。

メルショア・イスラエル外務大臣代理は、出エジプトから説き起こして、ホロコーストに至る一〇〇〇年のユダヤ人差別を強調し、アラブ諸国の反シオニズムを非難し、アラファト議長声明を「憎悪言論」とこきおろした。

中東問題が取り上げられることを嫌ったアメリカは、当初予定されていた国務長官が参加を取りやめ、事務レベルの参加となったが、激しいアメリカ非難に直面して会議を放棄して帰国した。

フランスを先頭にしたＥＵ諸国も一時は会議から引き上げるか否かを相談したが、逆に結束を固めて残り、シオニズムやイスラエルといった固有名詞を文書から消去する戦術を採用した。

日本の補償問題

総会会場ではアフリカ諸国やカリブ諸国が過去の植民地支配と奴隷制について弾劾し、謝罪と補償を求める演説とロビー活動を繰り広げた。当然、日本に対しても同様の批判がつきつけられた。

たとえば、韓国政府は、国境を越えるグローバリゼーションのもとでの人種差別と、女性に対する暴力問題に注意を喚起して、武力紛争時における強姦事件等の残虐行為がバルカン半島などで続いているのは、過去の性暴力犯罪が不処罰に終わっているためだと追及した。さらに、日本軍・戦時性奴隷制という重大な戦争犯罪について日本は責任を回避しており、最近の歴史教科書問題に見られるように反省していないと弾劾した。

また、朝鮮政府は、創氏改名や「日鮮同祖論」の歴史を取り上げて、植民地支配は一つの国民を根絶しようとする最悪の政策であり、六〇〇万人の強制労働、一〇〇万人の殺害、二〇万人の性奴隷制の被害を生んだと指摘し、日本はいまだに過去の犯罪の解決を拒否していると訴えた。さらに、いまだに在日朝鮮人に対する差別が繰り返されていることと、歴史教科書問題があることをあげたうえで、人種主義と侵略に汚れた過去を清算するよう日本政府に求めた。

一方、日本政府はダーバンに大臣を派遣せず、外務政務官が政府代表として発言した。発言は戦争と植民地支配について言及したが、アジア太平洋諸国の被害については「戦争が悪い」といった一般論を述べたにすぎなかった。現在の差別についても、在日朝鮮人、アイヌ、同和地区住民、外国人の存在をそれぞれ僅か一行で紹介しただけであった。アジアと世界に向けてどのようなメッセージを発しようとしたのか。歴史的に形成されて現在も続いている差別について、いかなる対処をするのか。その点についての姿勢がよく見えないのは残念であった。

在日朝鮮人のアピール

政府間会議に先立つNGOフォーラムの一環として「反人種主義世界女性法廷」が開催された。アジアやアフリカの女性団体が開催した二〇〇一年三月の「女性に対する暴力世界女性法廷」に続く企画で、主催はNGOのアジア女性人権評議会（本部・フィリピン）とエル・タラー（本部・チュニジア）である。「女性法廷」には、キューバ、ブラジル、カナダ、ハワイ、マーシャル諸島、ニュージーランド、フィリピン、インドネシア、インド、アフガニスタン、ボスニア、ルーマニア、パレスチナ、アメリカ、そしてアフリカ諸国から四〇名の証言者が集まり、貧困と飢餓、核実験による放射能汚染、先住民族の土地の略奪、多国籍企業による環境破壊、軍事基地と性暴力犯罪などのテーマで証言と報告が続いた。

女性法廷には在日本朝鮮人人権協会事務局の金静寅（キム・ジョンイン）が参加して次のよ

うに証言した。

〈日本の植民地支配（侵略と民族抹殺政策）の結果、私の祖父は幼い父を連れて日本に渡らざるをえなかった。先祖伝来の土地も家も奪われ、民族の言葉や氏名を奪われただけではなく、多くの男性が日本各地に連行されて、軍需工場、炭坑、鉱山などで強制連行・強制労働させられた。女性の中には戦時性奴隷とされた被害者がいる。日本の敗戦による「解放」後も、日本は謝罪も補償もせず、それどころか在日朝鮮人は半世紀にわたって差別され、抑圧されてきた。今日も年金差別、民族教育の抑圧、チマ・チョゴリ事件、公安調査庁による不当調査の被害を受けている。現在の歴史教科書問題も、単に教科書だけの問題ではなく、朝鮮人の歴史と苦難をなかったものとし、現在の差別をも隠蔽するものである。〉

世界各地の悲惨な証言が続いたので、自分の話はさほどインパクトがないかもしれないという懸念に反して、地元の新聞『マーキュリー』は金さんの証言を写真入りで掲載した。

過去の補償をめぐって

開催前から予想されていたことだが、宣言と行動計画を作成する会議は当初から紛糾した。過去の補償問題では、最後の最後まで激しい攻防が続いた。準備段階のテヘラン宣言やダカール宣言では、植民地支配や奴隷制についての謝罪と補償の要求が明示されていたのに、事務局が用意したダーバン宣言案にはそれが盛り込まれていなかった。当然、アフリカ諸国とカリブ諸国は団結して攻勢に出た。本会議場では、キューバのカストロやPLOのアラファトに続いて、アフリカ各国の元首や大臣たちが次々に立って、謝罪と補償を求め、奴隷制が人道に対する罪であったことを認知するよう迫った。

これに対して、先進国（旧宗主国側）は、事前の第三回準備会議以来、JUSCANZ案（日本・アメリカ・カナダ・オーストラリア・ニュージーランド等案）を、アフリカ案やカリブ案にぶつけた。「人道に対する罪、謝罪、補償は認めない」と。

イギリス、オランダ、スペイン、ポルトガルが前面に出ず、影が薄かったのは、最大の植民地保有国で、過去の補償が決議されたりすると、それこそ国家の存亡にかかわりかねないからであろうか。カナダが前面に出て、ベルギーやフランスが後押しをしながら、ケニアやハイチと激突を繰り返した。アメリカが退席した後、アフリカ諸国はますます強硬になって「現在の経済債務を無条件かつ即座に帳消しにする」という「徳政令条項」を要求した。

日本政府は「謝罪は認めるが、補償義務や人道に対する罪は認めない」という立場であったが、先進諸国に謝罪を認めるように働きかけることはしなかった。それどころか、日本政府はほとんど発言せず、参加者から「奇妙な沈黙」と称された。日本政府は行動計画作成委員会にもほとんど出席していない。日本政府の関心は過去の補償問題だけにあり、宣言に補償条項が入らないように活動していたようである。

人道に対する罪を認める

宣言と行動計画は九月七日にはまとまらず、会議は一日延長となり、八日に宣言と行動計画を採択して終了した。

過去の補償問題については、植民地支配の時期の奴隷制が人道に対する罪であったことは認めたが、謝罪と金銭補償は認めない線で妥協が成立し、宣言にはつぎのように表記された。

「人種主義・人種差別から生じた人権侵害被害者が、法律扶助を含む司法へのアクセス、効果的かつ適切な保護と救済を補償されるべきである。それには差別の結果として被った損害について正当かつ相当な補償が含まれる」。しかし、この条項は金銭補償の義務を含んではいない。

そのため、会議の結末については「大いなる失敗」との評価も示された。しかし、植民地支配四〇〇年の補償問題を本気で取り上げれば、会議は決裂する以外ない。そうなれば国連の機能にも多大の影響を及ぼす。先進国側が人道に対する罪と認め、アフリカ側が金銭補償を断念するという双方の妥協により、和解への一歩を踏み出せたことにこそ意義を見出すべきである。

閉会式でズマ議長は、人道に対する罪であると認めたこと自体が謝罪への一歩であるとの解釈を示した。ロビンソン人権高等弁務官も「これは決着ではなく、スタートである」と「ダーバンからの長い道」を強調した。

日本についても同様のことがいえる。日本軍「慰安婦」問題は、国連人権機関における一〇年にわたる議論の結果、戦時性奴隷制であったことが明確になった。朝鮮人・中国人強制連行・強制労働についても、奴隷の禁止違反にあたるのではないかという議論が国際的に広がっている。

日本政府は、人道に対する罪であったことを否定してきたが、ダーバン宣言は日本政府の立場をますます困難にしている。大西洋を越えた奴隷制やインド洋を越えた奴隷制と同様に、〈現代東アジア奴隷制・奴隷類似慣行〉の調査・研究を進め、補償に向けた取組みを強化する必要がある。

（「週刊金曜日」三八三号、二〇〇一年一〇月）

（1）チマ・チョゴリ事件については、朝鮮人学生に対する人権侵害調査委員会編『切られたチマ・チョゴリ』（一九九四年）、同編『再び狙われたチマ・チョゴリ』（一九九八年）。

（2）石原慎太郎都知事の「三国人」発言については、内海愛子・高橋哲哉・徐京植編『石原都知事「三国人」発言の何が問題なのか』（影書房、二〇〇〇年）、内海愛子ほか『「三国人」発言と在日外国人』（明石書店、二〇〇〇年）、三宅明正・山田賢編『歴史の中の差別』（日本経済評論社、二〇〇一年）。

(3) 二〇〇一年三月の人種差別撤廃委員会における日本政府報告書の審査について詳しくは、反差別国際運動日本委員会『国連から見た日本の人種差別』（解放出版社、二〇〇一年）参照。人種差別撤廃委員会自体については、反差別国際運動日本委員会『市民が使う人種差別撤廃条約』（解放出版社、二〇〇〇年）。なお、Sandra Fredman(ed.),Discrimination and Human Rights,Oxford,2001.

(4) なお、楠本孝「戦後日本の外国人管理法制」ジュリスコンサルタス九号（二〇〇〇年）参照。

(5) 前田朗「WELCOME TO JAPAN?」刑事立法研究会編『入門・監獄改革』（日本評論社、一九九六年）参照。

(6) 佐々木光明「外国人の裁判を受ける権利と公正な取扱いを受ける権利」中央学院大学総合科学研究所紀要九巻二号（一九九四年）。

(7) E/CN.4/1998/38.

(8) E/CN.4/1997/L.14.E/CN.4/1997/L.29.E/CN.4/1997/L.30.

(9) E/CN.4/Sub.2/1999/7.

(10) A/1985/40/144.

(11) 『市民が使う人種差別撤廃条約』前掲［山崎公士による翻訳・解説］参照。

(12) なお、菊池久一『憎悪表現とは何か――〈差別表現〉の根本問題を考える』（勁草書房、二〇〇一年）。

(13) 前田朗「ダーバン会議――人種差別撤廃への到達点」世界六九四号（二〇〇一年）、「ダーバンへの道、ダーバンからの道」季刊戦争責任研究三四号（二〇〇一年）参照。

第六章　刑事人権論の課題

一　刑事人権論の国際水準

1　人権論批判と人権論

このところ論壇では「人権論批判」が盛んに行われている。人権論批判が流行しているといってもよい。それには幾つかの特徴がある。

第一は、人権などというものは近代西欧の資本主義イデオロギーの一つにすぎないとする、パシュカーニス以来の「資本主義法＝商品交換法」論を粗雑に俗流化したタイプである。人権の歴史批判として一定の意義は有するが、今日の人権論の水準を無視すると暴論に陥ることになる。

第二は、西欧理念の押しつけに反発し、日本には日本のやり方があるとするタイプである。

ウィーン人権会議以来、中国政府が唱えてきた主張の日本版で、監獄問題では法務省関係者が現に猿真似している。

第三は、人権論は現実を無視した理想論・観念論にすぎないとして、日本社会の「現実」に合わせて議論を引き下げるタイプである。正直と言えば正直だが、無内容な批判である。人権論は理想を掲げて、現実を引き上げるために唱えられるから意味がある。

第四は、以上の議論と併用されるが、ニヒリズムや愚衆論（衆愚論）や日本文化論など様々なレトリックによって人権論を相対化するタイプである。これは手を変え品を変えて持ち出されているが、現実主義的態度と単なる現状追認との混同、「人権帝国主義」といったレッテル貼り手法にすぎない。

人権論批判がもっとも強く展開されているのは刑事人権分野である。代用監獄、弁護権侵害、監獄処遇実態、死刑等々。関連して少年法分野も同様の状況にある。

ここでの批判対象はまずは日本国憲法第三章後半に規定された人権条項としての近代刑事法原則になる。その議論が近代刑事法原則の意味を理解していない低レベルのものばかりであるため、刑事法研究者からの「反論」はなされていない。しかし、近代刑事法原則の解明と深化は民主主義刑事法学の一貫した課題であるから、研究は地道に続けられている。日本における近代刑事法史研究は、現代刑事法の課題と取組むために、近代刑事法原則の解明や、近代刑事法原則の現代的変容の追跡と批判に向けられてきた。本書ではその詳細を取り扱うことができない(1)。

他方、刑事人権論に対する批判は、国際人権法への反発という面もある。というのも、代用監獄にしても監獄処遇実態にしても、自由権規約委員会や国連人権委員会からの批判にさらされてきた。国際人権法に照らして厳しい批判を受けただけに、反発が大きい。しかし、この種の人権論批判を一掃する本格的研究が続々と世に問われている。

北村泰三『国際人権と刑事拘禁』は、国際人権法の意義・法源・解釈原理を概説し、代用監獄と被疑者釈放、実効的弁護を受ける権利、受刑者の権利、死刑囚の権利につき、自由権規約、欧州人権条約や多数の国際決議により国際人権を解明する(2)。

阿部浩己・今井直『テキストブック国際人権法』は、人権諸条約を中心に、人権の実体的内容、国際人権の手続き、人権の実施措置、諸機関の機構や権能などを概説している(3)。

五十嵐二葉『テキスト国際刑事人権法総論』は、国際刑事人権法のルーツを①戦時人道主義、②被拘禁者保護、③公正手続の保障、④自己負罪拒否特権、⑤思想・良心の自由に求めて、国際人権法の意義・効力・実施について概説し、国際人権法への実践的参加を呼びかける(4)。

もちろん刑事人権分野だけではない。最初に国際人権法の洗礼を浴びたのは精神医療問題であったし、一九八八年や一九九三年の自由権規約委員会では、男女差別、アイヌ差別、在日朝鮮人差別（特に外登法）等々の多様な論点で日本の人権状況が検討された。

人権委員会や人権小委員会（差別防止少数者保護小委員会、後に人権促進保護小委員会）で

は、一九九二年以来毎回、日本軍「慰安婦」問題が論議され、クマラスワミ報告書採択を見た。一九九五年の北京女性会議でも「慰安婦」問題に加えて、今日のアジアにおける少女買春問題で日本に対する批判が噴出した。

国連創設五〇周年を記念して出版されているブルーブックシリーズの一冊『国連と人権―一九四五～一九九五』は、B5版で五百頁を超える大部の資料集である(5)。

解説部分では、①システム創設、国連憲章から世界人権宣言へ（四五―四八）、②システム改善、国際人権規約採択に向けて（四九―六六）、③システム運用、国際人権規約からウィーン人権会議へ（六七―九三）、④システム拡張、ウィーン人権会議の追跡（九三―九五）という歴史を整理して、今後の人権分野での新しい保障を展望している。そして百点に及ぶ人権関係文書を収録することで、国際人権法の発展過程が理解できるように工夫されている。そこには人権委、人権センター、規約人権委、個別の人権条約に基づく委員会及び世界各地の人権NGOの英知と情熱と理論が脈々と注ぎ込まれ、継承されている。本書の翻訳出版が望まれる。

国際政治機関たる国連を崇める必要はない。国際人権法を絶対視する必要もない。それ自体も発展途上の法体系だ。しかし、流行の人権論批判が射程に入れている人権論とは異なる国際人権法の理論成果には謙虚に学ぶべきだろう。今日の人権論は、近代国家の枠組みを乗り越える意図も内在し、文字通り国際人権法体系を基礎として発展しつつある。一九世紀西欧の人権論を表層で批判して今日の人権論を批判したつもりになっている後ろ向きの議論では、何も生み出すことができない。

以上のように、人権論に対する非難を踏まえてみると、刑事人権論とは、一方では近代刑事法研究を足場にもち、他方では国際人権法という領分に踏み込む課題を持っていることが判明する。両者は一見するとかけ離れたテーマに見えるかもしれないが、刑事人権の実現のためのNGO活動と、刑事人権の歴史像の解明という研究とは、理論と実践の循環の中で融合しうるのである(6)。

（「救援」三三〇号、一九九六年一〇月）

2　刑事人権・国連ハンドブック

一九九三年一一月に自由権規約委員会が日本政府報告書を審査し、代用監獄制度に疑問を提起し、死刑廃止を求めたことは、記憶に新しい。委員会の審査では、救援関係者、日弁連などの人権NGOのカウンターレポート等をもとにして、人権委員から鋭い質問が寄せられた。日本の刑事司法がもつ多くの問題点が国際的に明らかにされた。その際の評価基準とされたのは、自由権規約を中核とする数々の国際刑事人権文書であるが、一九九四年には国際刑事人権文書のハンディな実務テキストが公刊された。

国連人権センター犯罪予防と刑事司法部門が刊行した専門家トレーニング・シリーズ3号『人権と未決拘禁――未決拘禁に関する国際基準ハンドブック』である。ハンドブックは、世界人権宣言以来積み重ねられてきた国際人権文書、一九九〇年の第八回国連犯罪予防会議、一九九九三年の世界人権会議のウィーン宣言行動綱領を基礎に、未決拘禁分野での国際基準の解釈と実務ガイドラインを提供する(7)。作成はミネソタ大学人権センターのワイスブロット教授らのグループである。

Ａ４サイズ五四頁からなるハンドブックは、序論と本論二一章で構成される。

序論では、①未決拘禁に関する基準が数々の国際刑事人権文書の中に散在しているのでまとめる必要がある、②その主要なものとして、世界人権宣言、自由権規約、被拘禁者処遇最低基準規則(最低基準)、被拘禁者保護原則(保護原則)、拷問等禁止条約、少年司法に関する北京ルールズなどがある、③未決拘禁については、過剰拘禁、拘禁条件の改善、拘禁期間、未決拘禁者の法的地位が問われているとして、ハンドブック自身の役割を規定している。

本論は、二一章にわたる。標題は、非犯罪化、無罪の推定、逮捕、告知、裁判官その他官憲の面前への引致、監禁の補充性、未決拘禁の期間、被拘禁者の分類収容、弁護士へのアクセス、被拘禁者によるコミュニケーション、被拘禁者の取調べ(拷問と虐待)、拘禁の物的条件(居室、飲食、医療、衣服、私物)、未決拘禁における規律、知的宗教的条件、拘禁施設の監察、公正な裁判、監禁の司法審査、行政検束、少年に関する特則、救済措置、留保条項、等である。

本論各章の叙述スタイルは「A、一般原則」「B、諸基準」「C、解釈」「D、実務ガイドライン」の四節に統一されている。Aは、世界人権宣言、自由権規約、拷問等禁止条約等の条文の引用である。Bは、最低基準、保護原則、東京ルールズ、法曹の役割に関する基本的原則等の条項の引用。Cは、自由権規約委員会の一般的意見。米州人権委員会や欧州人権委員会見解、欧州人権裁判所判例等の紹介。Dは、これらを受けてまとめた実務ガイドラインで、ハンドブックの結論としての基本見解である。

例えば「第三章逮捕」を見ると、Aでは世界人権宣言三条、九条、自由権規約九条一項、アフリカ人権宣言七条、欧州人権条約五条を引用、Bでは保護原則九、一二を引用、Cでは自由権規約九条一項に関する自由権規約委員会の一般的意見八（一）や判断例、米州人権委員会報告書、欧州人権条約五条一項に関する欧州人権裁判所判例を紹介。最後にDで、被拘禁者を特定時に裁判所に出頭させることにより、警察が逮捕・拘禁を避けることもあり、警察は非収容手段こそふさわしい場合につき指針と訓練を与えられることになること、他の刑事事件を犯したとの十分な確信のない限り再逮捕・再拘禁は避けるべきことが指摘されている。

また「第五章裁判官その他官憲の面前への引致」を見ると、Aでは自由権規約九条三項、Bでは最低基準七、保護原則四、一一、三七、失踪保護宣言一〇、Cでは自由権規約委員会の一般的意見八（二）、米州人権委員会見解、欧州人権裁判所判例が紹介される。そしてDで、引致の際に裁判官が未決拘禁の必要性の有無を判断し、必要な場合にはその期限を定め、正義と社会の利益にかなう最小限の手段を探すべきこと、手続きの必要性を越えて未決拘禁が刑罰や制裁に変えられてはならないこと、捜査当局の管理する場所に拘禁してはならず、できれば別の指揮命令系統による監察下におかれるべきこと、やむをえず警察施設に拘禁する場合にはごく短期間とし、監察官は捜査官から独立しているべきことが指摘される。

（「救援」三〇九号、一九九五年一〇月）

3　任官拒否と代用監獄――もう一つのクマラスワミ報告書

一九九六年四月一日から一四日にかけて国連人権委員会第五二会期に参加した。今会期は軍事的性奴隷に関する日本政府の法的責任を解明したラディカ・クマラスワミ報告書が討議・採択され、話題を呼んだ。報告書は圧倒的な支持を得て採択されたが、外務官僚と一部マスコミが、これは「慰安婦」問題に関するものではないなどと虚偽の情報を流して責任逃れを図っている。

一方、議題八（あらゆる形態の拘禁または抑留されたすべての者の人権問題）に提出されたダットパラム・クマラスワミ「裁判官と弁護士の独立」特別報告者の報告書は、日本の任官拒否と代用監獄を取り上げた。

一九九五年三月六日、特別報告者は日本政府に次のような手紙を送った。「特別報告者が得た情報によると下級審裁判官任用制度には差別がある。最高裁判所は司法修習修了者について『判事補任用名簿』を作成し、それに基づいて内閣が任命するが、一九七〇年以来、四九件の採用拒否があった。この四九件は『思想・信条』のゆえに拒否されたという」。

これに対して三月八日、日本政府から返事が届いた。日本政府によると「任官希望者から判事補を採用する場合、最高裁判所は司法研修所の記録に基づいて、適性・識見その他の要素を考慮してきた。最高裁判所は思想又は信条を理由に採用拒否をしたことはない」という。

任官拒否に関するクマラスワミ報告書の記述はこれだけである。今回は任官拒否が取り上げられたこと自体が成果である。日本的な任官拒否の実態をさらに理解してもらい、その問題をきちんと追及してもらうために、なお努力が必要だ。

特別報告者は、代用監獄問題について次のように記述している。「日本の刑事司法制度における代用監獄の役割は、法律家等の関心事項であるが、それは主として公判前の自白獲得のための場としての利用という点に向けられている。被疑者の人権保護のための通常の手段が欠けており、裁判官はこうして得られた自白を疑問も持たずに受け入れがちだといわれる。一九五八年以来、日弁連は代用監獄廃止を要求してきた。その招きで国際法曹協会（ＩＢＡ）が一九九四～五年に国際法律家委員会（ＩＣＪ）等の協力を得て日本に調査団を送った。特別報告者はその報告書を受取った。特別報告者の関心は、代用監獄が『日本における法の支配と司法の独立』に問題を惹起するか否かである。調査団は、代用監獄で得られた自白を裁判官がすぐに受け入れることは、司法が検察の延長にすぎないことになり、裁判官は『司法の独立の概念の真の意味で』教育されるべきであるとする。特別報告者は、日本における司法の独立に関する調査団の調査結果を関心をもって検討し、日本の関係当局とともに、さらにこの調査に従事する」。

以上がクマラスワミ報告書である。代用監獄と司法の独立をめぐる論点はさらに検討されるべきである。

他方、ロドリー報告書も注目される。一九九五年の国連人権委員会第五一会期のナイジェル・ロドリー「拷問問題」特別報告者の報告書は、代用監獄問題・警察署・拘置所における暴行、拘置所における医療、厳正独居拘禁をとりあげて衝撃を与えた（本書第二章参照）。

今会期のロドリー報告書は、前年に続いて旭川刑務所で一三年にわたり厳正独居拘禁に付された磯江洋一の例について記述している。

「日本政府は、一九九五年一月二五日に、次のように回答した。受刑者処遇は『科学的分類調査』に基づき最善の方法で行われている。磯江洋一は他の受刑者との協力意思がなく、監獄当局に敵意をもち、『反体制集団』仲間による暴力攻撃によって監獄から解放されると唱えて、監獄職員の質問にも応じないので、適法に厳正独居拘禁とした。彼は常に公正に処遇され、何ら拷問を受けていない」。

ロドリー報告書はその後の情報を掲載していない。磯江洋一は一九九五年一〇月に厳正独居拘禁を解かれたので、その限りで問題は解決したが、過去の厳正独居拘禁の適法性はなお問われる必要がある（もっとも翌年、再び厳正独居とされた）。また代用監獄・拘置所等に関する情報がなぜか今回掲載されていない。特別報告者に対する継続的な情報提供が必要だ。

（「救援」三二四号、一九九六年四月）

4　日本の人権・米国務省報告書

米国務省デモクラシー・人権・労働局作成の『国別の人権状況・一九九九年』が二〇〇〇年二月二五日に公表された。日本に関する情報もA4判二三頁にわたって掲載されている。CIAが作っているとの批判もあるように、米国の「人権外交」の手段として活用されている「人権報告書」を真に受ける必要があるのか疑問もあるし、むしろ「米国の人権状況」こそ問われるべきなのだが、日本に関する部分を読む限り、かなり当たっているというのが実感である。マスコミでは報道されなかったので、一部を紹介したい。

報告書は日本の人権状況全般を取り上げている。日本国憲法の国家体制の性格づけを踏まえて、次のような構成で論述がなされている。

①人身の自由（a政治的殺害や司法外の殺害、b失踪、c拷問その他の取り扱い、b恣意的逮捕、拘禁、追放、eフェア・トライアルの否定、fプライヴァシー、家族への恣意的介入）。

②市民的自由（a言論・表現の自由、b平和的集会結社の自由、c宗教の自由、d国内移動、海外旅行、出入国の自由）。

③政治的権利

④人権侵害の申立てに関する政府の姿勢
⑤人種、性、宗教等による差別（女性、子ども、障害者、先住民、人種的／民族的少数者）
⑥労働者の権利（a団結権、b団体交渉権、c強制労働の禁止、d子ども労働、e労働条件、f人身売買）

紙幅が限られているので、人身の自由の部分をごく簡単に説明する。拷問その他の取扱いについて報告書は次のように述べている。

日本では政治的殺害や司法外の殺害はなく、政治的な失跡もない。拷問に関しては、憲法が拷問を禁じているが、弁護士会や人権団体が何度も報告しているように、警察は身体的暴力（殴る、蹴る）を行使して自白を強要しているし、入管における暴行被害の訴えも相次いでいる。神奈川県の未決拘禁における暴行事件で警察官の処分がなされていない。

日本政府は一九九九年に拷問等禁止条約を批准した。日本では自白が被害回復のプロセスであると考えられており、憲法の規定にもかかわらず、刑事事件の九〇％で自白が取られている。日本政府によると、自白率や有罪率が高いのは、日本のシステムでは起訴するために高度の証拠を必要としているからだという。有罪答弁制度がないので、自白した者も裁判にかけられる。このため有罪率が高いという。

控訴審では、近年、一審有罪判決が、強制自白によって獲得されたものであるという理由でくつがえされている例もある。取調べにおける虐待を訴えた民事訴訟や刑事訴訟も提起されている。

人権団体によると、革手錠のような身体拘束具が懲罰のために用いられ、被拘禁者は革手錠のまま食事や用便を余儀なくされている。法務省によれば、身体拘束具の使用は、被拘禁者が暴れたり逃走しようとした場合に限られているという。東京地裁は革手錠・金属手錠の使用は憲法違反ではないとした。

刑事施設の条件は国際最低基準を満たしている。しかし、多くの刑事施設には暖房がなく、寒さに耐える衣類が供されていない。凍傷にかかる収容者がいる。法務省は一九九九年八月に施設に暖房を入れるための予算を要求した。外国人被収容者は食事に不満を述べている。食事は少なく、補食の途も限られている。信書の検閲があり、面会にも立会いがつき、弁護人の面会にさえ立会いがつく。被収容者は不服申し立てする気力も削がれる。

日弁連や人権団体は、刑事施設の厳格な規律と恣意的な規則を批判している。規則はいまだに秘密である。厳正独居も一度につき六〇日以内で実施されている。ところが、旭川地裁は、一三年にも及ぶ厳正独居を受けた被収容者の提訴を却下した。

恣意的逮捕について報告書は次のように述べる。日本国憲法は恣意的逮捕からの自由を保障している。刑事手続きや刑事施設収容に関する法も整備されている。逮捕や勾留の期限も規定されている。だが、未決の段階で警察・検察は、捜査の便宜のために弁護人のアクセスを制限したがる。弁護人の取調立会権は認められない。起訴前の国選弁護人もつかない。弁護士会の努力による起訴前の無料の弁護は一回限りである。弁護団体は、オウム真理教教祖の弁護人・安田好弘の長期にわたる未決拘禁を批判している。東京地裁は一九九九年三月の保釈請求を却下した。アムネスティ・インターナショナルは、安田弁護士の逮捕に疑問を投げかけている(8)。

代用監獄も多くの批判を受けている。法律では拘置所収容が規定されているのに、警察拘禁が重宝されている。拘置所収容は五三%にすぎない。捜査当局による身柄拘束は虐待と強制の原因となっていると批判されている。大半の事件では迅速な裁判の保障も守られているが、長期裁判も見られる。オウム真理教の地下鉄サリン事件の裁判はまだ継続している。

一方、一九九九年三月、神戸地裁は、幼児殺害の嫌疑で起訴された元教師に二〇年以上もの裁判の結果、二度目の無罪判決を出した(甲山事件)。起訴は一九七七年、最初の無罪判決に対する検察官控訴は一九八五年である。検察官の求刑は一三年であり、殺人罪の時効は一五年なのに、裁判は二〇年以上かかった。

日本には陪審制度がない。独立の裁判や弁護を受ける権利は保障されているが、しばしば制限される。起訴前の接見も制限される。検察官には証拠開示義務がない。

日本語を理解しない者の権利保障も不十分である。通訳のためのガイドラインが出版されているが、通訳の資格は制度化されていない。被告人には何が起きているかわからないまま裁判が進行する。警察は、外国人被拘禁者に対して、読めない調書に署名するよう要求する。

以上は報告書のほんの一部の紹介であるが、日本の刑事手続きの問題点としてこれまで指摘されてきたことが取り上げられている。日本の刑事手続きや刑事施設の「特異性」はあまりにも明らかである。

（「救援」三七五号、二〇〇〇年七月）

5　一九九八年イギリス人権法

イギリス（連合王国）は一九五一年にもっとも早く欧州人権条約を批准し、一九六六年にはストラスブールの欧州人権委員会や欧州人権裁判所の審査を受けることを承諾し、人権条約違反の申し立てがあれば欧州人権委員会や欧州人権裁判所の裁定を受けてきた。しかし、人権条約が定める権利と義務について、国際法上の権利義務として認めてきたものの、それを国内法の一部であるとはしてこなかった。一九九七年の総選挙で、労働党は人権条約の国内化を掲げ、選挙に勝利をおさめるや『人権章典白書』を公表し、人権条約の国内法化のための立法作業を開始した。その成果が一九九八年の人権法である。

「イギリスには書かれた成文憲法がない」とよく言われる。広い意味での憲法に相当する国内法文書として、マグナカルタを筆頭に、一六八九年の権利章典、一七〇〇年の植民法、一九一一年と一九四九年の議会法、一九七二年のEC法などがあげられてきたが、人権法はその最新の重要文書ということになる。

クリストファー・ベイカー監修『一九九八年人権法——専門家向けガイド』は、人権法を活用する弁護士向けの高水準のガイドブックで、四八〇頁の著作である(9)。ベイカーはバリスター(弁護士)であり、他の著者もバリスター、ソリシター(弁護士)、大学教授である。本書は、目次の後ろに揚げられた国内法判例一覧、法典索引、欧州人権裁判所判例一覧、国際人権文書一覧を見れば明らかなように、人権条約を実際に活用しようという弁護士が必要な情報を得るためのガイドブックである。

一九九八年人権法は、おおよそ次のような構成である。

まず「序文」では「条約の人権」を特定して、人権条約二～一二条及び一四条、第一議定書一～三条、第六議定書第一～二条であるとし、「条約人権の解釈」に際して考慮にいれるべき法源として欧州人権裁判所の判決・決定・宣言・勧告意見、欧州人権委員会の意見・決定等があげられている。

「法律」では、国内裁判所による法律や規則の解釈は人権条約と合致する方法で行うものとし、それができないような法律や規則については「人権条約と合致しない」と宣言するものとする。

「公権力」では、公権力は人権条約と合致しない方法で行動してはならず、その違反があったと主張する者のための手続きが定められ、司法的救済の方法が定められている。

「救済措置」では、法律が条約違反であった場合の救済措置が明示されている。

「その他の権利・手続き」では、人権条約の人権に依拠することがその他の権利や自由を制約するものではないとし、特に表現の自由と思想・良心・宗教の自由に言及している。「留保」では、イギリスが人権条約等のうち適用を留保している条項についての取り扱いが言及されている。

「欧州人権裁判所の裁判官」では、イギリスの司法官からの裁判官の選任に関する事項が規定されている。

このようにイギリスは人権条約の国内法化によって、欧州人権委員会と欧州人権裁判所の判決等を自己に課した。その現実の効果についてはまだ判断はできないだろうが、日本との違いは明確である。日本政府は、国際人権条約を批准しても「国内法の改正はしない」と平気で言い続けている。日本の裁判所は、一部の例外をのぞいて、国際人権条約の適用に不熱心である。憲法九八条があるにもかかわらず。

本書は「人権法総論」「条約法の概説」にはじまり、「人権条約の人権」の分野ごとに「公権力法」「刑事司法」「移民・亡命法」「家族・子ども法」「家庭法」「計画法」「健康」「精神保健法」「教育」「社会安全」「雇用労働関係法」「税法」の各分野にまとめて、それぞれにおける人権法の応用を説いている。

刑事人権についてみていこう。「刑事司法」は、前半の「刑事手続き」（ナイジェル・リチャードソン）と後半の「被拘禁者の権利」（レオン・ダニエル）に分かれている。欧州人権条約は、二条（生命権）、三条（拷問の禁止）、四条（奴隷と強制労働の禁止）、五条（自由と安全の権利）、六条（公正な裁判を受ける権利）、七条（法律なければ刑罰なし）を規定し、第六議定書は、一条（死刑の廃止）、二条（戦時の死刑）を規定している。

刑事手続きでは、逮捕・拘禁、逮捕・拘禁の理由、逮捕理由の開示、警察拘禁と保釈、救済、公正な裁判を受ける権利、武器対等、証拠法則、自己負罪、法律によって定められた独立公平な裁判所、判決理由、公正公開の聴聞権、迅速な裁判、無罪の推定、判決とその後、について解説している。

警察拘禁については、被疑者の逮捕・拘禁につき裁判官の面前への迅速な引致が問題となる。「迅速な」に関しては、一九八八年に欧州人権裁判所がブローガン事件判決で、四日と六時間の逮捕が人権条約違反であったと判断している。通常刑事事件では四日を超える拘禁が条約違反となる。迅速概念も状況に応じて異なるが、三六時間の警察拘禁は正当化されるという解説がある。また公正な裁判を受ける権利には自己負罪拒否特権が含まれるとし、黙秘権と弁護人の弁護を受ける権利の密接なつながりが指摘され、一九九七年には北アイルランド等で黙秘権侵害の訴えが続いていることも示されている。

「被拘禁者の権利」では、予防拘禁、通信、家庭生活、表現の自由、について解説している。人権法に照らして一九五二年刑事施設法、一九六四年刑事施設規則、一九八八年青年犯罪者施設規則などを検証しているが、夫婦の施設訪問権の確立の試みが必ずしも成功していないことを指摘しているのが注目される。

自自公・談合政権の成立によって盗聴法を成立させた法務・検察は、オウム事件を口実に破防法に代わる団体規制法の制定をもくろみ、他方では拘禁二法の制定に向けて動きはじめた。拷問等禁止条約を批准しても、現状を改善しようという姿勢をとらず、黴の生えたような拘禁二法を再び持ち出す。拷問等禁止条約や被拘禁者保護原則など国際人権文書に応じた改善こそ必要である。

（「救援」三六七号、一九九九年一一月）

二　身柄拘束中の被疑者は取調室に行けるか？

「身柄拘束中の被疑者は取調室に行けない！」

いささか不可解に見えるこの一文は、被疑者取調べに関する最新学説の基本テーゼである。IBAセミナー、国連人権委員会ロドリー報告書、ヒューマン・ライツ・ウォッチ報告書と、日本の拘禁への国際批判が相次いだ。『季刊刑事弁護』創刊、監獄人権センター設立、拘禁二法案再上程断念という事態は、日本の刑事司法に新しい流れをつくり出す契機となろう。上からの監獄法「改正」ではなく、下からの刑事司法改革の動きである。刑事法研究者の側でも、渡辺修『捜査と防御』、小早川義則『ミランダと被疑者取調べ』、指宿信『刑事手続打切りの研究』などの成果が続々と世に問われている。なかでも注目に値するのは、被疑者取調べに関する新解釈である。梅田豊「取調べ受任義務否定論の再構成」(10)及び高内寿夫「逮捕・勾留中の被疑者取調べに関する一試論」(11)がそれである。

ここでの問題は身柄拘束権限と取調べ権限の関係である。梅田は、被疑者が代用監獄(警察留置場)に身柄拘束され、あたかも被疑者の身柄が警察のものであるかのごとく思いのままに取調べの客体とされている現状を批判する。

批判の視点は、身柄拘束権限と捜査(取調べ)権限との峻別である。被疑者の身柄拘束権限は、捜査機関ではなく裁判官にある。裁判官の勾留命令により「勾留すべき監獄」が指定され、被疑者はその施設に「滞留」しなければならない。施設管理者は裁判官の命令を受けて被疑者の身柄を拘束するのである。代用監獄が指定された場合も、それは単に場所の代用である。身柄拘束権限が捜査機関に移るわけではない。従って、被疑者は代用監獄に「滞留」しなければならず、捜査機関が被疑者を勝手に「取調室」に連れ出すことはできない。それは裁判官の権限を侵害することになる。こうして梅田は、実務の取調べ受任義務論を厳しく批判する。そして、身柄拘束されている被疑者への取調べは、完全な任意性の保障される範囲で、例えば通常の外部交通者と同様に面会室で行われるべきとする。

高内も「身柄を拘束された被疑者には取調室に出頭する権利はない」という命題を基軸に解釈を展開する。

刑訴法一九八条一項は、主として身柄を拘束されていない被疑者に対する出頭要求の規定である。身柄拘束されている被疑者はそもそも出頭権を持たないから、捜査機関側の出頭要求権もない。同但書きで「逮捕又は勾留されている場合」が除かれているのは、身柄拘束されている被疑者には出頭権がないから、出頭拒否権もないという当然の事態を意味する。但書きの反対解釈のみを根拠とする実務は維持しえない。実務の取調べ受任義務肯定説は、被疑者が「取調室にいる」ことを前提としているが、この前提には法的根拠がない。身柄拘束された被疑者は「取調室にはいない」のである。被疑者は監獄又は「代用すべき監獄」にいるのである。身柄拘束中の被疑者を別の場所に移動させる法規定は存在しない。被疑者が承諾したとしても、被疑者を取調室に連れていくことはできない。

なお、梅田・高内説の立論の基礎は、後藤昭「接見交通・被疑者取調べをめぐる訴訟法と『施設法』の関係」にある(12)。また梅田・高内説は代用監獄を是認しているわけではない。仮に代用監獄を前提としていても、現行実務には疑問があるとしているのである。

梅田・高内説は被疑者取調べを否定するのであろうか。そうではない。任意の取調べは刑訴法に従って行うことができる。

まず身柄拘束されていない被疑者については、刑訴法一九八条一項による出頭要求と任意の取調べが可能である。もちろん被疑者には出頭拒否権、退去権がある。

次に身柄拘束されている被疑者については、出頭する権利がないから捜査機関側からの出頭要求権もありえない。そこで捜査機関側が出向いて任意の取調べが可能である。勾留場所が拘置所であれば、一般の外部交通と同様に面会室で取調べできる。取調べに応じるか応じないかは被疑者の自由である。代用監獄の場合、仮に被疑者が任意に面会室での取調べに応じたとしても、同じ警察署の建物の中であれば強制的な取調べとなることは明らかである。従って任意性を担保するためには、弁護人の立会しか考えられない。弁護人の立会のない取調べによる供述書の証拠能力は否定される。

以上が梅田・高内の新解釈である。実務に慣れ切った頭には容易には理解しがたい解釈かもしれない。しかし、これは刑訴法の無理のない解釈であり、憲法にも適合し、国際人権法の水準にも適うものである。刑事弁護士による正面からの検討が急がれる。

（「救済」三一三号、一九九五年五月）

三　警察と人権

1　警察のための人権訓練マニュアル

一日目・・八時三〇分開始。あいさつ、スタッフと参加者の紹介、コーヒー休憩。訓練コースの概観。一〇時～、「法執行における人権のための資料、システム、基準」。一一時～、「民主的秩序における市民の警察」。昼食後、二時～、「人権、警察、非差別」。

二日目・・午前「人権と警察捜査活動」。休憩。一一時一五分～、「難民の権利の保護」。午後、「警察と少年司法」。

三日目・・午前、「逮捕・拘禁時の人権」「コミュニティ警察」。午後、「法執行における女性の人権」。

四日目・・午前、「実力行使と発砲」。「警察暴力の捜査」。午後、「被害者の保護と回復」。

五日目・・午前、「市民騒動と武力紛争」。「警察訓練過程への人権の編入」。午後、「人権授業計画の準備」。

六日目・・午前、「人権模擬授業」「模擬授業（続き）」。午後、「最終試験」。

七日目・午前、「コース評価」「閉会式」。

以上は国連人権高等弁務官・人権センターが専門家トレーニングシリーズとして刊行した『人権と法執行――警察のための人権訓練マニュアル』の巻末に収録された人権訓練モデル・コースである(13)。このマニュアルは、国連諸機関の援助を得つつ、エセックス大学人権センターのラルフ・クロショーが最初の原稿を執筆して、作成された。国際人権法の現在の水準を踏まえた、警察の人権教育を担当する専門家のための、詳細なA四版二〇〇頁に及ぶマニュアルである。大部かつ詳細であり、とても一般警察官のテキストとしては使えないだろうが、人権教育担当者や管理職には非常に有益なマニュアルであろう。

国際人権法による警察行動の規制は、すでに自由権規約、被拘禁者保護原則、法執行官行動綱領など多くの文書にまとめられている。日本にもほとんどすべてが紹介されて、国際刑事人権法の提唱もなされている。しかし、それは先進的な弁護士や研究者の関心を呼ぶだけで、警察当局の行動様式にはなかなか影響を与えずにきた。一部の警察官僚が研究しているではあろうが、警察の教育には伝統的な思考が幅をきかせてきた。こうした現状に反省を迫るのが『人権と法執行』である。

本書は五部構成で、末尾に付録が収められている。

第一部は、法執行官の訓練に関する政策と実務を扱う。セミナーの進行としては、単に資料配布と講義だけではなく、討論、パネル・ディスカッション、グループ討論、ケース・スタディ、問題解決、ロール・プレイング、現地調査、ラウンド・テーブル討論などの組み合わせによるよう提唱している。

第二部は、基本概念の解説で、国際基準の重要性、国連憲章・世界人権宣言・国際人権規約などの基本文書、諸原則・宣言をもとに倫理と法にかなった警察活動、民主主義下の警察、差別の禁止の諸側面が説明されている。差別の禁止では、基本原則だけではなく、人種、宗教、女性、子どものそれぞれについて留意事項が示されている。

第三部は、警察責務と機能の解説で、捜査に関する国際基準に従うことの重要性が、個々の人権基準を紹介しながら明らかにされている。無罪推定、公正な裁判、恣意的逮捕の禁止、逮捕に続く手続き、拷問の禁止、被拘禁者の人道的処遇、取調べ等々につき具体的な叙述が続く。警察による実力行使、銃器の使用についての国際基準も解説されている。

第四部は、特別な保護又は取扱いを必要とする集団の解説で、少年（子どもの権利条約等の基準）、女性（女性差別撤廃条約等）、難民・外国人（難民条約等）、被害者の保護と回復について、それぞれまとめられている。

第五部は、指揮、管理、統制に関する解説で、警察における指揮命令と人権、警察による人権侵害を捜査する場合の国際基準が説明されている。

以上の豊富な内容を読破するだけでも大変な仕事になってしまうが、各章の冒頭には「本章の目的」「重要原則」が囲み記事風に記載されており、その後に解説や参照条文が掲載されている。必要に応じて該当個所を開けば、そのまま人権訓練コース授業のテキストとして使えるように工夫されている。そして、冒頭に示したように、一週間の人権訓練モデル・コースに加えて、コース参加者への事前のアンケートやコース終了後の質問調査表も載っている。

日本の警察による人権侵害は目を覆うばかりの実状である。不当な恣意的逮捕、異常な暴力行使、拷問と自白の強要、盗聴をはじめとするプライヴァシー侵害、白紙調査によるでっちあげ、女性被拘禁者へのわいせつ行為、外国人差別。繰り返し暴露され、批判されてきたにもかかわらず、警察は反省もせず、同じ人権侵害をいつまでも続けている。その多くは代用監獄など密室を利用した制度的構造的な人権侵害であるから制度改革こそ重要であるが、警察官教育にも根本的な改革が必要である。

（「救援」三四三号、一九九七年一一月）

2　警察のための人権ポケットブック

国連人権高等弁務官事務所・人権センターは、警察や行刑における人権侵害の防止と救済のための国際人権基準づくりを進めてきたが、その一つに『法執行のための国際人権基準――警察のための人権ポケットブック』がある(14)。ポケットブックの名の通りタテ一〇センチ、ヨコ七センチほどの手のひらサイズ、五〇頁の小冊子である。

国連人権センターは、これまで各国内の警察やＰＫＯ要員のための人権訓練を行い、警察のための包括的な訓練マニュアルや指導者のためのガイドを制作してきた。ポケットブックもその成果であり、警察が民主社会における人権基準を携帯して、いつでも容易に読めるように工夫したものである。内容は三〇あまりの国際文書から重要な基準を抜き出し、平易に読みやすく掲げている。国際条約等の複雑な規定も簡略化している。本文は三〇頁で、残りの二〇頁は詳しい注である。したがって、もとの条文を見ようとする場合はこの注が手がかりになる。

もとになる条文は主に、世界人権宣言、自由権規約、法執行官行動綱領、実力・銃器使用基本原則、人種差別撤廃条約、女性差別撤廃条約、子どもの権利条約、被拘禁者処遇最低基準規則、被拘禁者保護原則、北京ルールズ、強制失踪保護原則、拷問等禁止条約、犯罪被害者基本原則宣言、ジュネーヴ諸条約、女性に対する暴力撤廃宣言、難民条約等であり、さらに国連総会決議、自由権規約委員会決定等である。つまり国際人権法の最も基本的な部分から、警察の職務に関わる部分を抜き出したものである。

本文は「基本原則」から「警察の人権侵害」までの二三節・約二四〇項目からなる。まず総論的な部分を紹介しよう。

ⓐ基本原則では、国際人権法は法執行官を拘束する。人権は国際法にとって正統な主題である。法執行官は国際人権基準を知り適用する義務がある、とする。

ⓑ倫理的法的行為では、人権は人間各人の固有の尊厳に由来する。法執行官はつねに法を尊

重すべきである。人間の尊厳を尊重保護すべきである。法や人権諸原則違反を報告すべきである。すべての警察活動は合法性、必要性、非差別、均衡、人間性を尊重すべきである、とする。

ⓒ民主主義における治安維持では、権利や自由の行使の制約は法に基づいてのみ決定されるべきである。その制約は他人の権利の尊重に必要な限りで、道徳、公共の秩序にかなうものでなければならない。すべての者は統治に参加する権利を有する。人民の意志が統治の権威の基礎である。すべての法執行官は全体としてのコミュニティに責任を負う。すべての者が意見、表現、集会の自由の権利を有する、とする。

ⓓ非差別では、すべての人間は尊厳と自由において自由平等に生まれている。すべての者は法の前に平等である。警察は人種、ジェンダー、宗教、言語、皮膚の色、政治的意見、国民的出身等に基づいて不法に差別してはならない、とする。

実力行使についてみておこう。

ⓔ警察捜査、ⓕ逮捕、ⓖ拘禁、に続いて、ⓗ実力行使、ⓘ実力・銃器使用責任、ⓙ銃器使用許容条件、ⓚ銃器使用手続き、ⓛ銃器使用後、と続く。ここではまず人身の自由、公正な裁判を受ける権利、プライヴァシー保護、拷問等禁止、恣意的逮捕禁止、逮捕手続きにおける権利告知、弁護を受ける権利、自白強要禁止、例外としての未決拘禁、無罪推定等々の諸原則が列記される。

ついで、最初は非暴力的手段がとられるべきである。実力は厳格に必要な場合に限り用いられるべきである。実力は合法的執行のためにのみ用いられるべきである。不法使用を許す例外は認められない。実力の程度には均衡が求められる。損傷は最低限度にとどめられるべきである、とする。

実力行使等は上官に報告し、審査を受ける。上官は警察活動に責任がある。上官の違法命令は拒否できる。銃器使用は限界状況である。正当防衛又は逃亡阻止の威嚇のためにもちいられるべきである。明確な警告とその後の相当の時間を要する。銃器使用によるけが人には医療が必要である、家族等に告知すべきである。

後半では警察とコミュニティとの関係に関連して、ⓜ市民的不服従、ⓝ緊張状態、ⓞ武力紛争、ⓟ少年の保護、ⓠ女性の人権、ⓡ難民、ⓢ非国籍者、ⓣ被害者、ⓤ警察管理、ⓥコミュニティ統治、ⓦ警察の人権侵害、と続く。

被害者については、共感をもって接する。司法制度にアクセスできるようにする。救済保護の権利を告知する。プライヴァシーを保護する、とする。

コミュニティ統治については「命令形」で次のようにする。警察とコミュニティ構成員のパートナーシップを確立せよ。コミュニティ・リレーションズ政策と活動計画を作成せよ。コミュニティの全セクターから警察を採用せよ。多様性に対処すべく官吏を訓練せよ。非執行活動を通じてコミュニティとの接触を形成せよ。コミュニティの参加を増加せよ。創造的な問題解決方法を用いよ。NGOと協力せよ、等である。

（「救援」三五八号、一九九九年二月）

四　監獄実務国際ハンドブック

一九九五年五月、カイロで開催された第九回国連犯罪防止会議に、オランダ政府が監獄に関する人権文書を提出し、その採択と国連による出版を提案した。それは『望ましい監獄実務に関する国際ハンドブック』（以下ＭＳＷ）であり、人権ＮＧＯのピナル・リフォーム・インターナショナル（以下ＰＲＩ）がオランダ政府の支援のもとに作成したものである(15)。

ＰＲＩは世界の監獄状況の改善と人権擁護を目的とするＮＧＯで、一九八九年に設立され、全大陸の七五か国に会員を擁し、事務局はロンドンにある。国連や欧州評議会と協議資格をもち、アフリカ人権委員会のオブザーバー資格をもつ。

一九九三年一一月に、一九六五年に採択された被拘禁者処遇最低基準規則（以下最低規則）の実施のためのマニュアルを目指した作業が開始され、草案グループによる文案が、一九九四年一一月のＰＲＩ世界大会での検討を経て、結局五〇か国以上の協力を得て、一九九五年に仕上げられた。草案グループには、ノーマン・ビショップ（スウェーデン監獄省研究責任者）、ハンス・トゥルキンス（ＰＲＩ議長、グロニンゲン大学教授）、ジョアナ・ウェッシュラー（ヒューマン・ライツ・ウォッチ）らがいる。

このＭＳＷがオランダ政府によって提案されたが、文書が一六〇頁にも及ぶにもかかわらず内容を検討する時間的余裕がない等の理由で、国連の正式採択には至らなかった。しかしMSWは、最低規則の解釈基準と実施要領の提案として画期的な文書であり、今後の幅広い検討の後に国連の正式文書となることが期待される。

ハンドブックの構成を簡単に紹介しよう。MSWの出発点と目的は、被収容者の普遍的人権保障にある。そこでは一一の基本的人権が確認される。人間の生命と高潔の権利、拷問その他の取扱いからの自由、健康の権利、人間の尊厳、法の適正手続きの権利、差別からの自由、思想良心の自由、宗教の自由、家族生活尊重の権利、自己発達権である。これらは世界人権宣言、国際人権規約、拷問等禁止条約によって宣言され、確立された人権である。犯罪防止のために制裁が必要とされるが、自由剥奪を伴う制裁は人権侵害の危険も伴う。刑罰としての施設収容が刑罰のための収容と化してはならない。収容は必要最小限でなければならず、獄中生活はできるかぎり普通の生活に近くなければならない。人権侵害を回避するために独立機関の調査と外界からのアクセスが必要である（公開原理）。

ＭＳＷは全九章からなる。①基礎的指標的諸原理、②適正手続きと不服申立、③物的条件、④被収容者の心身の健康、⑤外界との接触、⑥被収容者のための処遇計画、⑦職員、⑧監察、⑨国連の監獄規則、である。ＭＳＷは最低規則の解釈基準と実施要領として作成されているので、構成も最低規則に準じている。全体の概要を要約紹介することは到底できないが、ごくごく一部を紹介しよう。

刑事人権の具体化が何よりも課題とされる。監獄は秩序ある共同体で、生命・健康に危険のない場所でなければならない。被収容者の扱いに差別があってはならない。監獄の状況は悲惨さを強調するものであってはならない。再社会化を援助するために必要な範囲を超えた自由の制限は許されない。こうした最低規則の基本的原理を確認して、MSWは差別禁止を冒頭に掲げる。しかし、異なった宗教や道徳が承認されてはならないということまで含むものではない（応差的処遇）。多数派の被収容者の中にいる少数派の被収容者の保護は逆差別ではない。

再社会化の開始と援助が必要であるから、収容によるダメージを最小限にとどめ、社会を志向した獄中生活を保障し、社会生活への段階的な帰還を準備しなければならない。自由権や人格発達権は絶対的に必要な場合以外は制限できない。

恣意的拘禁を回避するために被収容者の同一性、収容理由等の記録が必要である。記録は保存され、迅速にアクセスできる必要がある。

未決被収容者は既決よりも劣悪な条件に置かれがちであるが、これは無罪の推定に反する。拷問等の扱いは絶対に禁止される。

懲戒等には適正手続きが保障される。不服申立機関の設置が必要である。規律は文書化され、告知されなければならない。長期の厳正独居は健康に重大な否定的結果をもたらす。

面会は家族に限定されない、身体の接触が許されるべきである。家族関係の維持のために外出や宿泊が望ましい。電話は不可欠なコミュニケーション手法である。

職員の研修で人権や社会活動を重視すべき、職員による人権侵害発生は予測可能であり、施設側の予防措置が必要。等々。

その他実に数多くの項目が提示され、日本の監獄実務にとっても多くの改善提案となりうる。

（「救援」三一六号、一九九五年八月）

五　陪審裁判を復活するために

絶望的刑事裁判

「日本の刑事裁判は絶望的である」。

平野龍一の診断が衝撃を与えて久しい。調書裁判に開き直る実務家もいれば、「絶望的と言ってはいられない」と刑事司法改革に懸命に取り組む弁護士も続々と登場した。当番弁護士制度の発足、被疑者国選弁護制度の提案、ミランダの会の実践など、被疑者弁護段階での改革の試みは刑事司法のあり方に様々の見直しを要請している。しかし、調書裁判と人質裁判の基本には変化が見られない。まだまだ大幅な改革が必要である。刑事司法改革の課題と言えば必ずあげられるのが陪審制度の復活である。陪審復活の声は「陪審裁判を考える会」など市民運動として徐々に高まってきた。弁護士、研究者と市民が一緒に勉強し、陪審法案を作ってきた。弁護士会でも陪審研究が盛んに行われた。最高裁も陪審・参審の研究を進めてきた。

大正陪審法の現代化

佐伯千仭『陪審裁判の復活』は、陪審復活の気配もなく、一部では参審採用の声も目立つ状況で、あえて陪審制度、しかも戦前に一度採用された大正陪審法を今日の状態に適合するように修正を加えた上で復活させる提案である(16)。一九二二年制定・公布の陪審法は、普通選挙制(ただし男子のみ)の採用とともに、大正デモクラシーの成果として日本の民主主義の発展の大きな柱と見られた。もっとも時を同じくして治安維持法体制が構築されていった時代であり、一面的に高く評価するわけにはいかない面もあるが、陪審裁判の導入は市民の裁判に対する意識の変化、無罪率の高さという点だけを見ても大いに評価される必要がある。しかし、戦争とともに陪審は「衰退」し、ついに一九四三年に「陪審法ノ停止ニ関スル法律」で「停止」されてしまった。しかし、「停止」は「廃止」ではない。現行裁判所法第三条三項も「別に陪審の制度を設けることを妨げない」としており、「停止」されている大正陪審法を手直しして復活するだけでも刑事裁判の変革につながる。理想的な陪審法を制定できればよいが、理想的ではなく大正陪審法の手直しでも現在の官僚裁判に風穴をあけることになる。陪審の採用は、単に陪審員が参加するというだけではなく、直接主義・口頭主義の原則実現、調書裁判の否定につながり、刑事手続き全体の見直しを要請するからである。「陪審か参審か」といった問題の立て方は不当である。陪審法の停止を解除する途こそ本筋である。

イギリス陪審法研究

鯰越溢弘編『陪審制度を巡る諸問題』は、一九九五年八月二日にブリストル大学で開催されたシンポジウム「イングランドおよびウェールズにおける刑事司法への素人の関与」（新潟大学法学部・ブリストル大学法学部共催）の記録である(17)。イングランドやウェールズにおける陪審の歴史と現状、検視陪審という形の素人参加、テロリスト犯罪に対する陪審裁判の停止、素人裁判官としての治安判事、陪審における事実認定、素人裁判に必要とされる証拠制度、陪審裁判と報道の自由など　様々の論点について報告されている。イギリスにおいても陪審に対する懸念と批判が繰り返し批判されてきたが、陪審の廃止を求める者はほとんどいない。陪審が支持されているのは、①一般市民が裁判に直接参加するという感情、②陪審が歴史的に形成されてきた重要な権利であること、③政府による刑法の専断的使用と濫用に対する保障と見られていること、④一般市民の常識と広い経験を司法に持ち込むこと（職業裁判官制度への補充）、⑤無罪推定の原則、などによる。日本に陪審を導入することに対する障害としては、刑法が大陸法をモデルとしている、不当な無罪判決が増える、日本人の国民性が陪審法に向かないなどが指摘されるが、正当な理由とは言えない。本書では陪審成功のための準備として、裁判に対する市民の関心を引き起こすこと、陪審法の綿密な検討、マスコミの役割、政府の広報活動、裁判所のデザインの改善、法律実務家の訓練などを指摘している。

誤解されるアメリカ陪審

四宮啓『O・J・シンプソンはなぜ無罪になったか』は、「陪審裁判を考える会」事務局を長年担当してきた著者による(18)。著者が「普通の陪審裁判」をたくさん見るためにアメリカに着いたまさにその日にシンプソン事件が起きた。結局、シンプソン裁判という「異常」な陪審裁判につきあうことになり、そのシンプソン裁判報道を通じて日本では陪審裁判が誤解されているため、誤解を解くために書かれたものである。第一部では「世紀の裁判」の攻防を手際よくまとめている。読者はシンプソン事件を、センセーショナルな報道とは異なった形でフォローすることになる。第二部ではシンプソン無罪の評決をもたらしたアメリカ陪審に対する誤解を解明する。無罪推定の原則とは何か。人種差別はあったのか。DNAのような専門知識を陪審員は理解できないのか。「金で正義を買ったのか?」(弁護団がドリーム・チームと宣伝されたが、それは検察官も同じ)。民事陪審裁判と刑事陪審裁判はなぜ異なるのか。こうした疑問にていねいに答えつつ、陪審裁判とは何であり、なぜ望ましいのか分かるように工夫されている。陪審を知らない読者には格好の入門書であり、陪審導入論者には楽しく力強い味方である。

司法制度改革から

司法制度改革の動きの中で陪審論議が再燃している。司法制度改革審議会が検討項目の一つに「国民の司法参加」を掲げたためである。一九九九年一二月に公表された司法制度改革審議会「司法制度改革に向けて——論点整理」の第三項目「今般の司法制度基盤の強化」の「国民の司法参加」において「二一世紀の我が国の国家社会においては、国民は、これまでの統治客体意識に伴う国家への過度の依存体質から脱却し、自らのうちに公共意識を醸成し、公的事柄に対する能動的姿勢を強めていくことが求められる」とし、「主権者としての国民の参加の在り方について検討する必要がある」と示したことが、直接のきっかけである。

司法制度改革の審議が、どのような帰結をもたらすかの予測は時期尚早かも知れないが、大枠では司法制度改革が市民の司法ニーズに応えるものというより、大企業・財界のニーズに応えるための改革論議という性格が顕在化している。司法制度改革の主導権を握ることなく、当局の改革攻勢（不良弁護士批判の活用）にたじろぎながら分裂した弁護士会の現状では、財界ニーズに応じた改革がますます現実味を帯びてくる。馬の鼻先のニンジンたるロースクール構想に飛びついて「法曹養成の主体論」も「研究者養成論・大学院論」も置き去りにしようとしている有力大学側も、理念なき改革に縋ってでも生き残りたいという私益追求団体と化している。

陪審論議の活性化

とはいえ、司法制度をまさに根幹から作り替える司法制度改革であるならば、法曹一元や陪審制を獲得出来るか否かの最後の岐路であるから、司法の民主化を求める運動は重大なチャンス（＝ピンチ）に立たされている。陪審論議が再び活性化しているのは当然のことであり、さらに運動を強めるべきである。

丸田隆編『日本に陪審制度は導入できるか』は、司法制度改革は基本的人権と法の支配の貫徹した司法を実現するためのものであるべきで、そのためには小手先の改革では不十分であり、陪審制の導入が必要不可欠であることを多角的に明らかにしている(19)。「自立的な日本人を創出する」（上記「論点整理」の表現）ために司法制度改革をするのなら、まさに陪審制が根幹となるべきだからである。

棟据快行「陪審制の憲法問題」は、陪審制が日本国憲法の司法権の独立を侵害するという批判に答える。陪審制で上訴制度は形骸化する、陪審には公正な事実認定ができない、陪審には専門的知識が欠けている、といった批判に一つ一つ答えた上で、陪審の民主主義的意義および裁判を受ける権利を強調する。

鯰越溢弘「陪審制度と現行刑訴法」は、陪審制を導入した場合に、現行刑訴法改正の必要性がどの程度あるかを検討し、捜査、訴追手続き、公判準備、証拠開示、公判手続、証拠法、上訴について、大幅な改正は必要ないとする（現行刑訴法とその実務運用に改正の必要がないという趣旨ではない）。

四宮啓「陪審裁判と法曹一元」は、司法の民主化には法曹一元が必要だが、法曹一元は司法の民主化の必要条件ではあっても十分条件ではなく、陪審制こそが必要であることを明らかにする。

西村健「いま、なぜ陪審法なのか」は、陪審制論議が高まるとそれを押し止めようとばかりに、やにわに登場する参審制との対比で、歴史的経過や、改革と意義を踏まえて「民主主義の実験」としての陪審制を採用すべきとする。

山崎浩一「陪審裁判と弁護士の業務形態」は、陪審裁判に日本の弁護士が対応できるかを検討するために、刑事陪審と民事陪審のシミレーションを行ない、十分対応できるとする。

森谷和馬「上訴と評決理由の不存在」は、陪審評決に判決理由が付されないことが陪審の欠点というわけではなく、理由がないことが上訴の妨げとなるわけではないことを示す。

中山博之「素人と裁判官の事実認定能力」は、現行職業裁判官制度のもとの裁判官の事実認定は制度的に制約されていて、事実認定能力が高いとは言えないとした上で、陪審という集団としての事実認定能力は「疑わしきは被告人の利益に」の原則に合致するものであると説く。

丸田隆「陪審制度と誤判」は、陪審誤判原因論を検討し、単に誤判の多寡を論じるのではなく、「誤判の質」をタイプ別に解明し、誤判を制度的に防ぐためにも陪審が適していることを示す。

国民性論批判

中原精一『陪審制復活の条件』は、副題にある通り、陪審制に抗する論拠として繰り返し唱えられる「憲法違反」「国民性にあわない」という議論をていねいに検討する(20)。憲法論についていては、明治憲法と現行憲法がまったく異なった論理に立っているのに、陪審制是非論についての憲法学説は明治憲法下とかわっていないことを確認した上で、現行憲法にふさわしい憲法解釈論を展開する。国民性論に関する検討も従来の水準を超えている。明治憲法下の国民性論による陪審否定論を分析して、その根底に「特権者の愚民思想」があることを探知し、「国民性論」それ自体を内在的に検討しつつ、国民性は自然普遍のものではなく、地理的・歴史的条件に規定されている。陪審是非論を国民性論で論じることはできないとする。さらに、国民文化論・法文化論もまな板に載せ、「知性の文化」と民主主義という論点を登記する。自己決定、生命尊重、討議自由、参加自由、情報公開の五原則からいって陪審制が不可欠との提言をまとめ、よりいっそうの研究と討論を呼びかけている。

司法制度改革の流れに便乗するのではなく、改革の流れを引き寄せ、陪審制を実現する運動を強めたいものである。　（「救援」三四一号、一九九七年九月、三七六号、二〇〇〇年八月）

六　重大人権侵害の被害回復

日本軍「慰安婦」問題に関心をもってきた者なら、一九九三年八月の人権小委員会（当時は差別防止少数者保護小委員会）に提出されたファン＝ボーベン報告書を思い起こすだろう。これは、その後の国際法律家委員会（ＩＣＪ）報告書、クマラスワミ報告書、マクドゥーガル報告書に発展することになった、最初の国際人権機関の反応だった。一九九三年のファン＝ボーベン報告書は、ただちに翻訳が出た。

ここで紹介するのは、その報告に含まれた諸原則の改訂版である。正式名称は『小委員会決議一九九五／一一七に従ってテオ・ファン＝ボーベン氏によって提出された、人権法・人道法の重大な違反の被害者の補償を受ける権利に関する基礎的諸原則・ガイドラインの改訂版』であり、一九九六年八月の小委員会に提出され、採択された(21)。

冒頭の説明によると、一九九五年の小委員会で、小委員会での討論を受けた改訂版を作成するようにとの決議がなされ、ファン＝ボーベン特別報告者はそれまでの報告書に加えて、各国政府、国際機関やＮＧＯの意見を聴取し、一九九六年二月にジュネーヴで開かれた国際法律家委員会とリンバーグ大学マーストリヒト人権センター共催のワークショップでの検討も踏まえて、改訂版を作成した。

なお、ファン＝ボーベン報告者はリンバーグ大学教授であり、小委員会を離れた後は人種差別撤廃委員となっていた。

『基礎的諸原則』は一五項目からなっている。以下、要約して紹介する。

①国際法のもとですべての国家には人権法と人道法を尊重し、かつ尊重を保証する義務がある。

②この義務には次のものが含まれる。違反の予防、違反が起きた場合の捜査、違反者に対する適切な措置、被害者への救済と補償。特に重要なのは、予防と犯行者の訴追・処罰である。

③人権・人道の規範は国際法によって定義され、国内法に効果的に導入されなければならない。国際規範と国内規範が異なる場合は、国家はより手厚い保護を与える法を適用するべきである。

④国家は、人権侵害被害者に適切な法的救済とその他の救済を用意するべきである。救済を受ける権利には、国内であれ国際であれ、保護を受けるためのアクセスの権利も含まれる。

⑤救済と保護のために、国内法に迅速かつ効果的な懲戒、行政手続き、民事手続き、刑事手続きを用意するべきである。各国は重大人権侵害に関しては普遍的管轄を設定すべき

である。
⑥補償は、個人ごとに、本人、家族、その他の関係者等が請求できる。
⑦国際法に従って、各国には迅速かつ効果的な救済をする義務がある。救済のためには、侵害結果の補償と違反の抑止による正義の実現が必要である。補償は被害の程度に見合う必要がある。
⑧各国は、補償のための手続きを内外に周知すべきである。
⑨効果的な救済のない間は時効は進行してはならない。民事請求は時効にかからない。
⑩各国は、補償請求問題に関する全情報を判断者に提供するべきである。
⑪補償に関する決定は、的確かつ迅速に実施されるべきである。
⑫現状回復。人権侵害が起きた以前の状況に戻すこと。自由、家庭生活、市民権、住居への帰還、所有等。
⑬賠償。損害に見合った経済的な補償。a心身の障害、b教育等の機会喪失、c財産損害や収入損失、d名声・尊厳の被害、e法的援助等の費用。
⑭リハビリテーションが提供されるべきであり、それには医療や精神医学的なケアや法的援助が含まれる。
⑮履行と再発防止。a継続している侵害を中断すること。b真相を究明し完全に公開すること。c被害者の権利保障を公的に宣言し、または司法の判決で確認すること。d謝

罪すること（事実の認知と責任の受け入れを含む）。e違反に責任ある者に対して制裁を課すこと。f被害者に起きた事実を説明し、敬意を払うこと。g人権教育や教科書に起きた事実を記述すること。h再発を防止すること（効果的な軍事的・警察的統制、軍隊の事件については軍法会議、司法の独立の強化、人権活動家の保護、等）。

以上が基礎的諸原則である。クマラスワミ報告書やマクドゥーガル報告書もファン＝ボーベン報告書を引用しているように、国連人権機関では、重大人権侵害の被害回復については、ファン＝ボーベン報告書が示した方向で考えられている。

予防、犯行者訴追・処罰、補償、リハビリテーション、再発防止という、言ってみればあたり前のことだが、これを国際法のレベルできちんとまとめるには長い年月を要したのである。これらは重大人権侵害の被害者の人権回復のためのものであるから、日本軍「慰安婦」被害者や強制連行・強制労働被害者にも適用できるし、現在の刑事手続きにおける拷問被害者や、冤罪被害者にも適用できる。日本の刑事補償制度の不十分さや、冤罪などにおける国家賠償の不十分さはよく知られるところである。最近の極端な例では、誤判によって死刑を言い渡され、三〇年をかけて再審無罪を獲得した松山事件の斉藤幸夫さんの国家賠償裁判は請求を棄却されている(22)。権力犯罪や人権侵害の責任追及がこの国ではいかに困難であるかがわかる。ファン＝ボーベン報告書の重要性を重ねて指摘しておきたい。

（「救援」三五九号、一九九九年三月）

註

（1）刑事人権論の課題にとって重要な近代刑法史研究のあり方について、内田博文『刑法学における歴史研究の意義と方法』（九州大学出版会、一九九七年）参照。近年も多くの収穫がある。吉井蒼生夫『近代日本の国家形成と法』（日本評論社、一九九六年）、川崎英明『現代検察官論』（日本評論社、一九九七年）、石井三記『一八世紀フランスの法と正義』（名古屋大学出版会、一九九九年）、足立昌勝『近代刑法の実像』（白順社、二〇〇〇年）、岡田悦典『被疑者弁護権の研究』日本評論社、二〇〇一年）、梅崎進哉『刑法における因果論と侵害原理』（成文堂、二〇〇一年）、三宅孝之『英国近代刑罰法制の確立』（大学教育出版、二〇〇一年）。さらに、『吉川経夫著作選集（全五巻）』（法律文化社、二〇〇一年）が重要である。なお、屋敷二郎『紀律と啓蒙——フリードリヒ大王の啓蒙絶対主義』（ミネルヴァ書房、一九九九年）、芹沢一也『〈法〉から解放される権力』（新曜社、二〇〇一年）も興味深い。

（2）北村泰三『国際人権と刑事拘禁』（日本評論社、一九九六年）。

（3）阿部浩己・今井直『テキストブック国際人権法』（日本評論社、一九九六年）。

（4）五十嵐二葉『テキスト国際刑事人権法総論』（信山社、一九九六年）。続いて同『各論』が公刊されている。

（5）United Nations and HumanRights,1945-1995. United Nations.1995.

（6）石塚伸一「刑事政策の国際化と人権の国際化」刑法雑誌三七巻一号（一九九八年）参照。監獄人権センター『監獄と人権』（明石書店、一九九五年）、ヒューマン・ライツ・ウオッチ『監獄における人権／日本』（現代人文社、一九九五年）、入管問題調査会編『密室の人権侵害』（現代人文社、一九九六年）、日本弁護士連合会

『国際人権規約と日本の司法・市民の権利』（こうち書房、一九九七年）、国際人権NGOネットワーク『ウオッチ！規約人権委員会』（日本評論社、一九九九年）等参照。

（7）Human Rights and Pre-trial Detention. A Handbook of International Standards relating to Pre-trial Detention.United Nations.1994.

（8）安田弁護士事件については、次のサイト参照。http://www.siri.co.jo/~koyanagi/diary.html

（9）Christopher Baker, Human Rights Act 1998: A Practitioner's Guide. Sweet & Maxwell.1998.

（10）梅田豊「取調べ受忍義務否定論の再構成」島大法学三八巻三号（一九九四年）。なお、同「身柄拘束の法的性格についての一考察」島大法学四〇巻四号（一九九七年）。

（11）高内寿夫「逮捕・勾留中の被疑者取調べに関する一試論」白鴎法学三号（一九九五年）。

（12）後藤昭「接見交通・被疑者取調べをめぐる訴訟法と『施設法』の関係」千葉大学法学論集三巻二号［同『捜査法の論理』岩波書店、二〇〇一年、に収録］。

（13）High Commissioner for Human Rights Centre for Human Rights, Human Rights and Law Enforcement. A Manual on Human Rights Training for the Police. United Nations.1997.

（14）High Commissioner for Human Rights Centre for Human Rights, International Human Rights Standards for Law Enforcement. A Pocket Book on Human Rights for the Police. United Nations.1996.

（15）Penal Reform International.Making Standards Work: an International handbook on good prison practice. 1995.（村井敏邦監訳『刑事施設と国際人権』日本評論社、一九九六年）

（16）佐伯千仭『陪審裁判の復活』（第一法規、一九九六年）。なお、陪審制度を復活する会編『陪審制度の復興』（信山社、二〇〇〇年）参照。

（17）鯰越溢弘編『陪審制度を巡る諸問題』（現代人文社、一九九七年）。
（18）四宮啓『O・J・シンプソンはなぜ無罪になったか』（現代人文社、一九九七年）。
（19）丸田隆編『日本に陪審制度は導入できるか――その可能性と問題点』（現代人文社、二〇〇〇年）。
（20）中原精一『陪審制復活の条件――憲法と日本文化論の視点から』（現代人文社、二〇〇〇年）。なお、「特集・陪審制導入の課題」月刊司法改革五号（二〇〇〇年二月）および「特集・刑事陪審裁判のビジョン」季刊刑事弁護二三号（二〇〇〇年七月）も、それぞれ多彩な陪審論を展開している。また、庭山英雄先生古稀祝賀記念論文集『民衆司法と刑事法学』（現代人文社、一九九九年）も参照。
（21）E/CN.4/Sub.2/1996/17.
（22）二〇〇一年一二月二〇日最高裁第一小法廷判決。

あとがき

本書は、九〇年代後半から救援連絡センターの機関誌「救援」に連載した文章を中心に、その他のいくつかの文章を加えて編集したものである。初出はそれぞれの文章の末尾に示したが、本書収録にあたって相当の加筆・削除・訂正を行った。

これらの文章を書いた時期は、東アジアの緊張をあおりつつ日本国家の軍事的再編が進展し、日本社会における排外的ナショナリズムと監視・管理体制が推進された時期である。一九九五年にはオウム真理教事件、阪神淡路大震災、沖縄少女暴行事件が起き、国家と社会の再編が強く叫ばれるようになった。一九九九年には「周辺事態法」や日の丸・君が代法制化が強行された。そして二〇〇一年には歴史教科書問題でアジア諸国に侮蔑を投げかけ、「不審船」事件を引き起こして戦闘行為による殺害を平然と行った。平和を誓う日本国憲法のもとに発展してきたはずの日本社会は、この違法な殺害行為を「歓迎」するまでになった。

こうした状況下、刑事法分野でも各種の「改正」や立法が進み、刑罰権限の強化、警察権限の強化が続々と進められた。

それでは刑事法学はどうか。

戦後半世紀を越える日本の刑事法学は、新しい「地図」を必要とする段階に入った。刑事法学の地図と言えば、主観主義刑法対客観主義刑法とか、結果無価値対行為無価値といった実体刑法学の学説の対立が知られる。新しい「地図」によって、そうした学会のコップの中の対立を離れて刑事法学の社会的役割、政治的機能という観点で見ることができるし、そのほうが重要である。

これまで、刑法「改正」問題をはじめとする政治的対立を意識して、①支配的刑法学、②市民的刑法学、③民主主義刑法学、という位置付けが行われてきた。これは、民主主義刑法学の自己認識と課題設定を目的とした整理であった。すなわち、小野清一郎、団藤重光らの戦前以来の官学の流れを支配的刑法学とし、戦後の高度成長を背景として市民的立場も考慮した様々の理論（平野龍一、藤木英雄ほか）を市民的刑法学とし、これらに対して民主的変革を求める立場からの「刑事法（学）批判」を民主主義刑法学とした。

この整理は七〇年代末まではそれなりの有効性を持っていたように見える。しかし八〇年代以降、学界の状況は大きく変化した。死刑再審無罪判決の続出、拘禁二法案、スパイ防止法などの様々の動きの中で生じた流動化によって、刑事法学の地図は描きにくくなっていた。

九〇年代の刑事法学の問題状況を一言でまとめることはできないが、キーワードを並べてみよう。麻薬条約・立法、テロ対策、破防法、組織犯罪対策、新ガイドライン、有事立法、少年法、保安処分。一見すると無関係なこれらのキーワードだが、国家刑罰権のひたすらの強化を示すことは言うまでもない。刑事法学もそれに翼賛してきた。

一例をあげると、組織犯罪対策の一環として登場した盗聴法である。神奈川県警盗聴事件に至るまで、盗聴は当然に犯罪と理解されてきた。したがって、行政盗聴はもとより犯罪捜査としての盗聴をも、圧倒的多数の学説は否定してきた。ところが覚醒剤事件捜査における必要性を口実に徐々に実施されたかと思うと、やがて「通信傍受」という言い換えのもとに盗聴を是認する見解が登場する。そして組織犯罪対策法案の中に盗聴合法化規定が潜り込む。もちろんこれは偶然ではない。組織的に準備された結果である。

刑事法学の動きには、もちろん「多様化」現象が見られるが、まず注目すべきことには支配的刑法学は以前と同様の位置にある。役者はすっかり入れ替わり東京の官学中心だが、それだけでなく全国各地の私学にもファンクラブを組織している。しかも単なる〈御用法学〉としてではなく、当局との日頃の研究・情報交換をもとに、文字通りの支配の刑法学としての権力的姿勢を隠そうともしない。刑事立法問題を直接に刑法学会に持ち込んでお墨付きを与えようとする、その役者はいつも同じである。

市民的刑法学は解体したように見える。一部は〈御用法学〉に奉仕し、一部はメディアに乗って〈バブル法学〉となり、一部はますます細かな外国学説紹介業に沈潜して〈無用法学〉となり、一部はただそこにいるだけの〈観葉法学〉になった。

民主主義刑法学も理論的困難を抱えている。かつては国家独占資本主義論をバックボーンにしていたが、社会主義圏崩壊後は市民的刑法学への衣替えも見られる。ここに新しい市民的刑法学が姿を現す。それが本来の「刑事法学批判」の視点を失えば、かつての市民的刑法学と同じ道を歩むだろう。

注意しておかなければならないのは〈ウルトラ御用法学〉である。その主張は単純明解である。「破防法では不十分だ。もっと効果的な立法が必要だ」「憲法は明文で盗聴を禁止していない。司法的コントロールのもとで盗聴は可能だ」「市民生活の安全と発展のための法律はどんどんつくればいい。弊害などは後で検討すればいい」「代用監獄反対などと言っているのは共産党や一部のセクトだ」「少年は刑罰がないから凶悪犯罪も平気で犯す。少年こそ厳罰に処すべきだ」等々。この種の粗雑な意見は、メディアでは賛同を得ても、さすがに学界で多数派を占めることは難しい。そこに〈ウルトラ御用法学〉の存在意義がある。その存在によって〈御用法学〉がまだしもましに見えてしまうからだ。

ぼく自身は最初の著作である『鏡の中の刑法』のあとがきに書いたように〈権力犯罪と人権〉をライフワークとしてきた。九〇年代には、在日朝鮮人の人権、人種差別問題、戦争責任・戦後補償問題、戦争犯罪研究に力を入れてきたが、本書に収めた文章もそれらとの接点をもちながら書いたものである。

こうした関心で研究を続けることができたのは、研究と教育と運動の〈場〉のつながりがあったからであり、この間に多くの人たちと対話をすることができたからである。なかでも、大学院時代から今日までずっと喧嘩仲間に恵まれていたことが大きいと思う。とりわけお世話になった三人に謝辞を述べておきたい。

佐々木光明（三重短期大学教授）とは、先の展望が見えなかった大学院時代に、さして実践もしていないのに「理論と実践」だの「歴史と論理」だのと語り合いながら、闇夜を地図も灯りももたずに、しかし楽しく研究者への道を歩み始めた。初めて活字になった文章は共同執筆であった。そうした日々を懐かしむつもりはないが、ひたすら感謝している。ただ、一言だけ苦言を呈すると、心身ともに少しスリムになれよ。

石塚伸一（龍谷大学教授）は、平和運動や戦後補償運動に走り回っているぼくに「刑法に帰ってこい」と忠告してくれ、学問のあり方について多くを教えてくれた。本書で少しは応えたことになると思うが、もとより各種の運動への取組みは決して刑法から離れた事をやっていたわけではないつもりだ。忠告に一つだけお返しをしておくと、世の中諦めが肝心ということもあるから、刑事政策の可能性をそろそろ諦めてはどうか。

赤池一将（高岡法科大学教授）とは、互いにいつもすれ違いの議論ばかりしてきたような気がする。にもかかわらず、ぼくにとって有益だったのはなぜだろう。「俺は雑文は書かないから」との批判には「雑文も積もれば一書になる」と応えつつ、「雑文は書かなくてもいいから、ちゃんと論文書けよ。読みたいんだから」と反批判しておこう。

最後に、原稿整理を手伝ってくれた朝鮮大学校政治経済学部法律学科学生（裵明玉、白麻衣、徐正和、鄭勇哲、黄慈仙）に感謝する。

二〇〇二年　三月一八日　ペシャワルのアフガン難民キャンプにて

著　者

前田 朗（まえだ あきら）

1955年、札幌生まれ。中央大学法学部、同大学院法学研究科を経て、現在、東京造形大学教授。日本民主法律家協会理事、在日朝鮮人・人権セミナー事務局長。

編著書

『いま在日朝鮮人の人権は』（共著、日本評論社、1990年）、『鏡の中の刑法』（水曜社、1992年）、『劇画代用監獄』（監修、三一書房、1993年）、『平和のための裁判』（水曜社、1995年）、『戦争犯罪と人権』（明石書店、1998年）、『在日朝鮮人と日本社会』（明石書店、1999年）、『戦争犯罪論』（青木書店、2000年）、『人権ウオッチング』（凱風社、2000年）、『女性に対する暴力』（共訳、明石書店、2000年）、『戦時性暴力をどう裁くか』（凱風社、2000年）、『ジェノサイド論』（青木書店、2002年）ほか多数。

刑事人権論

2002年4月30日　初版　第1刷発行

著　者　前田　朗

発行者　板橋俊司
発行所　株式会社　水曜社
東京都中央区日本橋馬喰町1-4-3 共栄ビル3階（〒103-0002）
電話 03(3639)8733　FAX 03(3639)8737
URL http://www.earthborn.com/suiyosha/

装丁　（有）制作会議
印刷　交文社印刷（株）

ISBN4-88065-024-2